AS SEIS LIÇÕES

REFLEXÕES SOBRE POLÍTICA ECONÔMICA
PARA HOJE E AMANHÃ

Coleção von Mises

01 - As Seis Lições: Reflexões sobre Política Econômica para Hoje e Amanhã
02 - O Contexto Histórico da Escola Austríaca de Economia
03 - O Conflito de Interesses e Outros Ensaios
04 - Lucros e Perdas
05 - O Cálculo Econômico em uma Comunidade Socialista
06 - Liberdade e Propriedade: Ensaios sobre o Poder das Ideias
07 - A Mentalidade Anticapitalista
08 - O Marxismo Desmascarado: Da Desilusão à Destruição
09 - O Livre Mercado e seus Inimigos: Pseudociência, Socialismo e Inflação
10 - Sobre Moeda e Inflação: Uma Síntese de Diversas Palestras
11 - Caos Planejado: Intervencionismo, Socialismo, Fascismo e Nazismo
12 - Crítica ao Intervencionismo: Estudo sobre a Política Econômica e a Ideologia Atuais
13 - Intervencionismo: Uma Análise Econômica
14 - Burocracia
15 - Os Fundamentos Últimos da Ciência Econômica: Um Ensaio sobre o Método

LUDWIG VON MISES

AS SEIS LIÇÕES
REFLEXÕES SOBRE POLÍTICA ECONÔMICA PARA HOJE E AMANHÃ

Tradução de Maria Luiza X. de A. Borges
Apresentação à 8ª edição brasileira por Murray N. Rothbard
Prefácio à 8ª edição brasileira por Ubiratan Jorge Iorio
Introdução à 3ª edição norte-americana por Bettina Bien Greaves
Prefácio à edição norte-americana por Margit von Mises
Posfácio à 8ª edição brasileira por Alex Catharino

8ª Edição Revista e Ampliada

LVM
EDITORA

Impresso no Brasil, 2017

Título original: *Economic Policy: Thoughts for Today and Tomorrow*
Copyright © 1979 by Margit von Mises © 2010 by Liberty Fund
Copyright do texto de Murray Rothbard © 2006 by ISI Books

Os direitos desta edição pertencem ao
Instituto Ludwig von Mises Brasil
Rua Leopoldo Couto de Magalhães Júnior, 1098, Cj. 46
04.542-001. São Paulo, SP, Brasil
Telefax: 55 (11) 3704-3782
contato@mises.org.br · www.mises.org.br

Editor Responsável | Alex Catharino
Curador da Coleção | Helio Beltrão
Tradução | Maria Luiza X. de A. Borges
Tradução da apresentação e da introdução | Claudio A. Téllez-Zepeda
Revisão da Tradução | Helio Beltrão e Márcia Xavier de Brito
Revisão ortográfica e gramatical | Carlos Nougué
Revisão técnica | Alex Catharino & Helio Beltrão
Preparação de texto e Elaboração do índice remissivo | Alex Catharino
Revisão final | Alex Catharino, Márcia Xavier de Brito & Márcio Scansani
Produção editorial | Alex Catharino & Márcia Xavier de Brito
Capa e projeto gráfico | Rogério Salgado / Spress
Diagramação e editoração | Spress Diagramação
Pré-impressão e impressão | Power Graphics

M678s
Mises, Ludwig von
    As seis lições: reflexões sobre política econômica para hoje e amanhã / Ludwig von Mises; tradução de Maria Luiza X. de A. Borges — 8ª edição revista e ampliada. — São Paulo: LVM, 2017; Coleção von Mises.
    304 p.
Tradução de: Economic Policy: Thoughts for Today and Tomorrow

ISBN 978-85-93751-00-4

1. Ciências Sociais. 2. Política Econômica. 3. Economia de Mercado.
I. Título.
II. Borges, Maria Luiza X. de A.

CDD 300

Reservados todos os direitos desta obra.
Proibida toda e qualquer reprodução integral desta edição por qualquer meio ou forma, seja eletrônica ou mecânica, fotocópia, gravação ou qualquer outro meio de reprodução sem permissão expressa do editor.
A reprodução parcial é permitida, desde que citada a fonte.

Esta editora empenhou-se em contatar os responsáveis pelos direitos autorais de todas as imagens e de outros materiais utilizados neste livro.
Se porventura for constatada a omissão involuntária na identificação de algum deles, dispomo-nos a efetuar, futuramente, os possíveis acertos.

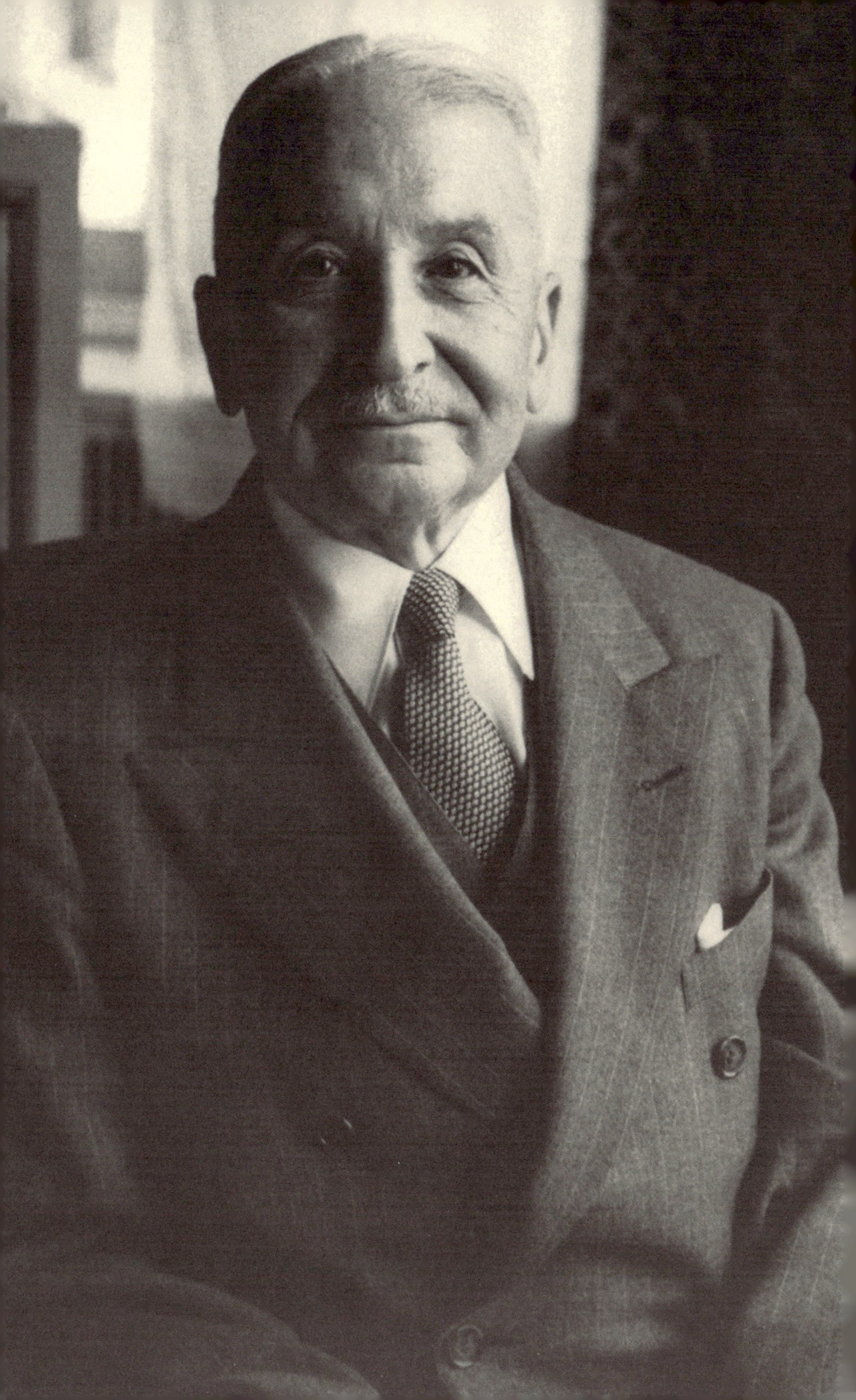

008	**Nota à 8ª Edição Brasileira** Alex Catharino
012	**Apresentação à 8ª Edição Brasileira** Murray N. Rothbard
030	**Prefácio à 8ª Edição Brasileira** Ubiratan Jorge Iorio
058	**Introdução à 3ª Edição Norte-Americana** Bettina Bien Greaves
066	**Prefácio à Edição Norte-Americana** Margit von Mises

As Seis Lições
Reflexões sobre política econômica para hoje e amanhã

073	**Primeira Lição** **O Capitalismo** 1 - O início do Capitalismo 2 - Empresas servem aos clientes 3 - O Capitalismo eleva os padrões de vida 4 - As poupanças dos capitalistas beneficiam os trabalhadores
093	**Segunda Lição** **O Socialismo** 1 - Liberdade na sociedade 2 - Os consumidores são os patrões 3 - Sociedade de status 4 - Mobilidade social 5 - Planejamento governamental 6 - Cálculo econômico 7 - O experimento soviético
121	**Terceira Lição** **O Intervencionismo** 1 - Empresas dirigidas pelo governo 2 - Que é o intervencionismo?

Sumário

3 - Porque os controles de preços falham
4 - Intervenções no período da guerra
5 - Controle de aluguéis
6 - Existe uma terceira via intermediária?

145 Quarta Lição
A Inflação

1 - Impressão de papel-moeda
2 - Aumentos graduais de preços
3 - Governos não gostam de taxar
4 - Inflação não pode subsistir
5 - Padrão-ouro
6 - Inflação e salários
7 - Salários e pleno emprego

171 Quinta Lição
O Investimento Estrangeiro

1 - Melhores ferramentas para aumentar a produção
2 - Investimento estrangeiro britânico
3 - Hostilidade aos investimentos estrangeiros
4 - Governos dificultam a poupança
5 - Países em desenvolvimento necessitam de capital
6 - Migração de capitais aumenta os salários

195 Sexta Lição
Política e Ideias

1 - Ideias políticas e econômicas
2 - Política dos grupos de pressão
3 - Intervencionismo e interesses específicos
4 - Inflação e intervencionismo destruíram a civilização romana
5 - Somente as boas ideias podem iluminar a escuridão

215 Posfácio à 8ª Edição Brasileira
Menos Marx, Mais Mises: Uma Nova Esperança para o Brasil
Alex Catharino

283 Índice Remissivo e Onomástico

A presente edição do livro *As Seis Lições* de Ludwig von Mises (1881-1973) mantém a tradução original em português de Maria Luiza X. de A. Borges, lançada pela primeira vez em 1989, pelo Instituto Liberal (IL) e posteriormente reeditada tanto pela mesma instituição quanto pelo Instituto Ludwig von Mises Brasil (IMB). A tradução foi elaborada a partir da primeira edição norte-americana, publicada em 1979 pela Regnery Gateway com o título *Economic Policy: Thoughts for Today and Tomorrow* [*Política Econômica: Pensamentos para Hoje e Amanhã*], que foi organizada por Margit von Mises (1890-1993), viúva do autor, reunindo as transcrições das seis palestras ministradas pelo economista austríaco em Buenos Aires, na Argentina, durante o mês de junho de 1959, para centenas de estudantes, a convite de Alberto

Nota à 8ª Edição Brasileira

Benegas Lynch (1909-1999), em evento organizado pelo Centro de Difusión de la Economía Libre.

Nesta oitava edição, revista e ampliada, existem diversas alterações consideráveis em relação ao texto publicado nas sete edições anteriores pelo IL ou pelo IMB. A tradução foi cuidadosamente revisada por Carlos Nougué, Helio Beltrão e Márcia Xavier de Brito, o que acarretou em algumas mudanças ortográficas e gramaticais. Em acordo com a segunda edição norte-americana, editada por Bettina Bien Greaves e publicada em 1995 pela Foundation for Economic Education (FEE), foi adotada uma nova paragrafação com mais divisões de parágrafos que, além de aproximarem o texto da apresentação oral do autor, tornam a leitura mais fácil. A terceira edição norte-americana, também editada por Bettina Bien Greaves e lançada em 2010 pelo Liberty Fund (LF), incluiu alguns subitens nos capítulos com o objetivo de tornar a obra ainda mais acessível aos leitores. Por fim, acreditamos ter sido necessário incluir nos seis capítulos algumas notas de rodapé, elaboradas por nós e devidamente sinalizadas como Notas do Editor (N. E.), com os objetivos de definir termos e conceitos, referendar determinadas citações ou afirmações, esclarecer o contexto histórico-cultural de algum fato ou personagem mencionado pelo autor e indicar a bibliografia de obras citadas ou oferecer estudos complementares.

O livro nesta nova edição foi acrescido de mais alguns textos escritos por outros autores. Incluímos a tradução de uma breve biografia de Ludwig von Mises, escrita por um de seus mais importantes discípulos, o economista norte-americano Murray N. Rothbard (1926-1995), publicado originalmente na obra de referência *American Conservatism: An Encyclopedia*, lançada pelo Intercollegiate Studies Institute (ISI). Adicionamos a introdução de Bettina Bien Greaves, escrita em 1995 para a segunda edição em inglês e atualizada pela autora em 2007 para a terceira edição norte-americana. Ambos os ensaios foram traduzidos para o português por Claudio A. Téllez-Zepeda. Foram escritos com exclusividade para a oitava edição brasileira um prefácio por Ubiratan Jorge Iorio e o nosso posfácio. Um novo índice remissivo e onomástico foi acrescido, no qual, além de conceitos, são abarcados nomes próprios de pessoas, locais e instituições facilitando o trabalho de pesquisadores.

Não poderíamos deixar de expressar aqui, em nome de toda a equipe do IMB e da LVM, o apoio inestimável que obtivemos ao longo da elaboração da presente edição de inúmeras pessoas, dentre as quais destaco os nomes de

Llewellyn H. Rockwell Jr., Joseph T. Salerno e Judy Thommesen do Ludwig von Mises Institute, de Jeffrey O. Nelson e Jed Donahue do Intercollegiate Studies Institute, e de Emilio J. Pacheco, Patricia A. Gallagher e Leonidas Zelmanovitz do Liberty Fund.

Alex Catharino
Editor Responsável da LVM

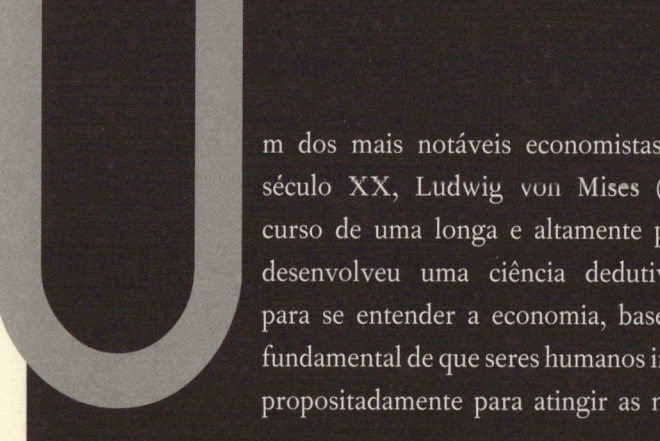

m dos mais notáveis economistas e filósofos do século XX, Ludwig von Mises (1881-1973), no curso de uma longa e altamente produtiva vida[1], desenvolveu uma ciência dedutiva e integrada para se entender a economia, baseada no axioma fundamental de que seres humanos individuais agem propositadamente para atingir as metas desejadas.

---

[1] As linhas gerais do pensamento misesiano são apresentadas de maneira sintética na seguinte obra: ROTHBARD, Murray N. *O Essencial von Mises*. Trad. Maria Luiza A. de X. Borges. São Paulo: Instituto Ludwig von Mises Brasil, 3ª ed., 2010. Ver, também: BELTRÃO, Helio ; CONSTANTINO, Rodrigo & LENHART, Wagner. *O Poder das Ideias: A Vida, a Obra e as Lições de Ludwig von Mises*. Porto Alegre: IEE, 2010; PAUL, Ron. *Mises e a Escola Austríaca*. Trad. Ricardo Benhard. São Paulo: Instituto Ludwig von Mises Brasil, 2ª ed., 2014. A mais completa apresentação sistemática, em ordem cronológica, da vida e da obra do pensador austríaco se encontra na seguinte biografia intelectual: HÜLSMANN, Jörg Guido. *Mises: The Last Knight of Liberalism*. Auburn: Ludwig von Mises Institute, 2007. (N. E.)

Apresentação à 8ª Edição Brasileira
A Vida e a Obra de Ludwig von Mises

Murray N. Rothbard

Mesmo que sua análise econômica fosse "livre de juízo de valor" — no sentido de simplesmente descrever as coisas, dizer como elas são, sem defender nenhum ponto de vista em particular –, Mises concluiu que a única política econômica viável para a raça humana seria uma política de *laissez-faire* irrestrito, de livre mercado e de respeito total aos direitos de propriedade privada, com o governo estritamente limitado a defender a pessoa e a propriedade dentro de sua área territorial.

Ludwig von Mises foi capaz de demonstrar que (1) a expansão do livre mercado, a divisão do trabalho e o investimento de capital privado é o único caminho possível para a prosperidade e o sucesso contínuo da raça humana; (2) o socialismo seria desastroso para a economia moderna porque a ausência de propriedade privada da terra e de bens de capital impediria qualquer tipo de apreçamento racional, ou de estimativa de custos, e (3) a intervenção governamental, além de obstruir e arruinar o mercado, seria contraprodutiva e acumulativa, levando inevitavelmente ao socialismo, a não ser que todo o tecido intervencionista fosse repelido. Mantendo essas visões, e se apegando bravamente à verdade em um século cada vez mais devotado ao estatismo e ao coletivismo, Mises se tornou famoso por sua "intransigência" em insistir em um padrão-ouro não inflacionário e no *laissez-faire*.

Efetivamente impedido de exercer qualquer cargo universitário pago na Áustria e depois nos Estados Unidos, Ludwig von Mises seguiu seu curso nobremente. Como conselheiro-econômico-chefe do governo austríaco na década de 1920, Mises foi, sozinho, capaz de diminuir a inflação na Áustria; e desenvolveu o próprio "seminário particular", que atraiu os notáveis jovens economistas, cientistas sociais e filósofos de toda a Europa. Como fundador da "Escola Neo-Austríaca" de Economia, a teoria dos ciclos econômicos de Mises – que dizia que a culpa por inflações e depressões era dos créditos bancários inflacionários encorajados pelos Bancos Centrais –, foi adotada pela maioria dos jovens economistas da Inglaterra no início da década de 1930 como a melhor explicação para a Grande Depressão de 1929[2].

Ao ir para os Estados Unidos, fugindo dos nazistas, Ludwig von Mises fez neste país uns dos trabalhos mais importantes. Em mais de duas décadas lecionando, inspirou uma emergente Escola Austríaca no contexto norte-americano. No ano após a morte de Mises, em 10 de outubro de 1973, seu mais claro

---

[2] Para uma ampla interpretação da Depressão de 1929 na perspectiva da Escola Austríaca, consultar: ROTHBARD, Murray, N. *A Grande Depressão Americana*. Intr. Paul Johnson; Trad. Pedro Sette-Câmara. São Paulo: Instituto Ludwig von Mises Brasil, 2012. (N. E.).

seguidor, F. A. Hayek (1899-1992), foi laureado, em 11 de dezembro de 1974, com o Prêmio Nobel de Economia por seu trabalho, no qual desenvolveu em detalhes a teoria dos ciclos econômicos de Mises durante o fim dos anos 1920 e início dos anos 1930.

Ludwig von Mises nasceu em 29 de setembro de 1881 na cidade de Lemberg – atualmente Lviv, na Ucrânia – na região da Galícia, no Império Austro-Húngaro, onde seu pai Arthur von Mises (1854-1903), um vienense engenheiro de construção das ferrovias austríacas, fora enviado a trabalho. Tanto seu pai quanto sua mãe, Adele von Mises (1858-1937), vieram de proeminentes famílias vienenses; o tio de sua mãe, o Dr. Joachim Landau (1821-1878), serviu como deputado pelo Partido Liberal no parlamento austríaco.

O brasão de armas utilizado na logomarca do Ludwig von Mises Institute é o da família Mises, concedido em 1881 quando o bisavô de Ludwig von Mises, Mayer Rachmiel Mises (1800-1891), recebeu o título nobiliárquico do imperador Francisco José I (1830-1916) da Áustria. No quadrante direito superior, vê-se o báculo de Mercúrio, deus do comércio e das comunicações – a família Mises foi bem-sucedida em ambas as atividades; eram mercadores e banqueiros. No quadrante inferior esquerdo, encontra-se uma representação dos Dez Mandamentos. Mayer Rachmiel, assim como seu pai, Efraim Fischel Mises (†1842), presidiram diversas associações culturais judaicas em Lemberg, a cidade onde Ludwig nasceu. Na faixa vermelha, encontra-se a Rosa de Sharon, que na litania corresponde a um dos nomes atribuídos à Santíssima Mãe, assim como as Estrelas da Casa Real de David, um símbolo do povo judeu. O lema de Mises ao longo de sua vida foi retirado de um verso da *Eneida*, do poeta latino Virgílio (70-19 a.C.): *Tu ne cede malis, sed contra audentior ito* [Não cedas ao mal; contra ele, persiste firmemente][3].

Ao ingressar na Universidade de Viena na virada do século como um esquerdista intervencionista, o jovem Ludwig von Mises descobriu o livro *Grundsätze der Volkswirtschaftslehre*[4] [*Princípios de Economia Política*] de Carl Menger (1840-1921), o trabalho fundador da Escola Austríaca de Economia, e foi rapidamente convertido à ênfase austríaca na ação individual em vez de crer que equações mecanicistas irreais são a verdadeira unidade de análise econômica. Consequentemente, Mises também passou a enxergar a importância de uma economia de livre mercado.

Ludwig von Mises se tornou um proeminente aluno de pós-doutorado nos famosos seminários da Universidade de Viena ministrados pelo grande economista austríaco Eugen von Böhm-Bawerk (1851-1914), que dentre as grandes realizações está a refutação devastadora da teoria do valor-trabalho

---

[3] Virgílio. Eneida. VI, 95. O trecho foi vertido para o português por Carlos Alberto Nunes (1897-1990) com as seguintes palavras: "Porém não cedas; com mais decisão para a frente prossigas". Ver: VIRGÍLIO. *Eneida*. Org., apres. e notas João Angelo Oliva Neto; trad. Carlos Alberto Nunes. São Paulo: Editora 34, 2014. Na versão de Manuel Odorico Mendes (1799-1864) os versos foram expressos do seguinte modo: "Tu não fraqueies; mais que a sorte ousada, resiste aos males". Ver: VIRGÍLIO. *Eneida Brasileira*. Org. Paulo Sérgio de Vasconcellos; trad. Manuel Odorico Mendes. Campinas: Editora UNICAMP, 2008. No lugar de utilizar alguma dessas clássicas traduções brasileira, optamos por uma versão literal. (N. E.)

[4] Uma tradução em língua portuguesa do livro está disponível na coleção "Os Economistas" na seguinte edição: MENGER, Carl. *Princípios de Economia Política*. Intr. F. A. Hayek; trad. Luiz João Baraúna. São Paulo: Abril Cultural, 1983. (N. E.)

marxista, apresentada na obra *Kapital und Kapitalzins*[5] [*Capital e Juros*], lançado originalmente em três volumes entre 1884 e 1914.

Durante esse período, em seu primeiro grande trabalho, *Theorie des Geldes und der Umlaufsmittel*[6] [*A Teoria da Moeda e dos Meios Fiduciários*] de 1912, Ludwig von Mises executou aquela que era considerada uma tarefa impossível: integrar a teoria da moeda na teoria geral da utilidade marginal e dos preços – o que hoje seria chamado de integrar a "macroeconomia" na "microeconomia". Posto que Böhm-Bawerk e os outros colegas austríacos não aceitaram essa integração feita por Mises e, portanto, permaneceram sem uma teoria monetária, ele, Mises, foi obrigado a tomar uma ação enérgica e, com isso, fundou a escola "neo-austríaca".

Em sua teoria monetária, Ludwig von Mises ressuscitou o princípio, há muito esquecido, da *British Currency School* [*Escola Britânica da Moeda*], que havia predominado até a

---

[5] A obra foi publicada em língua inglesa na seguinte edição: BÖHM-BAWERK, Eugen von. *Capital and Interest*. Trad. George D. Huncke e Hans F. Sennholz. South Holland: Libertarian Press, 1959. 3v. [Volume I: History and Critique of Interest Theories / Volume II: Positive Theory of Capital / Volume III: Further Essays on Capital and Interest]. Em língua portuguesa o capítulo XII do primeiro volume foi publicado como o seguinte livro: BÖHM-BAWERK, Eugen von. *A Teoria da Exploração do Socialismo Comunismo*. Pref. Hans F. Sennholz; trad. Lya Luft. São Paulo: Instituto Ludwig von Mises Brasil, 2ª ed., 2010. (N. E.)

[6] A segunda edição em alemão, de 1924, serviu como base para uma nova edição inglesa, lançada em 1934, e disponível, atualmente, na seguinte forma: MISES, Ludwig von. *Theory of Money and Credit*. Pref. Murray N. Rothbard; intr. Lionel Robbins; trad. Harold E. Batson. Indianapolis: Liberty Fund, 1981. (N. E.)

década de 1850[7], que dizia que a sociedade não se beneficia em nada de qualquer aumento na oferta monetária, que um aumento da moeda e do crédito bancário apenas causam inflação e ciclos econômicos, e que, por isso, a política governamental deveria manter o equivalente a um padrão-ouro de 100 por cento de reservas.

A esse *insight*, Mises adicionou os elementos da sua teoria dos ciclos econômicos: que a expansão creditícia feita pelos bancos, além de causar inflação, torna as depressões inevitáveis porque essa expansão leva aos chamados "maus investimentos", isto é, induz os empresários a sobreinvestir em bens de capital de "ordens mais altas" (maquinaria, construção etc.) e a subinvestir em bens de consumo.

O problema é que esse crédito bancário inflacionário, quando emprestado aos negócios, vem sob o disfarce de uma pseudopoupança, e faz os empresários crerem que há mais poupança disponível para investir na produção de bens de capital do que os consumidores estão genuinamente dispostos a poupar. Assim, um *boom* inflacionário requer uma recessão para a cura, que se torna um processo doloroso, porém necessário, pelo qual o mercado liquida os investimentos errados e restabelece a estrutura de investimentos e produção que melhor satisfaz as preferências e demandas do consumidor.

---

[7] O autor trata dessa escola de pensamento econômico nos capítulos 5 ("Monetary and Banking Thought, I: The Early Bullionist Controversy"), 6 ("Monetary and Banking Thought, II: The Bullion Report and the Return to Gold") e 7 ("Monetary and Banking Thought, III: The Struggle Over the Currency School") da seguinte obra: ROTHBARD, Murray N. *An Austrian Perspective on the History of Economic Thought – Volume I: Classical Economics*. Auburn: Ludwig von Mises Institute, 2006. p. 157-274. (N. E.)

Ludwig von Mises e seu discípulo F. A. Hayek desenvolveram essa teoria dos ciclos durante a década de 1920, pela qual Mises foi capaz de alertar a um mundo desavisado que a amplamente proclamada "Nova Era" de prosperidade permanente da época era uma fraude, e que seu inevitável resultado seria uma corrida aos bancos e depressão. Quando Hayek foi convidado por Lionel Robbins (1898-1984), um influente ex-aluno dos seminários particulares de Mises, a lecionar na London School of Economics, em 1931, foi capaz de converter a maioria dos economistas ingleses mais jovens a essa perspectiva. Em rota de colisão com John Maynard Keynes (1883-1946) e seus discípulos em Cambridge, Hayek demoliu a obra *A Treatise on Money*[8] [*Tratado sobre a Moeda*] de Keynes, mas perdeu a batalha e a maioria de seus seguidores para a onda da Revolução Keynesiana que varreu a economia mundial depois da publicação em 1936 da *The General Theory of Employment, Interest and Money*[9] [*A Teoria Geral do Emprego, do Juro e da Moeda*].

---

[8] O livro não foi publicado em português, estando disponível em inglês na seguinte edição: KEYNES, John Maynard. *A Treatise on Money*. New York: Harcourt, Brace and company, 1930. 2v. A crítica hayekiana apareceu originalmente em: HAYEK, F. A. "Reflections on the Pure Theory of Money of Mr. J. M. Keynes". *Economica*, Number 33 (August 1931): 270-95. A defesa do autor do tratado foi publicada em: KEYNES, John Maynard. "The Pure Theory of Money. A Reply to Dr. Hayek". *Economica*, Number 34 (November 1931): 387-97. Os argumentos finais do economista austríaco nessa polêmica contra o tratado estão em: HAYEK, F. A. "Reflections on the Pure Theory of Money of Mr. J. M. Keynes (continued)". *Economica*, Number 35 (February 1932): 22-44. (N. E.)

[9] A obra está disponível em língua portuguesa em diversas edições, dentre as quais citamos a seguinte: KEYNES, John Maynard. *A Teoria Geral do Emprego, do Juro*

As receitas políticas para os ciclos econômicos prescritas por Mises e Hayek eram diametralmente opostas às de Keynes. Durante o período de expansão [*boom period*], Mises aconselhava um fim imediato a todo o crédito bancário e expansão monetária; e, durante uma recessão, defendia um *laissez-faire* estrito, permitindo que as forças reajustadoras da recessão pudessem trabalhar o mais rápido possível.

Não apenas isso: para Mises, a pior forma de intervenção seria a de causar o aumento de preços ou salários e consequentemente aumentar o desemprego, e a de aumentar a oferta monetária, ou o gasto governamental, como forma de estimular o consumo. Para Mises, a recessão era um problema de poupança escassa e consumo excessivo, e seria importante, por isso, estimular a poupança e a frugalidade em vez de fazer o oposto; deveria, também, haver um corte de gastos do governo, em vez de aumentá-los. Fica claro que, de 1936 em diante, Mises era totalmente contrário à moda que dominava a política macroeconômica mundial.

O socialismo-comunismo havia triunfado na Rússia e em grande parte da Europa durante e depois da Primeira Guerra Mundial, e Mises foi impelido a publicar seu famoso artigo *Die Wirtschaftsrechnung im sozialistischen Gemeinwesen*[10] [*O Cálculo Econômico em uma Comunidade Socialista*], em 1920,

---

e da Moeda. Apres. Adroaldo Moura da Silva; trad. Mário R. da Cruz. São Paulo: Nova Cultural, 1996. (N. E.)

[10] Em língua portuguesa o texto está disponível na seguinte edição: MISES, Ludwig von. *O Cálculo Econômico em uma Comunidade Socialista*. Apres. Gary North; prefs. Fabio Barbieri & Yuri N. Maltsev; intr. Jacek Kochanowicz; posf. Joseph T. Salerno; trad. Leandro Augusto Gomes Roque. São Paulo: LVM, 2017. (N. E.)

no qual demonstrou que seria impossível para um conselho planejador socialista planejar um sistema econômico moderno; mais ainda, nenhuma tentativa de "mercados" artificiais funcionaria, já que um genuíno sistema de preços e custos requer uma troca de títulos de propriedade, e, portanto, requer a propriedade privada dos meios de produção.

Ludwig von Mises desenvolveu o artigo transformando-o no livro *Die Gemeinwirtschaft: Untersuchungen über den Sozialismus*[11] [*A Economia Coletiva: Estudos sobre o Socialismo*], de 1922, uma abrangente crítica filosófica e sociológica, bem como econômica, que ainda permanece como a demolição mais minuciosa e devastadora do socialismo já escrita. A obra afastou da ideologia socialista muitos economistas e sociólogos proeminentes, incluindo o austríaco F. A. Hayek, o alemão Wilhelm Röpke (1899-1966) e o inglês Lionel Robbins.

Nos EUA, a publicação, em 1936, da tradução em inglês de *Die Gemeinwirtschaft*, lançado com o título *Socialism: An Economic and Sociological Analysis* [Socialismo: Uma Análise Econômica] atraiu a admiração do notável jornalista da área econômica Henry Hazlitt (1894-1993), que escreveu sobre o livro no *New York Times*, e converteu um dos mais proeminentes e eruditos comunistas dos Estados Unidos – J. B. Matthews (1894-1966), seu companheiro de viagem no período – para uma posição misesiana. Com isso, Matthews acabou se opondo a todas as formas de socialismo.

---

[11] O livro se encontra disponível atualmente em inglês na seguinte edição: MISES, Ludwig von. *Socialism: An Economic and Sociological Analysis*. Pref. F. A. Hayek; trad. J. Kahane. Indianapolis: Liberty Fund, 1992. (N. E.)

Os socialistas de toda a Europa e dos Estados Unidos se preocuparam com o problema do cálculo econômico sob o socialismo por aproximadamente quinze anos[12], quando finalmente anunciaram que o problema estava solucionado com a promulgação do modelo de "socialismo de mercado" do economista polonês Oskar Lange (1904-1965), em 1936. Lange voltou para a Polônia depois da Segunda Guerra Mundial para ajudar a planejar o comunismo polonês. O colapso do planejamento socialista, na Polônia e nos outros países comunistas em 1989, deixou os economistas de todo o espectro ideológico que eram favoráveis ao *establishment*, que haviam acreditado na "solução" de Lange, totalmente atordoados.

Alguns socialistas proeminentes, como Robert Heilbroner (1919-2005), tiveram a elegância de admitir publicamente que "Mises estava certo" desde o início – a frase "Mises estava certo" foi o título de um painel no encontro anual, em 1990, da *Southern Economic Association* [Associação Econômica do Sul] na cidade de Nova Orleans.

Se o socialismo era uma catástrofe, a intervenção governamental não tinha como dar certo, e inevitavelmente levaria ao socialismo. Ludwig von Mises elaborou essa reflexão no livro *Kritik des Interventionismus: Untersuchungen zur Wirtschaftspolitik und Wirtschaftsideologie der Gegenwart*[13] [*Crítica*

---

[12] Uma análise econômica e histórica sistemática desse debate, repleta de indicações bibliográficas, é apresentada na seguinte obra: BARBIERI, Fabio. *História do Debate do Cálculo Econômico Socialista*. São Paulo: Instituto Ludwig von Mises Brasil, 2013. (N. E.)

[13] A obra está disponível em língua portuguesa na seguinte edição: MISES, Ludwig von. *Crítica ao Intervencionismo: Estudo sobre a Política Econômica e a Ideologia*

ao *Intervencionismo: Estudo sobre a Política Econômica e a Ideologia Atuais*], de 1929, e expôs sua filosofia política de liberalismo *laissez-faire* em *Liberalismus*[14] [*Liberalismo*], de 1927.

Além de se posicionar contra todas as tendências políticas do século XX, Ludwig von Mises combateu com igual fervor e eloquência tudo aquilo que considerou ser modismo metodológico e filosófico desastrosamente dominantes, tanto na Ciência Econômica quanto em outras disciplinas. Esses modismos incluíam o positivismo, o relativismo, o historicismo, o polilogismo – a ideia de que cada raça e gênero tem a própria "lógica", e que, portanto, não podem se comunicar com outros grupos –, e todos os modos de irracionalismo e de negação da verdade objetiva. Mises também desenvolveu aquilo que considerou ser a metodologia própria da teoria econômica – a dedução lógica de axiomas evidentes, os quais chamou de "praxiologia" –, e levantou críticas incisivas à crescente tendência da economia e de outras disciplinas de substituir a praxiologia e a compreensão histórica por modelos matemáticos irrealistas e manipulações estatísticas.

Ao imigrar para os Estados Unidos em 1940, os dois primeiros livros de Ludwig von Mises em inglês foram

---

Atuais. Apres. Richard M. Ebeling; pref. Adolfo Sachsida; intr. Hans F. Sennholz; posfs. Don Lavoie & Murray N. Rothbard; trad. Arlette Franco. São Paulo: LVM, 2017. (N. E.)

[14] O livro se encontra em língua portuguesa na seguinte edição: MISES, Ludwig von. *Liberalismo: Segundo a Tradição Clássica*. Preâmbulo de Louis M. Spadaro; prefs. Thomas Woods & Bettina Bien Greaves; trad. Haydn Coutinho Pimenta. São Paulo: Instituto Ludwig von Mises Brasil, 2ª Ed., 2010. (N. E.)

importantes e influentes. Seu *Omnipotent Government*[15] [*Governo Onipotente*], de 1944, foi o primeiro livro a desafiar a então visão marxista padronizada que dizia que o fascismo e o nazismo foram impostos sobre as nações pelas grandes corporações e pela "classe capitalista". Seu *Bureaucracy*[16] [*Burocracia*], também de 1944, fez uma análise ainda não superada de por que uma operação governamental deve necessariamente ser "burocrática" e sofrer de todos os malefícios da burocracia.

A realização mais monumental de Ludwig von Mises foi *Human Action: A Treatise on Economics*[17] [*Ação Humana: Um Tratado sobre Economia*], de 1949, o primeiro tratado abrangente de teoria econômica escrito desde a Primeira Guerra Mundial. Nessa obra, Mises aceitou o desafio proposto pela própria metodologia e por seu programa de pesquisa e, assim, elaborou uma estrutura integrada e massiva de teoria econômica, que se baseava em seus próprios princípios dedutivos e "praxiológicos". Publicado em uma época em que economistas e governos em geral estavam totalmente dedicados ao estatismo e à inflação keynesiana, *Ação Humana*

---

[15] Atualmente a obra está disponível nessa edição: MISES, Ludwig von. *Omnipotent Government: The Rise of the Total State and Total War*. Ed. e pref. Bettina Bien Greaves. Indianapolis: Liberty Fund, 2011. (N. E.)

[16] O livro foi publicado em português na seguinte edição: MISES, Ludwig von. *Burocracia*. Ed. e pref. Bettina Bien Greaves; apres. Jacques Rueff; pref. Alex Catharino; posf. William P. Anderson; trad. Heloísa Gonçalves Barbosa. São Paulo: LVM, 2017. (N. E.)

[17] O tratado está disponível em português na seguinte edição: MISES, Ludwig von. *Ação Humana: Um Tratado de Economia*. Trad. Donald Stewart Jr. São Paulo: Instituto Ludwig von Mises Brasil, 3ª Ed., 2010. (N. E.)

não foi lido pelos economistas formados. Finalmente, em 1957 Mises publicou seu último grande trabalho, *Theory and History*[18] [*Teoria e História*], no qual, além de refutar o marxismo e o historicismo, realça as diferenças e funções básicas da teoria e da história tanto para a Economia quanto para todas as várias disciplinas que envolvem a ação humana.

Nos Estados Unidos, assim como em sua terra natal, a Áustria, Ludwig von Mises não pôde achar um cargo pago na academia. Na New York University (NYU), onde lecionou de 1945 até se aposentar aos 88 anos em 1969, só seria designado professor visitante, e o salário seria pago pela William Volker Fund, uma fundação conservadora-libertária, até 1962, e depois disso por um consórcio de fundações e executivos pró-livre mercado. Apesar do clima desfavorável, Mises inspirou um crescente grupo de alunos e admiradores, bem como entusiasmadamente os estudos destes estudantes, além de continuar ele próprio com extraordinária produtividade.

Ludwig von Mises também foi mantido por libertários e outros admiradores do livre mercado, trabalhando junto de muitos deles. Desde a fundação, em 1946, da Foundation for Economic Education (FEE) [Fundação para a Educação Econômica], na cidade de Irvington-on-Hudson, em Nova York, até sua morte, em 1973, Mises foi um membro provisório dessa instituição e foi, também, na década de 1950, conselheiro econômico da National Association of

---

[18] A obra foi lançada em português na seguinte edição: MISES, Ludwig von. *Teoria e História: Uma Interpretação da Evolução Social e Econômica*. Pref. Murray N. Rothbard; trad. Rafael de Sales Azevedo. São Paulo: Instituto Ludwig von Mises Brasil, 2014. (N. E.)

Manufacturers (NAM) [Associação Nacional de Industriais], trabalhando com a ala *laissez-faire*, que acabou perdendo a batalha para a onda do estatismo "iluminado".

Como defensor do livre comércio e um liberal clássico na tradição política de Richard Cobden (1804-1865), John Bright (1811-1889) e Herbert Spencer (1820-1903), Ludwig von Mises foi um libertário que capitaneou a razão e a liberdade tanto em termos pessoais quanto econômicos. Como um racionalista e um oponente do estatismo em todas as suas modalidades, Mises nunca se considerou um "conservador", mas sim um liberal no sentido do termo no século XIX.

De fato, Ludwig von Mises foi politicamente um defensor do *laissez-faire* radical, que denunciava tarifas, restrições de imigração, ou tentativas governamentais de fazer cumprir a moralidade. Por outro lado, Mises foi um firme conservador cultural e socialmente, que atacava o igualitarismo, e denunciava ferozmente o feminismo como um aspecto do socialismo. Em oposição aos muitos conservadores que eram críticos do capitalismo, Mises manteve a posição de que a moralidade pessoal e o núcleo familiar eram, ambos, não apenas essenciais para um sistema de capitalismo de livre mercado, como também eram por ele estimulados.

A influência de Ludwig von Mises foi marcante, considerando a impopularidade de suas visões políticas e epistemológicas. Seus alunos na década de 1920, mesmo aqueles que depois virariam keynesianos, foram permanentemente marcados por uma visível influência misesiana. Além dos já mencionados F. A. Hayek e Lionel Robbins, dentre os alunos estavam Fritz Machlup (1902-1983), Gottfried von Haberler

(1900-1995), Oskar Morgenstern (1902-1977), Alfred Schütz (1899-1969), Hugh Gaitskell (1906-1963), Howard S. Ellis (1892-1968), John V. Van Sickle (1892-1975) e Eric Voegelin (1901-1985).

Na França, o principal conselheiro econômico e monetário do general Charles de Gaulle (1890-1970), que ajudou o país a se afastar do socialismo, foi Jacques Rueff (1896-1978), um velho amigo e admirador de Ludwig von Mises. E parte do afastamento da Itália em relação ao socialismo após a Segunda Guerra Mundial se deve ao presidente Luigi Einaudi (1874-1961), um distinto economista, amigo de longa data e colega pró-mercado de Mises. Nos Estados Unidos, as ideias de Mises foram bem menos influentes. Sob condições acadêmicas menos promissoras, seus alunos e admiradores norte-americanos, além de Henry Hazlitt e de mim, incluíam os nomes de Lawrence W. Fertig (1898-1986), Percy L. Greaves, Jr. (1906-1984), Louis M. Spadaro (1913-2008), William H. Peterson (1921-2012), Hans F. Sennholz (1922-2007), Bettina Bien Greaves, Israel M. Kirzner, Ralph Raico (1936-2016) e George Reisman. Entretanto, Mises foi capaz de construir uma legião consideravelmente firme e leal de seguidores entre os homens de negócios e outros não-acadêmicos; a sólida e complexa obra *Ação Humana* tem vendido extraordinariamente bem desde o ano da publicação original.

Desde a morte de Ludwig von Mises na cidade de Nova York, em 10 de outubro de 1973, aos 92 anos de idade, a doutrina e a influência misesiana têm tido uma renascença[19]. Os anos seguintes viram não somente o Prêmio Nobel concedido a F. A. Hayek por sua teoria misesiana dos ciclos econômicos, mas também a primeira de muitas conferências da Escola Austríaca nos Estados Unidos[20]. Livros de Mises têm sido reimpressos e inúmeros artigos seus já foram traduzidos e publicados. Cursos e programas baseados na

---

[19] A temática é analisada em uma perspectiva rothbardiana no seguinte ensaio: SALERNO, Joseph T. "O Renascimento da Escola Austríaca – À Luz da Economia Austríaca". Trad. Márcia Xavier de Brito. *MISES: Revista Interdisciplinar de Filosofia, Direito e Cultura*, Volume I, Número 1 (Edição 1, Janeiro-Junho de 2013): 135-51. (N. E.)

20 O autor se refere à conferência organizada pelo Institute for Humane Studies (IHS), realizada entre 15 e 22 de junho de 1974, no vilarejo de South Royalton, em Vermont, na qual, além dos já citados Henry Hazlitt e Israel M. Kirzner, participaram do evento, dentre outros, os economistas Murray N. Rothbard (1926-1995), Ludwig M. Lachmann (1906-1990), William Harold Hutt (1899-1988), Don Lavoie (1951-2001), Sudha Shenoy (1943-2008), John Blundell (1952-2014), Edwin G. Dolan, Dominick T. Armentano, Roger Garrison, Gerald P. O'Driscoll, Jr., Mario J. Rizzo, Gary North, Walter Block, Joseph T. Salerno e Richard Ebeling. Alguns dos trabalhos apresentados nesse evento foram publicados no seguinte livro: DOLAN, Edwin G. (Ed.), The Foundations of Modern Austrian Economics. Kansas City: Sheed and Ward, 1976. Com a participação de F. A. Hayek, uma segunda conferência foi organizada no mês de junho de 1975 na cidade de Hartford, em Connecticut. Uma terceira conferência foi realizada em setembro de 1976 no Windsor Castle, no Reino Unido. As três conferências são objeto do seguinte artigo: BLUNDELL, John. "IHS and the Rebirth of Austrian Economics: Some Reflections on 1974-1976". *Quarterly Journal of Austrian Economics*, Volume 17, Number 1 (Spring 2014): 92-107. Atualmente são organizadas nos Estados Unidos diferentes conferências sobre Escola Austríaca por instituições distintas, as mais importantes são o Advanced Austrian Seminar do Mercatus Center na George Mason University (GMU), a Austrian Economics Research Conference do Ludwig von Mises Institute, e a Austrian Student Scholars Conference do Grove City College. (N. E.)

Escola Austríaca são ensinados e estabelecidos pelos Estados Unidos afora.

Tomando a liderança desse renascimento de Mises e no estudo e expansão da doutrina misesiana está o Ludwig von Mises Institute, fundado por Llewellyn Rockwell, Jr. em 1982, com sede em Auburn, no Alabama. O Mises Institute publica periódicos acadêmicos e livros, e oferece cursos em nível básico, intermediário e avançado de Economia Austríaca, os quais atraem um número cada vez maior de alunos e professores. Sem dúvida, o colapso do socialismo e a atratividade cada vez maior exercida pelo livre mercado contribuíram demais para esse surto de popularidade[21].

---

[21] Fundado por Helio Beltrão, em 2007, o Instituto Ludwig von Mises Brasil (IMB), além de publicar artigos diário no site <www.mises.org.br> e manter uma pós-graduação lato senso em Escola Austríaca no Centro Universitário Ítalo Brasileiro, na cidade de São Paulo, publica livros e o periódico acadêmico *MISES: Revista Interdisciplinar de Filosofia, Direito e Economia*, bem como promove diferentes eventos, como palestras, cursos de extensão e conferências acadêmicas. (N. E.)

Podemos contar nos dedos das mãos os economistas que escreveram e que escrevem de maneira que todos consigam compreender o que estavam ou estão querendo dizer. Correndo o risco de estarmos cometendo alguma injustiça por omissão, mencionamos três dentre esses, digamos, bons divulgadores da ciência econômica para leigos: Frédéric Bastiat (1801-1850), Hans F. Sennholz (1922-2007) e Milton Friedman (1912-2006), este último apenas quando não se dirigia a públicos acadêmicos. Mas existiu um quarto, o economista austríaco Ludwig von Mises (1881-1973), o grande defensor das liberdades individuais.

O presente livro é certamente o mais popular dentre todos os que compõem a vasta obra de Ludwig von Mises. Com efeito, o número de leitores que passaram a se interessar pela Escola Austríaca de Economia a partir da leitura de *As Seis Lições* é extraordinário e nesse sentido

Prefácio à 8ª Edição Brasileira

Ubiratan Jorge Iorio

podemos seguramente afirmar que essa obra tem sido, no Brasil e em todo o mundo, uma verdadeira porta de entrada para o pensamento misesiano e da tradição austríaca. Mais do que isso, ela é um amplo pórtico de onde muitos milhares de pessoas passaram a descortinar o universo do liberalismo.

Mises, um dos expoentes (talvez o maior) da Escola Austríaca de Economia não se cansava de dizer que a boa teoria econômica é aquela simples, que descreve os fenômenos do dia a dia, e não aquela outra, complicada e muitas vezes labiríntica, que está na imensa maioria dos livros e artigos de Economia. Uma de suas frases mais conhecidas é exatamente *"good economics is basic economics"* [boa economia é economia básica].

O sucesso do livro está na simplicidade com que Ludwig von Mises aborda os seis grandes temas que o compõem. A obra é fruto de seis conferências do autor em 1959, na Universidade de Buenos Aires, que foram gravadas e posteriormente transcritas e revistas com rigor, após sua morte, pela esposa Margit von Mises (1890-1993), dando ensejo à primeira edição em inglês da obra, datada de 1979 e lançada com o título original *Economic Policy: Thoughts for Today and Tomorrow*[1] [*Política Econômica: Pensamentos para Hoje e Amanhã*], sendo publicada pela primeira vez no Brasil dez anos depois como *As Seis Lições*[2]. A popularidade da obra deve-se ao fato de ser um livro curto – o que sem dúvida tende a atrair leitores menos afeitos aos rigores acadêmicos – e que trata de temas cuja relevância é sempre atual.

Este livro é tão importante para mim que sempre que algum estudante ou interessado em conhecer a Escola Austríaca de Economia me procura solicitando indicações de algumas leituras, coloco-o sempre em primeiro lugar, antes de outras obras do próprio Ludwig von Mises e de outros autores austríacos, até mesmo dos livros *Dez Lições Fundamentais de Economia Austríaca*[3], *Ação, Tempo e Conhecimento: A Escola Austríaca de Economia*[4] e *Economia e Liberdade: A Escola Austríaca e a Economia Brasileira*[5], obras introdutórias que

---

[1] MISES, Ludwig von. *Economic Policy: Thoughts for Today and Tomorrow*. Chicago: Regnery / Gateway, 1979.

[2] MISES, Ludwig von. *As Seis Lições*. Trad. Maria Luiza X. de A. Borges. Rio de Janeiro: Instituto Liberal, 1989.

[3] A obra é uma introdução bastante preliminar, lançada na seguinte edição: IORIO, Ubiratan Jorge. *Dez Lições Fundamentais de Economia Austríaca*. São Paulo: Instituto Ludwig von Mises Brasil, 2013.

[4] Esta é uma introdução mais ampla e sistemática à Escola Austríaca, mas acessível ao leitor não especializado, que se encontra disponível na seguinte edição: IORIO, Ubiratan Jorge. *Ação, Tempo e Conhecimento: A Escola Austríaca de Economia*. Pref. Helio Beltrão. São Paulo: Instituto Ludwig von Mises Brasil, 2011.

[5] O livro em questão exige um pouco mais de conhecimentos econômicos e foi lançado em duas edições atualmente esgotadas. A segunda edição revista e

escrevi sobre o tema. A clareza de Mises, a lógica, o raciocínio, o tirocínio e o discernimento permanecem inigualáveis. No entanto, o pensamento misesiano está muito longe de ser superficial e restrito a poucas páginas, pois se trata de um dos autores mais densos e profundos da tradição austríaca, escritor de livros muito mais extensos e que exigem grande reflexão, por sua fundamentação científica sempre rigorosa e por excepcional erudição. Por isso, pensando nos leitores neófitos em Escola Austríaca, é necessário mostrar-lhes de onde vêm as ideias expostas naquelas seis memoráveis conferências e para isso é preciso – e esta é a intenção deste prefácio à oitava edição brasileira – introduzi-los na tradição que vem desde os pós-escolásticos até se consolidar com Carl Menger (1840-1921)[6], prosseguir com Eugen von Böhm-Bawerk (1851-1914) e Friedrich von Wieser (1851-1926) até chegar a Ludwig von Mises e aos economistas austríacos que se lhe seguiram, sendo os mais famosos F. A. Hayek (1899-1992) e Murray N. Rothbard (1926-1995)[7], bem como apresentar alguns traços de sua fascinante biografia.

---

ampliada foi lançada como: IORIO, Ubiratan Jorge. *Economia e Liberdade: A Escola Austríaca e a Realidade Brasileira*. Pref. Roberto Campos. Rio de Janeiro: Forense Universitária, 2ª ed., 1997.

[6] Para uma visão do pensamento dos protoaustríacos desde os escolásticos tardios espanhóis até Carl Menger, ver: IORIO, Ubiratan Jorge. *Dos ProtoAustríacos a Menger: Uma breve história das origens da Escola Austríaca de Economia*. Pref. Fabio Barbieri; posf. José Manuel Moreira. São Paulo: Instituto Ludwig von Mises Brasil, 2015.

[7] As biografias intelectuais dos principais expoentes da Escola Austríaca, desde Carl Menger até os nossos dias, são apresentadas em: CONSTANTINO, Rodrigo. *Economia do Indivíduo: O Legado da Escola Austríaca*. Pref. Helio Beltrão. São Paulo: Instituto Ludwig von Mises Brasil, 2009. Ver, também: FEIJÓ, Ricardo.

I - A Vida e o Pensamento de Ludwig von Mises

Quem foi esse gigante do pensamento liberal do século XX e certamente um dos maiores pensadores de todos os tempos? Ludwig Heinrich Edler von Mises nasceu no dia 29 de setembro de 1881, em Lemberg, na Galícia, então parte do Império Áustro-Húngaro, cerca de 500 quilômetros ao leste de Viena – hoje conhecida como Lviv, na Ucrânia[8]. Um fato curioso é que Ludwig foi o primeiro em sua família a nascer com as prerrogativas de um nobre, pois alguns meses antes de seu nascimento o imperador austro-húngaro Francisco José I (1830-1916) havia concedido um título de nobreza a seu bisavô Meyer Rachmiel Mises (1800-1891). Sua família, então, passou a ostentar um brasão e o sobrenome "von Mises", bem como o termo honorífico "Edler", que significa literalmente "o nobre" e que era frequentemente concedido a judeus.

Mises era chamado por seus colegas de "o último cavaleiro do liberalismo", porque jamais abriu mão de suas convicções, mesmo em uma época em que as ideias intervencionistas eram a grande moda, o que levou muitos a considerá-lo como ultrapassado e *demodée*. Lutou contra o bolchevismo em sua Áustria e, em 1940, quando as tropas nazistas avançavam pela França para cercar a Suíça, onde vivia, ele teve que fugir com sua mulher, de ônibus e por estradas marginais,

---

Economia e Filosofia na Escola Austríaca: Menger, Mises, Hayek. São Paulo: Nobel, 2000.

[8] Sobre a vida e obra do autor ver o brilhante: HÜLSMANN, Jörg Guido. *Mises: The Last Knight of Liberalism*. de Auburn: Ludwig von Mises Institute, 2007.

para escapar da prisão. Foi então que o casal partiu para os Estados Unidos. Dois anos antes, os nazistas saquearam seu apartamento em Viena, confiscaram seus livros, documentos e ativos. Para os nazistas, Mises, além de ser um judeu, era um arqui-inimigo do nacional-socialismo e de qualquer outro tipo de socialismo[9].

Em 1996, o economista Richard M. Ebeling e sua esposa russa, a historiadora Anna Ebeling, localizaram os cerca de dez mil documentos que a Gestapo havia confiscado em seu apartamento em Viena. Depois da guerra, os soviéticos haviam se apropriado deles e os levaram para Moscou, sendo liberados apenas após a implosão da União Soviética.

Vale a pena conhecer mais um pouco do caráter de Ludwig von Mises e das batalhas que travou durante praticamente toda a sua vida, sem nunca esmorecer. Nas palavras de Jim Powell, do Cato Institute:

> Mises insistia em expressar sua visão radical mesmo que isso significasse ser tratado como um enjeitado. Era um economista altamente respeitado na Áustria, mas a Universidade de Viena recusou-se a fazer dele um professor pago em quatro ocasiões, e por catorze anos ministrou um prestigioso curso em Viena sem salário. Durante a maior parte dos vinte e cinco anos durante os quais deu aulas em Nova York, seu salário foi pago por indivíduos privados. O então futuro Prêmio Nobel F. A. Hayek disse a Mises: "Você demonstrou inexorável coerência e persistência em

---

[9] HÜLSMANN. *Mises: The Last Knight of Liberalism. Op. cit.*, p. xi.

seu pensamento mesmo quando isso levou à impopularidade e ao isolamento. Você demonstrou destemida coragem mesmo quando esteve sozinho". O economista Murray N. Rothbard disse: "Mises não cedia nunca de seus princípios. Como acadêmico, como economista e como pessoa, Ludwig von Mises era uma alegria e uma inspiração, um exemplo para todos nós"[10].

E prossegue Powell:

Mises tinha 1,70m de altura e brilhantes olhos azuis. "Sempre se mantinha reto e com uma postura ereta, e caminhava com passos firmes", recorda Bettina Bien Greaves, a principal acadêmica especialista em Mises no mundo. Usava um terno, geralmente cinza, e mesmo nos dias mais quentes ele insistia em manter o paletó. Os cabelos e bigode cinza estavam sempre cuidadosamente penteados. Era sério, sem frivolidades. Quando lhe perguntaram se jogava tênis, respondeu que "não, porque não me interesso pelo destino de uma bola". Mas adorava caminhar e durante seus verões na Áustria, na Suíça e nos Estados Unidos, costumava fazer trilhas pelas montanhas. Permanecendo solteiro até aos 57 anos, gostava de reunir os amigos para tomar chá. Posteriormente, ele e a esposa Margit iam com frequência ao

---

[10] POWELL, Jim., *Uma biografia de Ludwig von Mises*, em < http://ordemlivre.org/posts/uma-biografia-de-ludwig-von-mises >, postado em 21 de março de 2013 e consultado em 24 de agosto de 2016.

teatro, mesmo quando suas finanças se encontravam apertadas. Era um homem de graça, charme e cultura notáveis.

Ludwig von Mises faleceu em Nova York, em 10 de outubro de 1973, aos 92 anos de idade, sem ver aquilo que previra acertadamente e com uma antecedência de sete décadas, lutando praticamente contra quase tudo e quase todos, em um mundo seduzido pelas ideias socialistas e comunistas: a implosão do império soviético pela enorme ineficiência característica de um sistema que não permite a realização do cálculo econômico. Seu legado é imenso e seu trabalho deixou frutos nas gerações que se lhe seguiram. Se a Escola Austríaca não desapareceu depois da década de 1930 e se ela ressurgiu e atualmente é a que mais vem crescendo em todo o mundo, devemos isso principalmente a Mises. Mais do que o último cavaleiro do liberalismo, ele foi o precursor de uma nova era de liberdade e um exemplo em todos os sentidos para todos aqueles que a prezam como valor inerente à pessoa humana[11].

Os principais trabalhos do pensamento misesiano são *Theorie des Geldes und der Umlaufsmittel*[12] [*A Teoria da*

---

[11] Uma síntese do pensamento misesiano é apresentada em: ROTHBARD, Murray N. *O Essencial von Mises*. Trad. Maria Luiza A. de X. Borges. São Paulo: Instituto Ludwig von Mises Brasil, 3ª ed., 2010. Ver, também, em língua portuguesa os seguintes livros: BELTRÃO, Helio; CONSTANTINO, Rodrigo & LENHART, Wagner. *O Poder das Ideias: A Vida, a Obra e as Lições de Ludwig von Mises*. Porto Alegre: IEE, 2010; PAUL, Ron. *Mises e a Escola Austríaca*. Trad. Ricardo Benhard. São Paulo: Instituto Ludwig von Mises Brasil, 2ª ed., 2014.

[12] Disponível em inglês na seguinte edição: MISES, Ludwig von. *Theory of Money and Credit*. Pref. Murray N. Rothbard; intr. Lionel Robbins; trad. Harold E. Batson. Indianapolis: Liberty Fund, 1981.

Moeda e dos Meios Fiduciários] de 1912, *Die Gemeinwirtschaft: Untersuchungen über den Sozialismus*[13] [*A Economia Coletiva: Estudos sobre o Socialismo*], de 1922, *Human Action: A Treatise on Economics*[14] [*Ação Humana: Um Tratado sobre Economia*], de 1949, e *Theory and History*[15] [*Teoria e História*], de 1957.

Se pudéssemos resumir os aspectos práticos do pensamento de Ludwig von Mises – que o leitor certamente identificará nas seis lições que compõem este livro – diríamos que na sua concepção, que é também a dos economistas *austríacos*, o Estado deve ser sempre limitado, pois só assim podem florescer aquelas condições em que os atos individuais, praticados, por definição, com vistas a aumentar a satisfação de cada agente e sem as quais o progresso das sociedades não é factível. Ou seja, governos devem limitar-se apenas a proteger a vida, a propriedade e a liberdade individuais, para que, cada um agindo de acordo com seu próprio interesse, possa prevalecer o ambiente de cooperação que caracteriza o processo de mercado.

Em *Theorie des Geldes und der Umlaufsmittel*, Mises integrou a teoria monetária, que até então era analisada separadamente dos outros temas econômicos, com a teoria

---

[13] Lançado em língua inglesa na seguinte edição: MISES, Ludwig von. *Socialism: An Economic and Sociological Analysis*. Pref. F. A. Hayek; trad. J. Kahane. Indianapolis: Liberty Fund, 1992.

[14] O monumental tratado está disponível em português na seguinte edição: MISES, Ludwig von. *Ação Humana: Um Tratado de Economia*. Trad. Donald Stewart Jr. São Paulo: Instituto Ludwig von Mises Brasil, 3ª Ed., 2010. (N. E.)

[15] A obra foi lançada em português na seguinte edição: MISES, Ludwig von. *Teoria e História: Uma Interpretação da Evolução Social e Econômica*. Pref. Murray N. Rothbard; trad. Rafael de Sales Azevedo. São Paulo: Instituto Ludwig von Mises Brasil, 2014. (N. E.)

econômica, mostrando que a moeda também está sujeita à lei da utilidade marginal decrescente, o que ele fez mediante seu famoso *Teorema da Regressão*.

Na obra *Die Gemeinwirtschaft* mostra que nas economias planificadas é impossível haver cálculo econômico, com base no argumento de que para existir cálculo econômico é preciso que existam preços; para que estes existam, é necessário que existam mercados; estes, por sua vez, pressupõem a propriedade privada dos meios de produção e, como o socialismo suprime esta última, pode-se concluir que é um sistema que se guia às cegas.

Já em *Ação Humana* – para muitos sua *magnum opus* –, partindo do axioma universal da ação humana, Mises constrói todo o edifício da teoria econômica por meio da ciência praxiológica. A *Praxiologia* (do grego πρᾶξις / *práxis* = ação) é a ciência geral que se dedica ao estudo da ação humana, considerando todas as suas implicações formais. Ora, todos os atos econômicos, sem exceção, podem ser reduzidos a escolhas realizadas de acordo com o conceito seminal de ação humana.

Em sua quarta grande obra – para alguns seu *capo lavoro* –, *Teoria e História*, Mises discute o dualismo metodológico, rejeita os princípios metafísicos aplicados à economia, critica a regularidade e a previsibilidade estatística dos fenômenos econômicos, discute as leis da natureza, as limitações por assim dizer, *hayekianas*, ao conhecimento humano, a questão da (ir)regularidade das escolhas e a definição fundamental entre meios e fins. Analisa ainda com rigor a questão do valor, critica as visões deterministas e fatalistas da história, mostra seus problemas epistemológicos e aborda o que denomina de "curso da história".

Como Ludwig von Mises escreveu com bastante propriedade, a principal função de um economista é dizer aos governos o que não podem fazer. Essa afirmativa, que pode soar estranha a quem não conhece o pensamento misesiano e as obras dos demais economistas *austríacos*, que durante muitos anos foram colocados à parte da chamada *mainstream economics*, em que as pessoas foram induzidas a acreditar que os economistas do governo são capazes de solucionar quase todos os problemas, torna-se clara, cristalina e translúcida à medida que se lê cada parágrafo de seus escritos, subordinados sempre a uma lógica irrepreensível.

II - O que é a Escola Austríaca de Economia?

Como escrevemos, para que *As Seis Lições* são entendidas, o leitor deve ter uma noção, por mais básica que seja, da Escola Austríaca, que não é um simples campo dentro da Economia, mas uma maneira alternativa de se olhar toda a Ciência Econômica. Enquanto outras escolas confiam em modelagens matemáticas idealizadas da economia e sugerem maneiras pelas quais o governo pode ajustar o mundo, a teoria austríaca é mais realista e, portanto, mais socialmente científica. Os economistas austríacos veem a economia como uma ferramenta para entender como as pessoas, simultaneamente, cooperam e competem no processo de descobrir as demandas, alocar os recursos e descobrir maneiras de construírem uma ordem social próspera; o empreendedorismo como uma força crucial para o desenvolvimento econômico; a propriedade privada como um meio essencial para o uso eficiente dos recursos; o comércio internacional como fonte geradora de riqueza; a moeda forte como condição necessária para o crescimento das economias e a intervenção governamental nos mercados como sendo sempre ineficiente.

Podemos resumir os fundamentos da Escola Austríaca em uma tríade concomitante e complementar, formada pelos conceitos de ação humana e de tempo dinâmico e pela hipótese acerca dos limites ao nosso conhecimento. Esses três elementos formam o seu núcleo fundamental e se transmitem por meio dos elementos de propagação para os diversos campos do conhecimento humano. Essa propagação se estende à Filosofia Política, à Epistemologia e à Economia. Os três componentes do núcleo são a pedra angular do monumental edifício teórico que constitui a Escola Austríaca de Economia. Por analogia com a biologia, representam os *elementos* essenciais, ou seja, aqueles necessários para o desenvolvimento e a manutenção do organismo, e são a um só tempo os *macronutrientes* e os *micronutrientes* de todo o sistema. Deles emanam os elementos de propagação e neles se assentam todos os elementos essenciais às deduções lógicas e às propostas de natureza prática.

Ação, para a Escola Austríaca, significa qualquer escolha voluntária feita com vistas a se passar de um estado menos satisfatório para outro, considerado mais satisfatório no momento da escolha. E a proposição básica, o primeiro axioma da Praxiologia, é que o incentivo para qualquer ação é a insatisfação, uma vez que ninguém age a não ser que sinta alguma insatisfação e avalie que uma determinada ação venha a melhorar seu estado de satisfação, ou seja, aumentar seu conforto, sensação de alegria ou de realização, diminuindo, portanto, seu desconforto, frustração ou insatisfação.

Este axioma é universal: onde quer que existam pessoas, existirá ação assim definida. Portanto, a ciência econômica construída com base na *Praxiologia* é, por corolário, universal. Não há teorias econômicas específicas ou particulares para cada país ou região, mas uma teoria econômica epistemologicamente correta, que é a que se monta peça por peça a partir da observação e do estudo sistemático da ação. Ludwig von Mises denominou o conceito de *ação humana* de *axioma praxiológico número um*, no sentido de que a partir dele podem-se deduzir as principais leis comportamentais que regem a economia. A praxiologia misesiana tem raízes epistemológicas em Immanuel Kant (1724-1804).

O segundo componente da tríade é a concepção *dinâmica do tempo*, ou *tempo subjetivo*, ou, ainda, *tempo real*, em que o tempo deixa de ser uma categoria estática que possa ser descrita por um simples eixo horizontal, para ser definido como um fluxo permanente de novas experiências, que não está *no* tempo, como na concepção estática ou newtoniana, mas que *é* o próprio o tempo. Quando consideramos o tempo dinâmico, estamos implicitamente aceitando o fato de que algo de novo sempre está acontecendo e assumindo suas três características: continuidade dinâmica, heterogeneidade e eficácia causal. O tempo dinâmico real é irreversível e sua passagem acarreta uma *evolução criativa*, ou seja, implica alterações imprevisíveis. O conceito de tempo real é fundamental para que se possa entender a natureza da ação humana: agindo, os indivíduos acumulam continuamente novas experiências, o que gera novos conhecimentos, o que, por sua vez, os leva a alterarem frequentemente seus planos e ações.

O terceiro elemento da tríade básica da Escola Austríaca de Economia é o tratamento epistemológico do fato de que o *conhecimento humano* contém sempre componentes de indeterminação e de imprevisibilidade, o que faz com que todas as ações humanas produzam efeitos involuntários e que não podem ser calculados *a priori*. Dentre os austríacos, foi F. A. Hayek quem mais investigou a questão do conhecimento em ciências sociais, com uma abordagem epistemológica predominantemente fundada no *falsificacionismo* popperiano, que, tal como estabelecido por Karl Popper (1902-1994), uma determinada teoria permanece válida até que seja refutada pelos fatos. Existem, para os *hayekianos*, limites inescapáveis à capacidade da mente humana que a impedem de compreender integralmente a complexidade dos fenômenos sociais e econômicos. Os sistemas formais possuem certas regras de funcionamento e de conduta que não podem ser previamente determinadas. É como escreveu José Ortega y Gasset (1883-1955): *"o olho não se vê a si mesmo"*[16].

A Escola Austríaca não analisa os mercados como estados de equilíbrio, mas como processos de descoberta e articulação de conhecimentos que, normalmente, na economia do

---

[16] ORTEGA Y GASSET, José. *Ideas y Creencias*. Madrid: Alianza Editorial, 1986. p. 151.

mundo real, permanecem calados, silenciosos, escondidos, espalhados e desarticulados, à espera da inteligência humana subjetiva exatamente para exibi-los, organizá-los e articulá-los. Esta terceira hipótese nucleica da Escola Austríaca, para diversos estudiosos de epistemologia, é a mais importante. No entanto, prefiro considerá-la em pé de igualdade com as duas primeiras, por acreditar que assim procedendo fica mais fácil destacar as interações e a interdependência existentes entre as três.

Quanto aos três elementos de propagação, temos, em primeiro lugar, a doutrina da *utilidade marginal* que, foi a resposta correta, encontrada isoladamente, no ano de 1871, por três economistas – Carl Menger nos *Grundsätze der Volkswirtschaftslehre*[17] [*Princípios de Economia Política*], William Stanley Jevons (1835-1882) em *The Theory of Political Economy*[18] [*A Teoria da Economia Política*] e Léon Walras (1834-1910) nos *Élements d'Économie Politique Pure*[19] [*Elementos de Economia Política Pura*] –, à denominada *questão do valor*, que vinha desafiando todos os que se interessavam pela ciência econômica, desde Santo Tomás de Aquino (1225-1274), ainda no século XIII. Embora o conceito tenha sido introduzido na teoria econômica pelos três, cada um deles o trabalhou segundo sua própria convicção: Menger

---

[17] MENGER, Carl. *Princípios de Economia Política*. Intr. F. A. Hayek; trad. Luiz João Baraúna. São Paulo: Abril Cultural, 1983.

[18] JEVONS, William Stanley. *A Teoria da Economia Política*. Trad. Cláudia Laversveiler de Morais. São Paulo: Abril Cultural, 1983.

[19] Uma versão abreviada da obra foi lançada em português na seguinte edição: WALRAS, Léon. *Compêndio dos Elementos de Economia Política Pura*. Apres. Dionísio Dias Carneiro Netto; trad. João Guilherme Vargas Netto. São Paulo: Abril Cultural, 1983.

(considerado o fundador da Escola Austríaca) adotou uma postura subjetivista, enquanto Walras (o precursor da chamada *escola de equilíbrio geral*) e Jevons (o pai da *escola de equilíbrio parcial*) dispensaram-lhe tratamento matemático, já que o conceito de unidades *marginais* ou adicionais de bens e serviços encaixava-se perfeitamente no aparato do cálculo diferencial.

O segundo elemento de propagação é o *subjetivismo* que, na Escola Austríaca, não se limita à teoria subjetiva do valor ou à percepção de que as teorias que lidam com o campo humano seriam pessoais e, portanto, não sujeitas a testes, mas refere-se a uma pressuposição básica: a de que o conteúdo da mente humana – e, portanto, os processos de tomadas de decisão que caracterizam nossas escolhas ou *ações* – não são determinados rigidamente por eventos externos. O *subjetivismo* enfatiza a criatividade e a autonomia das escolhas individuais e, por conta disso, subordina-se ao *individualismo metodológico*, à concepção de que os resultados do mercado podem ser explicados em termos dos atos de escolha individuais. Para os *austríacos* a teoria econômica deve considerar prioritariamente o emaranhado de fatores que explicam as escolhas e não se limitar a simples interações entre variáveis objetivas. O *subjetivismo* assim considerado analisa a ação humana levando em conta que essa ação se dá sempre em condições de incerteza genuína, não mensurável, e, também, que ela necessariamente acontece ao longo do tempo dinâmico. Quando um agente escolhe um curso de ação, os resultados de sua escolha dependerão do curso das ações executadas e daquelas que outros indivíduos podem vir a executar. Prevalecendo a autonomia nas decisões individuais, isto quer dizer que o futuro não pode ser conhecido e nem aprendido, ou seja, que não é desconhecido, mas desconhecível.

E o terceiro elemento de propagação são as *ordens espontâneas*, aquelas classes intermediárias de fenômenos que são específicos da ciência da ação humana ou *Praxiologia*. São, por assim dizer, instituições que se situam entre o instinto e a razão, resultantes da ação humana, mas não da execução de qualquer desígnio humano. A economia do mundo real, desde que os homens descobriram que poderiam obter ganhos com o processo de trocas até os nossos dias é uma grande *ordem espontânea*, semelhante ao universo, em que há permanentemente forças em expansão e em contração, razão pela qual os austríacos costumam denominar a economia de mercado de *cataláctica* ou *cataláxia*.

Com base nessa tríade básica e nesses três elementos de propagação, a Escola Austríaca estuda, então, a Filosofia Política, em que se destacam a crítica aos sistemas mistos, o conceito de evolução em ciências sociais, a democracia e divisão de poderes, a questão da contenção do poder e a crítica ao construtivismo; a Epistemologia, em que adota a postura que enfatiza o individualismo, a distinção entre modelos e fatos em ciências sociais, as características peculiares dessas ciências e a crítica aos modelos matemáticos que pretendem descrever e prever fatos sociais; e, por fim, naturalmente, ela estuda a própria Economia, cujos objetos principais dos estudos têm sido a visão dos mercados como processos dinâmicos, a importância da função empresarial ou empreendedorismo, o debate sobre o cálculo econômico, a teoria monetária, a teoria do capital e a teoria dos ciclos econômicos. Mesmo sendo comumente considerada uma corrente da teoria econômica, a *Escola Austríaca* não se limita a estudar os problemas econômicos isoladamente, como as demais escolas o fazem. No mundo real – aquele que não está nos livros – não existe o *Homo aeconomicus*, mas sim o *Homo agens*, cujas escolhas são também influenciadas por fatores filosóficos, legais, institucionais, psicológicos, antropológicos, políticos etc.

III - Sobre *As Seis Lições*

Feitas essas digressões introdutórias, que esperamos sejam de fato úteis para que o leitor iniciante possa se situar nas seis conferências que enfeixam o presente livro, podemos agora brevemente comentá-lo.

As Seis Lições é o livro mais vendido de Ludwig von Mises no Brasil, por resumir um conjunto de explicações bastante intuitivas dos princípios básicos da política econômica: propriedade privada, livre comércio, câmbio, preços, juros, poupança, investimento, moeda, inflação, socialismo, fascismo, intervencionismo e outros temas. Mises aborda esses e outros tópicos, ao longo das seis conferências, demonstrando os méritos das instituições de mercado, da propriedade privada e da liberdade e os perigos do intervencionismo.

Como já mencionamos, as conferências foram proferidas na Universidade de Buenos Aires em 1959, em um período posterior à deposição, em 21 de setembro de 1955, de Juan Domingo Perón (1895-1974), que foi obrigado a deixar a Argentina, após um governo desastroso que mergulhara o país em um caos. Seu sucessor, o general Eduardo Lonardi (1896-1956), também tinha sido deposto em 13 de novembro de 1955 e substituído pelo general Pedro Eugenio Aramburu (1903-1970). Desde 1º de maio de 1958, o país era governado por Arturo Frondizi (1908-1995). O propósito de Ludwig von Mises era o de conclamar a Argentina a sair da alternância entre a ditadura populista com tintas de socialismo característica do peronismo e os presidentes militares igualmente intervencionistas, para um regime de plena liberdade. Tal apelo pode ser percebido claramente no tom das conferências, sempre firme, incisivo e exortatório. A popularidade do livro deve-se à sua clareza de exposição sobre como as políticas econômicas afetam a todos.

É um texto introdutório, indicado para alunos de graduação e para quem deseja ganhar uma compreensão básica da interação entre as forças de mercado e a intervenção governamental, entre a liberdade e a coerção. Mises falou em termos não técnicos, adequados para um público heterogêneo formado por profissionais, professores, empresários e alunos, ilustrando a teoria com exemplos singelos, explicando verdades simples da história em termos de princípios econômicos, descrevendo como o capitalismo destruiu a ordem hierárquica do feudalismo europeu, discutindo as consequências políticas de vários tipos de governo, analisando as falhas do socialismo e do estado de bem-estar e mostrando o que os consumidores e os trabalhadores podem realizar quando são livres para determinar os próprios destinos.

Quando o governo garante os direitos dos indivíduos para fazer o que quiserem, desde que não infrinjam a liberdade dos outros para fazer o mesmo, eles vão trabalhar, cooperar e comerciar uns com os outros. Eles, então, têm incentivos para poupar, acumular capital, inovar, experimentar, aproveitar as oportunidades e produzir. As melhorias econômicas notáveis dos séculos XVIII e XIX e o "milagre econômico" da Alemanha pós-Segunda Guerra Mundial foram produtos, como o professor Mises explica, do capitalismo. Lembremos que dizer isso no final da década de 1950 era algo como entrar na torcida de um clube rival e gritar o nome do seu clube.

Mostra Ludwig von Mises que a melhor política econômica é aquela que limita o governo a criar as condições que permitem aos indivíduos perseguirem seus próprios objetivos e viverem em paz e que a obrigação do governo é simplesmente proteger a vida e a propriedade para permitir que as pessoas desfrutem da liberdade e da oportunidade de cooperar e de efetuar trocas entre si. Assim, o governo deve criar o ambiente que permita que o capitalismo possa florescer. Quando ele se arroga a autoridade e o poder para fazer mais do que isso e abusa dessa autoridade, como aconteceu, marcadamente, no século XX, na Alemanha de Adolf Hitler (1889-1945) e na URSS de Josef Stálin (1878-1953) e também na Argentina de Juan Domingo Perón – cria obstáculos ao sistema capitalista e destrói a liberdade humana.

O presente livro está dividido em seis capítulos, cada um versando sobre um dos seis temas que foram objeto das palestras em Buenos Aires. O primeiro é sobre o capitalismo, sob o ponto de vista da aplicação de seus princípios ao mundo real. Mises vê o capitalismo dentro da perspectiva austríaca, ou seja, como um sistema em que vigem a economia de mercado e a propriedade dos meios de produção. Sob essa ótica, mostra que em uma economia de mercado não são os capitalistas ou empresários quem determinam o que deve ser produzido, mas sim os consumidores, que devem ser considerados como os verdadeiros soberanos no mercado. Argumenta com razão indiscutível que a origem do capitalismo se deveu à necessidade de produzir em massa, com vistas a satisfazer as necessidades do excedente populacional do século XIX, que mostrou um êxodo sem precedentes dos campos para as cidades na Europa. O sucesso do sistema capitalista depende claramente de sua capacidade de satisfazer as demandas dos consumidores e é um sistema em que existe mobilidade social, visto que ganha mais quem melhor consegue atender a essas demandas, produzindo e ofertando produtos de melhor qualidade e mais baratos.

Na segunda lição, Mises critica veementemente o socialismo com sua retórica da "luta de classes": é inadequado separar capitalistas de trabalhadores, uma vez que são os últimos que geram as rendas para os primeiros, ao comprarem os bens e serviços por eles oferecidos. Sendo assim, uma empresa, para ser de fato grande precisa produzir para um número muito elevado de consumidores, entre os quais devem ser incluídos os que trabalham nessa empresa. Sob o sistema socialista, por outro lado, o poder do consumidor deixa de existir, sendo transferido para as autoridades centrais que controlam toda a economia. Tomemos um exemplo do próprio Mises, o da liberdade de imprensa:

> Se for dono de todas as máquinas impressoras, o governo determinará o que deve e o que não deve ser impresso. Nesse caso, a possibilidade de publicar qualquer tipo de crítica às ideias oficiais torna-se praticamente nula. A liberdade de imprensa desaparece. E o mesmo se aplica a todas as demais liberdades[20].

Mises encerra esta segunda conferência lembrando que *"o consumidor americano, o indivíduo, é tanto um comprador como um patrão"*[21]. E acrescenta ser muito comum, ao sair de uma loja nos Estados Unidos, encontrarmos um cartaz com os dizeres "gratos pela preferência e volte sempre". Já em uma loja localizada em um país totalitário, seja a União Soviética do tempo em que as palestras foram proferidas, seja na Alemanha de Adolf Hitler, o gerente apenas diz: *"Agradeça ao grande líder, que lhe está proporcionando isso"*[22]. Com essa parábola simples, o grande economista austríaco mostra que, no socialismo, em vez do vendedor, é o comprador quem deve ficar "agradecido" e, assim sendo, não é o comprador quem manda, mas algum comitê central de planejadores aos quais cabe ao povo, simplesmente, obedecer.

---

[20] Na presente edição, ver: "O Socialismo". p. 96-97.
[21] Idem. *Ibidem.* p. 119.
[22] Idem. *Ibidem.* p. 119.

Na terceira lição, Mises critica veementemente o intervencionismo nas economias de mercado, mostrando as consequências negativas para a população que, curiosamente, os socialistas dizem defender. Sob o intervencionismo, o governo acaba obrigando os homens de negócios a conduzirem suas atividades de maneiras diferentes das que escolheriam caso tivessem de obedecer somente às necessidades dos consumidores refletidas pelas demandas, o que o leva a observar que o intervencionismo restringe e, no caso extremo, anula as preferências dos consumidores. Além disso, ao intervir na economia, o governo, por um lado, precisa aumentar seus gastos, o que o faz mediante a emissão de moeda e/ou pelo aumento da dívida interna; por outro lado, precisa também formular cada vez mais regulamentações para interferir nas atividades de mercado. Outra medida intervencionista mencionada por Mises como sendo catastrófica é o controle de preços, que sempre gera ágio nos casos de fixação de preços máximos e superprodução nos casos de estabelecimento de preços mínimos.

A quarta conferência trata da inflação. Os economistas austríacos sempre disseram que aumentos na quantidade existente de moeda não geram benefícios para a sociedade, basicamente porque não alteram os serviços de troca que a moeda proporciona; apenas diluem o poder de compra de cada unidade monetária. Portanto, não existe nenhuma "necessidade social" que justifique o crescimento da quantidade de moeda, nem mesmo se a produção ou a população aumentarem: simplesmente, as pessoas poderão manter uma proporção maior de dinheiro para uma dada quantidade de moeda, gastando menos, o que fará subir o poder de compra desse dinheiro. Inflação significa simplesmente que se a moeda e o crédito são "inflados", os agentes econômicos passam a dispor de mais dinheiro para comprar bens e serviços; ora, se a oferta desses últimos não cresce à mesma velocidade que a das emissões – o que é de se esperar, pois, no mundo real, tartarugas não conseguem acompanhar lebres –, então os preços crescerão e continuarão a aumentar enquanto a causa persistir. Como disse o professor Mises nesta conferência – usando um exemplo simples, porém definitivo! –, a batata é mais barata do que o caviar porque sua oferta é muito mais abundante. Pois em um processo inflacionário, a moeda e o crédito desempenham o papel da batata e os demais bens e serviços o do caviar: para comprar as mesmas quantidades de produtos, serão necessárias cada vez mais unidades monetárias, assim como para comprar caviar se gasta mais do que para comprar batatas. É tão simples! Se há mais reais circulando sem lastro, nada mais natural do que o valor do real diminuir relativamente aos dos demais bens! Há, para Mises, um falso dilema entre inflação e crescimento ou desemprego, e o "remédio" da inflação para conter o desemprego sempre se mostra, no mínimo, inócuo no longo prazo. Em última instância, a inflação se encerra com o colapso do meio circulante, como na Alemanha em 1923. O único método que permite a situação de "pleno emprego" é a preservação de um mercado de trabalho livre de empecilhos. A inflação é uma política, e sua melhor cura é a limitação dos gastos públicos.

A quinta lição é sobre o investimento estrangeiro. Mises frisa claramente que, para que os países menos desenvolvidos iniciassem um processo de desenvolvimento de suas economias, o investimento estrangeiro sempre foi um fator necessário, uma vez que esses investimentos representam um auxílio ao baixo nível de poupança doméstica. A hostilidade com os investimentos estrangeiros cria uma barreira ao desenvolvimento. O protecionismo é duramente criticado por Mises, porque nada acrescenta ao estoque de capital de um país, assim como o sindicalismo, que sempre se mostrou incapaz de aumentar não apenas a produtividade, mas os próprios salários, em termos reais, dos trabalhadores. Mises critica também os decretos governamentais que estabelecem pisos salariais, porque são geradores de desemprego. É bastante claro quando afirma peremptoriamente que *"o que os sindicatos conseguem de fato produzir (quando são bem-sucedidos na luta pela elevação dos salários) é um desemprego duradouro, permanente"*, defendendo que *"os sindicatos não têm como industrializar o país, não têm como elevar o padrão de vida dos trabalhadores. E este é o ponto crítico"*[23].

A sexta e última conferência versa sobre política e ideias. Mises afirma que os países acabam invariavelmente dominados por grupos de interesses, disputando privilégios pela via política, em detrimento dos demais. É pessimista, ao afirmar que são poucos os que se dedicam realmente na defesa do chamado bem comum. Por esse motivo, o campo das ideias é muito importante e Mises lembra que as ideias intervencionistas, socialistas e inflacionistas foram formuladas por intelectuais. Uma das passagens mais importantes d'*As Seis Lições* é aquela em que Mises afirma que:

---

[23] Na presente edição, ver: "O Investimento Estrangeiro". p. 188.

Tudo o que ocorre na sociedade de nossos dias é fruto de ideias, sejam elas boas, sejam elas más. Faz-se necessário combater as más ideias. Devemos lutar contra tudo o que não é bom na vida pública. Devemos substituir as ideias errôneas por outras melhores, devemos refutar as doutrinas que promovem a violência sindical. É nosso dever lutar contra o confisco da propriedade, o controle de preços, a inflação e contra tantos outros males que nos assolam.

E finaliza com convicção: *"Ideias, somente ideias, podem iluminar a escuridão"*[24].

Sendo apenas uma boa introdução às ideias de Mises e da Escola Austríaca, é recomendável que o leitor, após a leitura de *As Seis Lições*, busque aprofundar-se na obra desse grande economista. Para isso, é recomendável, contudo, que, antes de ler seus quatro livros mais densos, leia, por exemplo, *Liberalismus*[25] [*Liberalismo*], de 1927, *Kritik des Interventionismus: Untersuchungen zur Wirtschaftspolitik und Wirtschaftsideologie der Gegenwart*[26] [*Crítica ao Intervencionismo: Estudo sobre a Política Econômica e a Ideologia Atuais*], de

---

[24] Na presente edição, ver: "Política e Ideias". p. 213.
[25] MISES, Ludwig von. *Liberalismo: Segundo a Tradição Clássica*. Preâmbulo de Louis M. Spadaro; prefs. Thomas Woods & Bettina Bien Greaves; trad. Haydn Coutinho Pimenta. São Paulo: Instituto Ludwig von Mises Brasil, 2ª Ed., 2010.
[26] MISES, Ludwig von. *Crítica ao Intervencionismo: Estudo sobre a Política Econômica e a Ideologia Atuais*. Apres. Richard M. Ebeling; pref. Adolfo Sachsida; intr. Hans F. Sennholz; posfs. Don Lavoie & Murray N. Rothbard; trad. Arlette Franco. São Paulo: LVM, 3ª ed., 2017.

1929, *Bureaucracy*[27] [*Burocracia*], de 1944, e *The Anti-capitalist Mentality*[28] [*A Mentalidade Anticapitalista*], de 1956, até que, finalmente, possa ter condições de ler *A Teoria da Moeda e dos Meios Fiduciários*, *Socialismo*, *Ação Humana* e *Teoria e História*.

Espero que com este pano de fundo, os leitores possam agora entender com clareza os princípios do livre mercado e as teorias econômicas da Escola Austríaca que Mises apresenta neste livro e em todas as suas obras. E, mais do que isso, espero que sua leitura suscite o desejo de aprofundar-se nos ensinamentos da Escola Austríaca, para que possa explicar para o maior número possível de pessoas porque a liberdade econômica é sempre superior ao intervencionismo do Estado.

As Seis Lições é um conjunto de conferências que se constitui em um libelo em defesa da liberdade individual, recheado de argumentos irrefutáveis e de exemplos históricos inescapáveis. É um livro de fácil leitura, mas, paradoxalmente, profundo, pois leva o leitor a refletir sobre muitas coisas de que ou não ouvira falar ou então que lhe foram transmitidas pelos caminhos tortuosos que tanto agradam aos professores e intelectuais ideólogos.

Alimento a firme convicção de que, um dia, Karl Marx (1818-1883) e John Maynard Keynes (1883-1946) serão

---

[27] MISES, Ludwig von. *Burocracia*. Ed. e pref. Bettina Bien Greaves; apres. Jacques Rueff; pref. Alex Catharino; posf. William P. Anderson; trad. Heloísa Gonçalves Barbosa. São Paulo: LVM, 2017.

[28] MISES, Ludwig von. *A Mentalidade Anticapitalista*. Ed. e pref. Bettina Bien Greaves; apres. F. A. Hayek; pref. Francisco Razzo; posf. Israel M. Kirzner; trad. Carlos dos Santos Abreu. São Paulo: LVM, 3ª ed., 2017.

abandonados na prática – embora devam continuar a ser estudados na academia, para que seus erros não sejam esquecidos e, sobretudo, para que deixem de ser ensinados como se fossem acertos – e que Ludwig von Mises e os demais austríacos ocuparão lugar de destaque, em nossas vidas e nas escolas. Em especial, que Mises seja lembrado e estudado como o homem que disse a verdade sobre o poder destruidor dos governos que tanto flagelou o século XX e que demonstrou com enorme clareza, nadando sem medo contra a maré, que só o livre mercado pode combater a pobreza, libertar o espírito humano e possibilitar que as pessoas respirem livremente em todos os lugares. Como ele sempre dizia, "ideias são mais poderosas do que exércitos". Esta é a nossa batalha por um Brasil com cidadãos realmente livres. Que essa nova edição de *As Seis Lições* possa ajudar os leitores a compreender porque é tão importante lutar por isso.

Rio de Janeiro
29 de setembro de 2016

A política econômica ideal, tanto agora quanto para o futuro, é muito simples. O governo deveria proteger e defender a vida e a propriedade das pessoas que estão sob sua jurisdição contra agressões domésticas e externas, resolver as disputas que possam surgir, e nas demais coisas, deixar as pessoas livres para que possam perseguir seus diversos fins e objetivos na vida. Trata-se de uma ideia radical em nossa época intervencionista. Atualmente, costuma-se pedir aos governos que regulem e controlem a produção, que aumentem os preços de alguns bens e serviços e que diminuam os preços de outros, que fixem os salários, que ajudem alguns negócios a começarem e evitem que outros quebrem, que incentivem ou coloquem entraves às importações e exportações, que cuidem dos doentes e dos idosos, que apoiem os devassos, e assim por diante.

Introdução à 3ª Edição Norte-Americana

Bettina Bien Greaves

Idealmente, o governo deveria funcionar como uma espécie de zelador, não das pessoas em si mesmas, mas das condições que possibilitem que os indivíduos, produtores, comerciantes, trabalhadores, empreendedores, poupadores e consumidores possam correr em paz atrás dos próprios objetivos. Se o governo faz isso, e não mais do que isso, as pessoas serão capazes de se satisfazer de maneira muito melhor do que o próprio governo possivelmente conseguiria. Esta, em essência, é a mensagem do professor Ludwig von Mises (1881-1973) neste pequeno volume.

O professor Mises foi um dos mais importantes economistas do século XX. Foi autor de profundos livros teóricos, tais como *Human Action: A Treatise on Economics*[1] [*Ação Humana: Um Tratado sobre Econo-*

---

[1] Em língua portuguesa o monumental tratado está disponível na seguinte edição brasileira: MISES, Ludwig von. *Ação Humana: Um Tratado de Economia*. Trad. Donald Stewart Jr. São Paulo: Instituto Ludwig von Mises Brasil, 3ª Ed., 2010. (N. E.)

Die Gemeinwirtschaft: Untersuchungen über den Sozialismus[2] [*A Economia Coletiva: Estudos sobre o Socialismo*], *Theory and History*[3] [*Teoria e História*], e mais uma dúzia de outras obras. Entretanto, nas palestras que compõem este volume, apresentadas na Argentina em 1959 a convite de Alberto Benegas Lynch (1909-1999), ele se expressa em termos não técnicos, apropriados para sua audiência de profissionais da área de negócios, professores, educadores e estudantes. Ilustra a teoria com exemplos simples. Explica verdades simples da história em termos de princípios econômicos. Descreve como o capitalismo destruiu a ordem hierárquica do feudalismo europeu e discute as consequências políticas de diversos tipos de governo. Analisa as falhas do socialismo e do Estado de bem-estar social e mostra o quanto os consumidores e trabalhadores podem realizar quando são livres, sob o capitalismo, para determinarem seus próprios destinos.

Quando o governo protege os direitos dos indivíduos de fazer aquilo que desejarem, desde que não violem a mesma liberdade que os outros têm para agirem assim, terminarão por fazer aquilo que resulta naturalmente – trabalhar, cooperar e negociar entre si. Dessa maneira, terão o incentivo para poupar, acumular capital, inovar, experimentar, aproveitar

---

[2] O livro foi traduzido para o inglês em 1936 e atualmente se encontra disponível na seguinte edição: MISES, Ludwig von. *Socialism: An Economic and Sociological Analysis*. Pref. F. A. Hayek; trad. J. Kahane. Indianapolis: Liberty Fund, 1992. (N. E.)

[3] A obra foi lançada em português na seguinte edição: MISES, Ludwig von. *Teoria e História: Uma Interpretação da Evolução Social e Econômica*. Pref. Murray N. Rothbard; trad. Rafael de Sales Azevedo. São Paulo: Instituto Ludwig von Mises Brasil, 2014. (N. E.)

oportunidades e produzir. Sob essas condições, o capitalismo irá se desenvolver. Os notáveis avanços econômicos dos séculos XVIII e XIX, assim como o "milagre econômico" da Alemanha no pós-Segunda Guerra Mundial deveram-se, conforme explica o professor Mises, ao capitalismo:

> Mas é preciso lembrar que nas políticas econômicas não ocorrem milagres. Todos leram artigos de jornal e discursos sobre o chamado milagre econômico alemão – a recuperação da Alemanha depois de sua derrota e destruição na Segunda Guerra Mundial. Mas não houve milagre. Houve tão somente a aplicação dos *princípios da economia do livre mercado*, dos métodos do capitalismo, embora essa aplicação não tenha sido completa em todos os pontos. Todo país pode experimentar o mesmo "milagre" de recuperação econômica, embora eu deva insistir em que esta *não* é fruto de milagre: é fruto da adoção de políticas econômicas sólidas, pois que é delas que resulta[4].

Assim, constatamos que a melhor política econômica consiste em limitar o governo para criar as condições que permitam aos indivíduos poder correr atrás dos próprios objetivos e viver em paz com o próximo. A obrigação do governo é simplesmente proteger a vida e a propriedade, e permitir que as pessoas desfrutem da liberdade e das oportunidades para cooperar e negociar umas com as outras. É dessa maneira que o governo cria as condições que permitem o capitalismo prosperar:

---

[4] Na presente edição, ver: "O Capitalismo". p. 91-92. (N. E.)

O desenvolvimento do capitalismo consiste em que cada homem tem o direito de servir melhor e/ou mais barato o seu cliente. E, num tempo relativamente curto, esse método, esse princípio, transformou a face do mundo, possibilitando um crescimento sem precedentes da população mundial[5].

Quando o governo assume autoridade e poder para fazer mais do que isso, e abusa da autoridade e do poder, como já ocorreu diversas vezes ao longo da história – em especial, na Alemanha de Adolf Hitler (1889-1945), na União Soviética de Josef Stálin (1878-1953) e na Argentina de Juan Domingo Perón (1895-1974) –, termina por prejudicar o sistema capitalista e torna-se destrutivo para a liberdade humana.

O ditador Juan Domingo Perón, eleito presidente em 1946, estava no exílio quando Ludwig von Mises visitou a Argentina em 1959; fora forçado a sair do país em 1955. A segunda esposa, a popular Eva Perón (1919-1952), tinha morrido antes, em 26 de julho de 1952. Embora o ex-presidente Perón estivesse fora do país, ainda contava com muitos apoiadores e tinha uma força considerável. Finalmente, voltou à Argentina em 1973, foi novamente eleito presidente e, com sua nova esposa Isabelita Perón como vice-presidente, governou até a morte dez meses mais tarde, em 1º de julho de 1974. A viúva, Isabelita, assumiu o governo até que sua administração, enfrentando acusações de corrupção, foi finalmente deposta em 24 de março de 1976. Desde então, a Argentina teve uma série de presidentes e fez alguns progressos na

---

[5] Idem. *Ibidem.* p. 79. (N. E.)

melhoria da situação econômica. A vida e a propriedade ganharam maior respeito, algumas indústrias nacionalizadas foram privatizadas e a inflação desacelerou.

Infelizmente, a tendência rumo ao livre mercado notada na década de 1990 não teve continuidade. As frequentes mudanças de governo e de presidentes trouxeram de volta o aumento da inflação e mais intervencionismo econômico para a Argentina.

A presente obra é uma introdução oportuna às ideias de Ludwig von Mises. Obviamente, elaboradas de maneira mais completa em *Ação Humana* e em outros trabalhos acadêmicos. Entretanto, para os recém-chegados ao pensamento misesiano, é melhor começar com os livros mais simples, tais como *Bureaucracy*[6] [*Burocracia*] ou *The Anti-capitalist Mentality* [*A Mentalidade Anticapitalista*][7]. Com este conteúdo, os leitores terão mais facilidades para compreender os princípios do livre mercado e as teorias econômicas da Escola Austríaca[8] que Mises desenvolve em suas obras principais.

---

[6] Em português a obra está disponível na seguinte edição: MISES, Ludwig von. *Burocracia*. Ed. e pref. Bettina Bien Greaves; apres. Jacques Rueff; pref. Alex Catharino; posf. William P. Anderson; trad. Heloísa Gonçalves Barbosa. São Paulo: LVM, 2017. (N. E.)

[7] O livro foi publicado em português na seguinte edição: MISES, Ludwig von. *A Mentalidade Anticapitalista*. Ed. e pref. Bettina Bien Greaves; apres. F. A. Hayek; pref. Francisco Razzo; posf. Israel M. Kirzner; trad. Carlos dos Santos Abreu. São Paulo: LVM, 3ª ed., 2017. (N. E.)

[8] A melhor e mais sistemática introdução ao pensamento da Escola Austríaca de Economia é o seguinte livro: IORIO, Ubiratan Jorge. *Ação, Tempo e Conhecimento: A Escola Austríaca de Economia*. São Paulo: Instituto Ludwig von Mises Brasil, 2011. Uma visão sintética acerca dos principais temas defendidos por essa corrente

Com o objetivo de tornar esta obra ainda mais acessível aos leitores, incluímos subitens nos capítulos da presente edição.

Nova York
Outubro de 2006

---

econômica é apresentada em: IORIO, Ubiratan Jorge. *Dez Lições Fundamentais de Economia Austríaca*. São Paulo: Instituto Ludwig von Mises Brasil, 2013. (N. E.)

Os pretensos liberais de nossos dias sustentam a ideia muito difundida de que as liberdades de expressão, de pensamento, de imprensa, de culto e contra de encarceramento sem julgamento podem, todas elas, ser preservadas mesmo na ausência do que se conhece como liberdade econômica. Não se dão conta de que, num sistema desprovido de mercado, em que o governo determina tudo, todas essas outras liberdades são ilusórias, ainda que postas em forma de lei e inscritas na constituição.

Dr. Ludwig Edler von Mises

"O presente livro reflete plenamente a posição fundamental do autor, que lhe valeu – e ainda lhe vale – a admiração dos discípulos e os insultos dos adversários. Ao mesmo tempo que cada uma das seis lições pode figurar separadamente como um ensaio independente, a harmonia da série proporciona um prazer estético similar ao que se origina da contemplação da arquitetura de um edifício bem concebido".

– Fritz Machlup
Princeton, 1979

Prefácio à Edição Norte-Americana

Margit von Mises

Em fins de 1958, meu marido foi convidado pelo Dr. Alberto Benegas Lynch (1909-1999) para pronunciar uma série de conferências na Argentina, e eu o acompanhei. Este livro contém a transcrição das palavras dirigidas por ele nessas conferências a centenas de estudantes argentinos.

Chegamos à Argentina alguns meses depois, em 1º de julho de 1959. Juan Domingo Perón (1895-1974) fora forçado a deixar o país. Ele governara desastrosamente e destruíra por completo as bases econômicas da Argentina. Seu sucessor, Eduardo Lonardi (1896-1956), não foi muito melhor. A nação estava pronta para novas ideias, e meu marido, igualmente, pronto a fornecê-las.

Suas conferências foram proferidas em inglês, no enorme auditório da Universidade de Buenos Aires. Em duas salas contíguas, estudantes ouviam com fones de ouvido suas palavras, que eram traduzidas simultaneamente para o espanhol. Ludwig von Mises (1881-1973) falou sem nenhuma restrição sobre capitalismo, socialismo, intervencionismo, comunismo, fascismo, política econômica e sobre os perigos da ditadura. Aquela gente jovem que o ouvia não sabia muito acerca de liberdade de mercado ou de liberdade individual.

Em meu livro *My Years with Ludwig von Mises*[1] [*Meus Anos com Ludwig von Mises*], escrevi, a propósito dessa ocasião: *"Se alguém naquela época tivesse ousado atacar o comunismo e o fascismo como fez meu marido, a polícia teria interferido, prendendo-o imediatamente e a reunião teria sido suspensa".*

O auditório reagiu como se uma janela tivesse sido aberta e o ar fresco tivesse podido circular pelas salas. Ele falou sem se valer de quaisquer apontamentos. Como sempre, seus pensamentos foram guiados por umas poucas palavras escritas num pedaço de papel. Sabia exatamente o que queria dizer e, empregando termos relativamente simples, conseguiu comunicar as ideias a uma audiência pouco familiarizada com sua obra de um modo tal que todos pudessem compreender precisamente o que estava dizendo.

As conferências haviam sido gravadas, as fitas, posteriormente, foram transcritas. Encontrei este manuscrito datilografado entre os escritos póstumos de meu marido. Ao ler a transcrição, recordei vividamente o singular entusiasmo com que aqueles argentinos tinham reagido às palavras de meu marido. E, embora não seja economista, achei que

---

[1] MISES, Margit von. *My Years with Ludwig von Mises*. Cedar Falls: Center for Futures Education, 2ª ed., 1984. (N. E.)

essas conferências, pronunciadas para um público leigo na América do Sul, eram de muito mais fácil compreensão que muitos dos escritos mais teóricos de Ludwig von Mises. Pareceu-me que continham tanto material valioso, tantos pensamentos relevantes para a atualidade e para o futuro, que deviam ser publicados.

Meu marido não havia feito uma revisão destas transcrições no intuito de publicá-las em livro. Coube a mim esta tarefa. Tive muito cuidado em manter intacto o significado de cada frase, em nada alterar do conteúdo e em preservar todas as expressões que meu marido costumava usar, tão familiares a seus leitores. Minha única contribuição foi reordenar as frases e retirar algumas das expressões próprias da linguagem oral informal. Se minha tentativa de converter essas conferências num livro foi bem-sucedida, isto se deve apenas ao fato de que, a cada frase, eu ouvia a voz de meu marido, eu o ouvia falar. Ele estava vivo para mim, vivo na clareza com que demonstrava o mal e o perigo do excesso de governo; no modo compreensivo e lúcido como descrevia as diferenças entre ditadura e intervencionismo; na extrema perspicácia com que falava sobre personalidades históricas; na capacidade de fazer reviver tempos passados com umas poucas observações.

Quero aproveitar esta oportunidade para agradecer ao meu amigo George Koether (1907-2006) pelo auxílio que me prestou nesta tarefa. Sua experiência editorial e compreensão das teorias de meu marido foram de grande valia para este livro.

Espero que estas conferências sejam lidas não só por especialistas na área, mas também pelos muitos admiradores de meu marido que não são economistas. E espero sinceramente que este livro venha a tornar-se acessível a um público mais jovem, especialmente aos alunos dos cursos secundários e universitários de todo o mundo.

Nova York
Junho de 1979

AS SEIS LIÇÕES
REFLEXÕES SOBRE POLÍTICA ECONÔMICA
PARA HOJE E AMANHÃ

Primeira Lição

1

Certas expressões usadas pelo povo, muitas vezes, são inteiramente equivocadas. Assim, atribuem-se a capitães de indústria e a grandes empresários de nossos dias epítetos como "o rei do chocolate", "o rei do algodão" ou "o rei do automóvel". Ao usar essas expressões, o povo demonstra não ver praticamente nenhuma diferença entre os industriais de hoje e os reis, duques ou lordes de outrora. Mas, na realidade, a diferença é enorme, pois um rei do chocolate absolutamente não rege, ele *serve*. Não reina sobre um território conquistado, independente do mercado, independente de seus compradores. O rei do chocolate – ou do aço, ou do automóvel, ou qualquer outro rei da indústria contemporânea – depende da indústria que administra e dos clientes a quem presta serviços. Esse "rei" precisa se conservar nas boas graças dos seus súditos, os consumidores: perderá seu "reino"

O Capitalismo

assim que já não tiver condições de prestar aos seus clientes um serviço melhor e de mais baixo custo que o oferecido por seus concorrentes.

Duzentos anos atrás, antes do advento do capitalismo, o *status* social de um homem permanecia inalterado do princípio ao fim de sua existência: era herdado dos seus ancestrais e nunca mudava. Se nascesse pobre, pobre seria para sempre; se rico – lorde ou duque –, manteria seu ducado, e a propriedade que o acompanhava, pelo resto dos seus dias.

No tocante à manufatura, as primitivas indústrias de beneficiamento da época existiam quase exclusivamente em proveito dos ricos. A grande maioria do povo (90% ou mais da população europeia) trabalhava na terra e não tinha contato com as indústrias de beneficiamento, voltadas para a cidade. Esse rígido sistema da sociedade feudal imperou, por muitos séculos, nas mais desenvolvidas regiões da Europa.

1 - O Início do Capitalismo

Contudo, a população rural se expandiu e passou a haver um excesso de gente no campo. Os membros dessa população excedente, sem terras herdadas ou bens, careciam de ocupação. Também não lhes era possível trabalhar nas indústrias de beneficiamento, cujo acesso lhes era vedado pelos reis das cidades. O número desses "párias" crescia incessantemente, sem que, todavia, ninguém soubesse o que fazer com eles. Eram, no pleno sentido da palavra, "proletários", e ao governo só restava interná-los em asilos ou casas de correção. Em algumas regiões da Europa, sobretudo nos Países Baixos e na Inglaterra, essa população tornou-se tão numerosa que, no século XVIII, constituía uma verdadeira ameaça à preservação do sistema social vigente.

Hoje, ao discutir questões análogas em lugares como a Índia ou outros países em desenvolvimento, não devemos esquecer que, na Inglaterra do século XVIII, as condições eram muito piores. Naquele tempo, a Inglaterra tinha uma população de seis ou sete milhões de habitantes, dos quais mais de um milhão – provavelmente dois – não passavam de indigentes a quem o sistema social em vigor nada proporcionava. As medidas a tomar com relação a esses deserdados constituíam um dos maiores problemas da Inglaterra do século XVIII.

Outro sério problema era a falta de matérias-primas. Os ingleses eram obrigados a enfrentar a seguinte questão: que faremos, no futuro, quando nossas florestas já não nos derem a madeira de que necessitamos para nossas indústrias e para aquecer nossas casas? Para as classes governantes, era uma situação desesperadora. Os estadistas não sabiam o que fazer e as autoridades em geral não tinham nenhuma ideia sobre como melhorar as condições.

Foi dessa grave situação social que emergiram os começos do capitalismo moderno. Dentre aqueles párias, aqueles miseráveis, surgiram pessoas que tentaram organizar grupos para estabelecer pequenos negócios, capazes de produzir alguma coisa. Foi uma inovação. Esses inovadores não produziam artigos caros, acessíveis apenas às classes mais altas: produziam bens mais baratos, que pudessem satisfazer as necessidades de todos. E foi essa a origem do capitalismo tal como hoje funciona. Foi *o começo da produção em massa* – princípio básico da indústria capitalista. Enquanto as antigas indústrias de beneficiamento funcionavam a serviço da gente abastada das cidades, existindo quase que exclusivamente para corresponder às demandas dessas classes privilegiadas, as novas indústrias capitalistas começaram a produzir artigos acessíveis a toda a população. Era a produção em massa, para satisfazer às necessidades das massas.

Este é o princípio fundamental do capitalismo tal como existe hoje em todos os países onde há um sistema de produção em massa extremamente desenvolvido: as empresas de grande porte, alvo dos mais fanáticos ataques desfechados pelos pretensos esquerdistas, produzem quase exclusivamente para suprir a carência das massas. As empresas dedicadas à fabricação de artigos de luxo, para uso apenas dos abastados, jamais têm condições de alcançar a magnitude das grandes empresas. E, hoje, os empregados das grandes fábricas são, eles próprios, os maiores consumidores dos produtos que nelas se fabricam. Esta é a diferença básica entre os princípios capitalistas de produção e os princípios feudalistas de épocas anteriores.

2 - Empresas Servem aos Clientes

Quando se pressupõe ou se afirma a existência de uma diferença entre os produtores e os consumidores dos produtos da grande empresa, incorre-se em grave erro. Nas grandes lojas dos Estados Unidos, ouvimos o slogan: "O cliente tem sempre razão". E esse cliente é o mesmo homem que produz, na fábrica, os artigos à venda naqueles estabelecimentos. Os que pensam que a grande empresa detém um enorme poder também se equivocam, uma vez que a empresa de grande porte é inteiramente dependente da preferência dos que lhes compram os produtos; a mais poderosa empresa perderia o poder e a influência se perdesse seus clientes.

Há cinquenta ou sessenta anos, era voz corrente em quase todos os países capitalistas que as companhias de estradas de ferro eram por demais grandes e poderosas: sendo monopolistas, tornavam impossível a concorrência. Alegava-se que, na área dos transportes, o capitalismo já havia atingido um estágio no qual se destruíra a si mesmo, pois que eliminara a concorrência. O que se descurava era o fato de que o poder das ferrovias dependia da capacidade de oferecer à população um meio de transporte melhor que qualquer outro. Evidentemente teria sido absurdo concorrer com uma dessas grandes estradas de ferro, pela implantação de uma nova ferrovia paralela à anterior, porquanto a primeira era suficiente para atender às necessidades do momento. Mas outros concorrentes não tardaram a aparecer. A livre concorrência não significa que se possa prosperar pela simples imitação ou cópia exata do que já foi feito por alguém. A liberdade de imprensa não significa o direito de copiar o que outra pessoa escreveu, e assim alcançar o sucesso a que o verdadeiro autor fez jus por suas obras. Significa o direito de escrever outra coisa. A liberdade de concorrência no tocante às ferrovias, por exemplo, significa liberdade para inventar alguma coisa nova, para fazer uma inovação que desafie as estradas de ferro já existentes e as coloque em situação muito precária de competitividade.

Nos Estados Unidos, a concorrência que se estabeleceu por intermédio dos ônibus, automóveis, caminhões e aviões impôs às estradas de ferro grandes perdas e uma derrota quase absoluta no que diz respeito ao transporte de passageiros.

O desenvolvimento do capitalismo consiste em que cada homem tem o direito de servir melhor e/ou mais barato o seu cliente. E, num tempo relativamente curto, esse método, esse princípio, transformou a face do mundo, possibilitando um crescimento sem precedentes da população mundial.

Na Inglaterra do século XVIII, o território só podia dar sustento a seis milhões de pessoas, num baixíssimo padrão de vida. Hoje, mais de cinquenta milhões de pessoas aí desfrutam de um padrão de vida que chega a ser superior ao que desfrutavam os ricos no século XVIII. E o padrão de vida na Inglaterra de hoje seria provavelmente mais alto ainda, não tivessem os ingleses dissipado boa parte de sua energia no que, por diversos pontos de vista, não foram mais que "aventuras" políticas e militares evitáveis.

Estes são os fatos acerca do capitalismo. Assim, se um inglês – ou, no tocante a esta questão, qualquer homem de qualquer país do mundo – afirmar hoje aos amigos ser contrário ao capitalismo, há uma esplêndida contestação a lhe fazer: "Sabe que a população deste planeta é hoje dez vezes maior que nos períodos precedentes ao capitalismo? Sabe que todos os homens usufruem hoje um padrão de vida mais elevado que o de seus ancestrais antes do advento do capitalismo? E como você pode ter certeza de que, se não fosse o capitalismo, você estaria integrando a décima parte da população sobrevivente? Sua mera existência é uma prova do êxito do capitalismo, seja qual for o valor que você atribua à própria vida".

Não obstante todos os seus benefícios, o capitalismo foi furiosamente atacado e criticado. É preciso compreender a origem dessa aversão. É fato que o ódio ao capitalismo nasceu *não* entre o povo, *não* entre os próprios trabalhadores, mas em meio à aristocracia fundiária – a pequena nobreza da Inglaterra e da Europa continental. Culpavam o capitalismo por algo que não lhes era muito agradável: no início do século XIX, os salários mais altos pagos pelas indústrias aos seus trabalhadores forçaram a aristocracia agrária a pagar salários igualmente altos aos seus trabalhadores *agrícolas*. A aristocracia atacava a indústria criticando o padrão de vida das massas trabalhadoras.

3 - O Capitalismo Eleva os Padrões de Vida

Obviamente, do nosso ponto de vista, o padrão de vida dos trabalhadores era extremamente baixo. Mas, se as condições de vida nos primórdios do capitalismo eram absolutamente escandalosas, não era porque as recém-criadas indústrias capitalistas estivessem prejudicando os trabalhadores: as pessoas contratadas pelas fábricas já subsistiam antes em condições praticamente subumanas.

A velha história famosa, repetida centenas de vezes, de que as fábricas empregavam mulheres e crianças que, antes de trabalharem nessas fábricas, viviam em condições satisfatórias, é um dos maiores embustes da história. As mães que trabalhavam nas fábricas não tinham o que cozinhar: não abandonavam seus lares e suas cozinhas para se dirigir às fábricas – corriam a elas porque não tinham cozinhas e, ainda que as tivessem, não tinham comida para nelas cozinharem. E as crianças não provinham de um ambiente confortável: estavam famintas, estavam morrendo. E o tão falado e indescritível horror do capitalismo primitivo pode ser refutado por uma única estatística: precisamente nesses anos de expansão do capitalismo na Inglaterra, no chamado período da Revolução Industrial inglesa, entre 1760 e 1830, a população do país dobrou, o que significa que centenas de milhares de crianças – que em outros tempos teriam morrido – sobreviveram e cresceram, tornando-se homens e mulheres.

Não há dúvida de que as condições gerais de vida em épocas anteriores eram muito insatisfatórias. Foi o comércio capitalista que as melhorou. Foram justamente aquelas primeiras fábricas as que passaram a suprir, direta ou indiretamente, as necessidades de seus trabalhadores, por intermédio da exportação de manufaturados e da importação de alimentos e matérias-primas de outros países. Mais uma vez, os primeiros historiadores do capitalismo falsearam – é difícil usar uma palavra mais branda – a história[1].

Há uma anedota – provavelmente inventada – que se costuma contar a respeito de Benjamin Franklin (1706-1790). Em visita a um cotonifício na Inglaterra, Ben Franklin ouviu do proprietário cheio de orgulho: "Veja, temos aqui tecidos de algodão para a Hungria". Olhando à sua volta e constatando que os trabalhadores estavam em andrajos, Franklin perguntou: "E por que não produz também para os seus empregados?"

Entretanto, as exportações de que falava o dono do cotonifício realmente significavam que ele *de fato* produzia para os próprios empregados, visto que a Inglaterra tinha de importar toda a matéria-prima. Não possuía nenhum algodão, como também ocorria com a Europa continental. A Inglaterra atravessava uma fase de escassez de alimentos: era necessária a importação da Polônia, da Rússia, da Hungria. Assim, as exportações – como as de tecidos – se constituíam no pagamento de importações de alimentos necessários à sobrevivência da população inglesa. Muitos exemplos da história dessa época revelarão a atitude da pequena nobreza e da aristocracia com relação aos trabalhadores. Quero citar apenas dois. Um é o famoso sistema inglês do *Speenhamland*. Por

---

[1] A temática é abordada nos ensaios da seguinte coletânea: HAYEK F. A. (Ed.). *Capitalism and the Historians*. Chicago: University of Chicago Press, 1954. (N. E.)

tal sistema, o governo inglês pagava a todos os trabalhadores que não chegavam a receber um salário mínimo (oficialmente fixado) a diferença entre o que recebiam e esse mínimo. Isso poupava à aristocracia fundiária o dissabor de pagar salários mais altos. A pequena nobreza continuaria pagando o tradicionalmente baixo salário agrícola, suplementado pelo governo. Evitava-se, assim, que os trabalhadores abandonassem as atividades rurais em busca de emprego nas fábricas urbanas.

Oitenta anos depois, após a expansão do capitalismo da Inglaterra para a Europa continental, mais uma vez verificou-se a reação da aristocracia rural contra o novo sistema de produção. Na Alemanha, os aristocratas prussianos – tendo perdido muitos trabalhadores para as indústrias capitalistas, que ofereciam melhor remuneração – cunharam uma expressão especial para designar o problema: "fuga do campo" – *Landflucht*. Discutiu-se, então, no parlamento alemão, que tipo de medida se poderia tomar contra aquele *mal* – e tratava-se indiscutivelmente de um mal, do ponto de vista da aristocracia rural.

O príncipe Otto von Bismarck (1815-1898), o famoso chanceler do *Reich* alemão, disse um dia num discurso: "Encontrei em Berlim um homem que havia trabalhado em minhas terras. Perguntei-lhe: 'Por que deixou minhas terras? Por que deixou o campo? Por que vive agora em Berlim?'"

E, segundo Bismarck, o homem respondeu: "Na aldeia não se tem, como aqui em Berlim, um *Biergarten* tão lindo, onde podemos sentar; tomar cerveja e ouvir música". Esta é, sem dúvida, uma estória contada do ponto de vista do príncipe Bismarck, o empregador. Não seria o ponto de vista de todos os seus empregados. Estes acorriam à indústria porque ela lhes pagava salários mais altos e elevava o padrão de vida a níveis sem precedentes.

Hoje, nos países capitalistas, há relativamente pouca diferença entre a vida básica das chamadas classes mais altas e a das mais baixas: ambas têm alimento, roupas e abrigo. Mas no século XVIII, e nos que o precederam, o que distinguia o homem da classe média do da classe baixa era o fato de o primeiro ter sapatos, e o segundo, *não*. Hoje, nos Estados Unidos, a diferença entre um rico e um pobre reduz-se muitas vezes à diferença entre um Cadillac e um Chevrolet. O Chevrolet pode ser de segunda mão, mas presta a seu dono basicamente os mesmos serviços que o Cadillac poderia prestar, uma vez que também está apto a se deslocar de um local a outro. Mais de 50% da população dos Estados Unidos vivem em casas e apartamentos próprios.

As investidas contra o capitalismo – especialmente no que se refere aos padrões salariais mais altos – tiveram por origem a falsa suposição de que os salários são, em última análise, pagos por pessoas diferentes daquelas que trabalham nas fábricas. Certamente, nada impede que economistas e estudantes de teorias econômicas tracem uma distinção entre trabalhador e consumidor. Mas o fato é que todo consumidor tem de ganhar, de uma maneira ou de outra, o dinheiro que gasta, e a imensa maioria dos consumidores é constituída precisamente por aquelas mesmas pessoas que trabalham como empregados nas empresas produtoras dos bens que consomem.

No capitalismo, os padrões salariais não são estipulados por pessoas diferentes das que ganham os salários: são essas *mesmas* pessoas que os manipulam. *Não* é a companhia cinematográfica de Hollywood que paga os salários de um astro das telas; quem os paga é o público que compra ingresso nas bilheterias dos cinemas. E *não* é o empresário de uma luta de boxe que cobre as enormes exigências de lutadores laureados, mas sim a plateia, que compra entradas para a luta. A partir da distinção entre empregado e empregador, traça-se, no plano da teoria econômica, uma distinção que não existe na vida real. Nesta, empregador e empregado são, em última análise, uma só e a mesma pessoa.

Em muitos países há quem considere injusto que um homem obrigado a sustentar uma família numerosa receba o mesmo salário que outro, responsável apenas pela própria manutenção. No entanto, o problema é não questionar se cabe ao empresário assumir a responsabilidade pelo tamanho da família de um trabalhador.

A pergunta que deve ser feita neste caso é: você, como indivíduo, se disporia a pagar *mais* por algo, digamos, um pão, se for informado de que o homem que o fabricou tem seis filhos? Uma pessoa honesta por certo responderia negativamente, dizendo: "Em princípio, sim. No entanto, na prática tenderia a comprar o pão feito por um homem sem filho algum". O fato é que o empregador a quem os compradores não pagam o suficiente para que ele pague seus empregados se vê na impossibilidade de levar adiante seus negócios.

O "capitalismo" foi assim batizado não por um simpatizante do sistema, mas por alguém que o tinha na conta do pior de todos os sistemas históricos, da mais grave calamidade que jamais se abatera sobre a humanidade. Esse homem foi

Karl Marx (1818-1883)[2]. Não há razão, contudo, para rejeitar a designação proposta por Marx, uma vez que indica claramente a origem dos grandes progressos sociais ocasionados pelo capitalismo. Esses progressos são fruto da acumulação do capital; baseiam-se no fato de que as pessoas, comumente, não consomem tudo o que produzem e no fato de que poupam – e investem – parte desse montante.

Reina um grande equívoco em torno desse problema. Ao longo destas seis palestras, terei oportunidade de abordar os principais mal-entendidos em voga, relacionados com a acumulação do capital, com o uso do capital e com os benefícios universais auferidos a partir desse uso. Tratarei do capitalismo particularmente em minhas palestras dedicadas ao investimento estrangeiro e a esse problema extremamente crítico da política atual que é a inflação. Todos sabem, é claro, que a inflação não existe só neste país. Constitui hoje um problema em todas as partes do mundo.

---

[2] Tanto as noções de "Sistema Capitalista" (Kapitalistisches System) quanto de "Modo de Produção Capitalista" (Kapitalistische Produktionsform) foram empregadas pela primeira vez por Karl Marx no Livro I (O Processo de Produção do Capital) da trilogia O Capital, lançado em 1867. Ao longo de todo este texto marxista os conceitos de "Modo de Produção Capitalista" e de "Produção Capitalista" são utilizados inúmeras vezes, ao passo que a ideia de "Sistema Capitalista" aparece apenas quatro vezes, a primeira no capítulo XIV ("Mais-valia absoluta e mais-valia relativa") e as outras três no capítulo XXIII ("A lei geral de acumulação capitalista"). Em língua portuguesa, ver: MARX, Karl. *O Capital: Crítica da Economia Política – Livro I: O Processo de Produção do Capital*. Trad. Reginaldo Sant'Anna. Rio de Janeiro: Civilização Brasileira, 29a ed., 2011. Vol. 2, p. 578, 724, 725, 749. (N. E.)

4 - As Poupanças dos Capitalistas Beneficiam os Trabalhadores

O que muitas vezes não se compreende a respeito do capitalismo é o seguinte: poupança significa benefícios para todos os que desejam produzir ou receber salários. Quando alguém acumula certa quantidade de dinheiro — mil dólares, digamos — e confia esses dólares, em vez de gastá-los, a uma empresa de poupança ou a uma companhia de seguros, transfere esse dinheiro para um empresário, um homem de negócios, o que vai permitir que esse empresário possa expandir as atividades e investir num projeto, que na véspera ainda era inviável, por falta do capital necessário.

Que fará então o empresário com o capital recém-obtido? Certamente a primeira coisa que fará, o primeiro uso que dará a esse capital suplementar será a contratação de trabalhadores e a compra de matérias-primas — o que promoverá, por sua vez, o surgimento de uma demanda adicional de trabalhadores e matérias-primas, bem como uma tendência à elevação dos salários e dos preços dessas matérias-primas. Muito antes que o poupador ou o empresário tenham obtido algum lucro em tudo isso, o trabalhador desempregado, o produtor de matérias-primas, o agricultor e o assalariado já estarão participando dos benefícios das poupanças adicionais.

O que o empresário virá ou não a ganhar com o projeto depende das condições futuras do mercado e de seu talento para prevê-las corretamente. Mas os trabalhadores, assim como os produtores de matéria-prima, auferem as vantagens de imediato. Muito se falou, trinta ou quarenta anos atrás, sobre a "política salarial" – como a denominavam – de Henry Ford (1863-1947). Uma das maiores façanhas do sr. Ford consistia em pagar salários mais altos que os oferecidos pelas demais indústrias ou fábricas. Sua política salarial foi descrita como uma "invenção". Não se pode, no entanto, dizer que essa nova política "inventada" seja simplesmente um fruto da liberalidade do sr. Ford. Um novo ramo industrial – ou uma nova fábrica num ramo já existente – precisa atrair trabalhadores de *outros* empregos, de outras regiões do país e até de outros países. E não há outra maneira de fazê-lo senão por meio do pagamento de salários mais altos aos trabalhadores. Foi o que ocorreu nos primórdios do capitalismo, e é o que ocorre até hoje.

Na Grã-Bretanha, quando os fabricantes começaram a produzir artigos de algodão, eles passaram a pagar aos trabalhadores mais do que estes ganhavam antes. É verdade que grande porcentagem desses novos trabalhadores jamais ganhara coisa alguma antes. Estavam, então, dispostos a aceitar qualquer quantia que lhes fosse oferecida. Mas, pouco tempo depois, com a crescente acumulação do capital e a implantação de um número cada vez maior de novas empresas, os salários se elevaram, e como consequência houve aquele aumento sem precedentes da população inglesa, ao qual já me referi. A reiterada caracterização depreciativa do capitalismo como um sistema destinado a tornar os ricos mais ricos e os pobres mais pobres é equivocada do começo ao fim. A tese de Karl Marx concernente ao advento do capitalismo baseou-se no pressuposto de que os trabalhadores *estavam* ficando mais pobres, de que o povo *estava* ficando mais miserável, o que finalmente redundaria na concentração de toda a riqueza de um país em umas poucas mãos, ou mesmo nas de um homem só. Como consequência, as massas trabalhadoras empobrecidas se rebelariam e expropriariam os bens dos opulentos proprietários.

Segundo essa doutrina marxista, é impossível, no sistema capitalista, qualquer oportunidade, qualquer possibilidade de melhoria das condições dos trabalhadores. Em 1864, falando perante a International Workingmen's Association (IWA) [Associação Internacional dos Trabalhadores], na Inglaterra, Marx afirmou que a crença de que os sindicatos poderiam promover melhores condições para a população trabalhadora era "absolutamente errônea". Qualificou a política sindical voltada para a reivindicação de melhores salários e menor número de horas de trabalho de *conservadora* – era este, evidentemente, o termo mais desabonador a que Marx podia recorrer. Sugeriu que os sindicatos adotassem uma nova meta *revolucionária:* a "completa abolição do sistema de salários", e a substituição do sistema de propriedade privada pelo "socialismo" – a posse dos meios de produção pelo governo.

Se considerarmos a história do mundo – e em especial a história da Inglaterra a partir de 1865 –, verificaremos que Marx estava errado sob todos os aspectos. Não há um só país capitalista em que as condições do povo não tenham melhorado de maneira inédita. Todos esses progressos ocorridos nos últimos oitenta ou noventa anos produziram-se a *despeito* dos prognósticos de Marx: os socialistas de orientação marxista acreditavam que as condições dos trabalhadores jamais poderiam melhorar. Adotavam uma falsa teoria, a famosa "lei de ferro dos salários". Segundo esta lei, no capitalismo, os salários de um trabalhador não excederiam a soma que lhe fosse estritamente necessária para manter-se vivo a serviço da empresa.

Os marxistas enunciaram sua teoria da seguinte forma: se os padrões salariais dos trabalhadores sobem, com a elevação dos salários, a um nível superior ao necessário para a subsistência, eles terão mais filhos. Esses filhos, ao ingressarem na força de trabalho, engrossarão o número de trabalhadores até o ponto em que os padrões salariais cairão, rebaixando novamente os salários dos trabalhadores a um nível mínimo necessário para a subsistência – àquele nível mínimo de sustento, apenas suficiente para impedir a extinção da população trabalhadora.

No entanto, essa ideia de Marx, e de muitos outros socialistas, envolve um conceito de trabalhador idêntico ao adotado – justificadamente – pelos biólogos que estudam a vida dos animais. Dos camundongos, por exemplo.

Se colocarmos maior quantidade de alimento à disposição de organismos animais, ou de micróbios, maior número deles sobreviverá. Se a restringirmos, restringiremos o número dos sobreviventes. Mas com o homem é diferente. Mesmo o trabalhador – ainda que os marxistas não o admitam – tem carências humanas outras que as de alimento e de reprodução de sua espécie. Um aumento dos salários reais resulta não só num aumento da população; resulta também, e antes de tudo, numa *melhoria do padrão de vida média*. É por isso que temos hoje, na Europa Ocidental e nos Estados Unidos, um padrão de vida superior ao das nações em desenvolvimento, às da África, por exemplo.

Devemos compreender, contudo, que esse padrão de vida mais elevado se fundamenta na disponibilidade de capital. Isso explica a diferença entre as condições reinantes nos Estados Unidos e as que encontramos na Índia. Neste último país foram introduzidos – ao menos em certa medida – modernos métodos de combate a doenças contagiosas, cujo efeito foi um aumento inaudito da população. No entanto, como esse crescimento populacional não foi acompanhado de um aumento correspondente do montante de capital investido no país, o resultado foi um agravamento da miséria. *Quanto mais se eleva o capital investido por indivíduo, mais próspero se torna o país.*

Espero que em minhas próximas palestras tenha a oportunidade de lidar de modo mais detalhado com estes problemas e seja capaz de esclarecê-los, porque alguns termos – como, por exemplo, "o capital investido *per capita*" – necessitam uma explicação mais detalhada.

É preciso lembrar, contudo, que nas políticas econômicas não ocorrem milagres. Todos leram artigos de jornal e discursos sobre o chamado milagre econômico alemão – a recuperação da Alemanha depois de sua derrota e destruição na Segunda Guerra Mundial. Mas não houve milagre. Houve tão somente a aplicação dos *princípios da economia do livre mercado*, dos métodos do capitalismo, embora essa aplicação não tenha sido completa em todos os pontos. Todo país pode experimentar o mesmo "milagre" de recuperação econômica, embora deva insistir em que esta *não* é fruto de milagre: é fruto da adoção de políticas econômicas sólidas, pois que é delas que resulta.

Segunda Lição

2

Estou em Buenos Aires a convite do Centro de Difusión de la Economía Libre³. Que vem a ser *economia livre?* Que significa esse sistema de liberdade econômica? A resposta é simples: é a economia de mercado, é o sistema em que a cooperação dos indivíduos

---

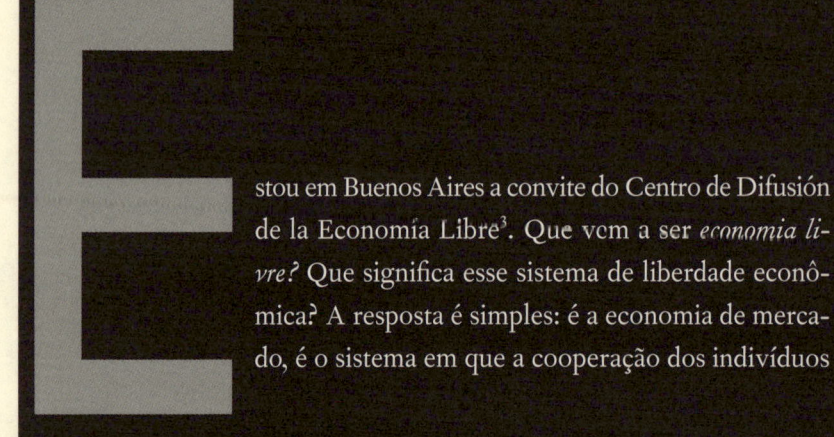

³ Fundada pelo economista Alberto Benegas Lynch (1909-1999) em 1957 e inspirada na Foundation for Economic Education (FEE), a instituição foi rebatizada posteriormente como Centro de Estudios sobre la Libertad. Entre os anos de 1957 e 1959, além do curso ministrado por Ludwig von Mises, o Centro de Difusión de la Economía Libre promoveu na Argentina palestras de F. A. Hayek (1899-1992), de Leonard E. Read (1898-1983) e de Louis Baudin (1887-1964). A partir de 1958 a instituição passou a editar o periódico Ideas sobre la Libertad e em 1961 iniciou um programa de bolsas que enviou vários alunos argentinos para estudar na FEE, em Nova York, e no Grove City College, na Pensilvânia. Atualmente extinta, a instituição foi origem da Escuela Superior de Economía y Administración de Empresas (ESEADE), criada em 1978 pelo filho do fundador da Centro de Difusión de la Economía Libre, também chamado Alberto Benegas Lynch. (N. E.)

O Socialismo

na divisão social do trabalho se realiza pelo mercado. E esse mercado não é um lugar: é um *processo*, é a maneira pela qual, ao vender e comprar, ao produzir e consumir, as pessoas estão contribuindo para o funcionamento global da sociedade.

Quando falamos desse sistema de organização econômica – a economia de mercado – empregamos a expressão "liberdade econômica". Frequentemente as pessoas se equivocam quanto ao seu significado, supondo que liberdade econômica seja algo inteiramente dissociado de outras liberdades, e que estas outras liberdades – que reputam mais importantes – possam ser preservadas mesmo na ausência de liberdade econômica. Mas liberdade econômica significa, na verdade, que é dado às pessoas que a possuem o poder de *escolher o* próprio modo de se integrar ao conjunto da sociedade. A pessoa tem o direito de escolher sua carreira, tem liberdade para fazer o que *quer*.

É óbvio que não compreendemos liberdade no sentido que hoje tantos atribuem à palavra. O que queremos dizer é antes que, por intermédio da liberdade econômica, o homem é libertado das condições naturais. Nada há na natureza que possa ser chamado de liberdade; há apenas a regularidade das leis naturais, a que o homem é obrigado a obedecer para alcançar qualquer coisa.

1 - Liberdade na Sociedade

Quando se trata de seres humanos, atribuímos à palavra liberdade o significado exclusivo de liberdade *na sociedade*. Não obstante, muitos consideram que as liberdades sociais são independentes umas das outras. Os que hoje se intitulam "liberais" têm reivindicado programas que são exatamente o oposto das políticas que os liberais do século XIX defendiam em seus programas liberais. Os pretensos liberais de nossos dias sustentam a ideia muito difundida de que as liberdades de expressão, de pensamento, de imprensa, de culto e contra de encarceramento sem julgamento podem, todas elas, ser preservadas mesmo na ausência do que se conhece como liberdade econômica. Não se dão conta de que, num sistema desprovido de mercado, em que o governo determina tudo, todas essas outras liberdades são ilusórias, ainda que postas em forma de lei e inscritas na constituição.

Tomemos como exemplo a liberdade de imprensa. Se for dono de todas as máquinas impressoras, o governo determinará o que deve e o que não deve ser impresso. Nesse caso, a possibilidade de publicar qualquer tipo de crítica às ideias oficiais torna-se praticamente nula. A liberdade de imprensa desaparece. E o mesmo se aplica a todas as demais liberdades. Quando há economia de mercado, o indivíduo tem a liberdade de escolher qualquer carreira que deseje seguir, de escolher seu próprio modo de inserção na sociedade. Num sistema socialista é diferente: as carreiras são decididas por decreto do governo. Este pode ordenar às pessoas que não lhe sejam gratas, àquelas cujas presenças não lhe pareçam conveniente em determinadas regiões que se mudem para outras regiões e outros lugares. E sempre há como justificar e explicar semelhante procedimento: declara-se que o plano governamental exige a presença desse eminente cidadão a cinco mil milhas de distância do local onde ele poderia ser incômodo aos detentores do poder.

É verdade que a liberdade possível numa economia de mercado não é uma liberdade perfeita no sentido metafísico. Mas a liberdade perfeita não existe. É só no âmbito da sociedade que a liberdade tem algum significado. Os pensadores que desenvolveram, no século XVIII, a ideia de "direito natural" – sobretudo Jean-Jacques Rousseau (1712-1778) – acreditavam que um dia, num passado remoto, os homens haviam desfrutado de algo chamado liberdade "natural". Mas nesses tempos remotos os homens não eram livres – estavam à mercê de todos os que fossem mais fortes que eles mesmos. As famosas palavras de Rousseau: *"O homem nasce livre, e por toda parte encontra-se a ferros"*[4], talvez soem bem, mas na ver-

---

[4] ROUSSEAU, Jean-Jacques. *Do Contrato Social*. Intr. e notas de Paul Arbousse-Bastide e Lourival Gomes Machado; trad. Lourdes Santos Machado. São Paulo: Abril Cultural, 1973. Livro I, Capítulo I, p. 28. (N. E.)

dade o homem *não* nasce livre. Nasce como uma frágil criança. Sem a proteção dos pais, sem a proteção proporcionada a esses pais pela sociedade, não poderia sobreviver.

Liberdade na sociedade significa que um homem depende tanto dos demais como estes dependem dele. A sociedade, quando regida pela economia de mercado, pelas condições da *economia livre*, apresenta uma situação em que todos prestam serviços aos seus concidadãos e são, em contrapartida, por eles servidos. Acredita-se que existem na economia de mercado chefões que não dependem da boa vontade e do apoio dos demais cidadãos. Os capitães de indústria, os homens de negócios, os empresários, seriam os verdadeiros chefões do sistema econômico. Mas isso é uma ilusão. Quem manda no sistema econômico são os consumidores. Se estes deixam de prestigiar um ramo de atividades, os empresários deste ramo são compelidos ou a abandonar sua eminente posição no sistema econômico, ou a ajustar suas ações aos desejos e às ordens dos consumidores.

Uma das mais notórias divulgadoras do comunismo foi Beatrice Potter (1858-1943), nome de solteira de Beatrice Webb, a Baronesa Passfield – também muito conhecida por conta de seu marido, o socialista fabiano Sidney Webb (1859-1947), o 1º Barão Passfield. Esta senhora, filha de um rico empresário, trabalhou quando jovem como secretária do pai. Em suas memórias, ela escreve: *"Nos negócios de meu pai, todos tinham de obedecer às ordens dadas por ele, o chefe. Só a ele competia dar ordens, e a ele ninguém dava ordem alguma"*[5]. Esta é

---

[5] WEBB, Beatrice. *My Apprenticeship*. New York: Longman, Green, 1926. p. 42. (N. E.)

uma visão muito acanhada. Seu pai *recebia* ordens: dos consumidores, dos compradores. Lamentavelmente, ela não percebida essas ordens; não percebia o que ocorre numa economia de mercado, exclusivamente voltada que estava para as ordens expedidas dentro dos escritórios ou da fábrica do pai. Diante de todos os problemas econômicos, devemos ter em mente as palavras que o grande economista francês Frédéric Bastiat (1801-1850) usou como título de um de seus brilhantes ensaios: "*Ce quon voit et ce qu'on ne voit pas*" ["O que se vê e o que não se vê"][6]. Para compreender como funciona um sistema econômico, temos de levar em conta não só o que pode ser visto, mas também o que não pode ser diretamente percebido. Por exemplo, uma ordem dada por um chefe a um contínuo pode ser ouvida por aqueles que estejam na mesma sala. O que não se pode ouvir são as ordens dadas ao chefe por seus clientes.

2 - Os Consumidores são os Patrões

O fato é que, no sistema capitalista, os chefes, em última instância, são os consumidores. Não é o Estado, é o povo que é soberano. Prova disto é o fato de que lhe assiste o *direito de ser tolo*. Este é o privilégio do soberano. Assiste-lhe o direito de cometer erros: ninguém o pode impedir de cometê-los, embora, obviamente, deva pagar por eles. Quando afirmamos

---

[6] BASTIAT, Frédéric. *Frédéric Bastiat*. Trad. Ronaldo da Silva Legey. São Paulo: Instituto Ludwig von Mises Brasil, 2ª ed., 2010. p. 19. (N. E.)

que o consumidor é supremo ou soberano, não estamos afirmando que está livre de erros, que sempre sabe o que melhor lhe conviria. Muitas vezes os consumidores compram ou consomem artigos que não deviam comprar ou consumir.

Mas a ideia de que uma forma capitalista de governo pode impedir, por meio de um controle sobre o que as pessoas consomem, que elas se prejudiquem, é falsa. A visão do governo como uma autoridade paternal, um guardião de todos, é própria dos adeptos do socialismo.

Nos Estados Unidos, o governo empreendeu certa feita, há alguns anos, uma experiência que foi qualificada de "nobre". Essa "nobre experiência" consistiu numa lei que declarava ilegal o consumo de bebidas tóxicas. Não há dúvida de que muita gente se prejudica ao beber conhaque e *whisky* em excesso. Algumas autoridades nos Estados Unidos são contrárias até mesmo ao fumo. Certamente há muitas pessoas que fumam demais, não obstante o fato de que não fumar seria melhor para elas. Isso suscita um problema que transcende em muito a discussão econômica: põe a nu o verdadeiro significado da liberdade.

Se admitirmos que é bom impedir que as pessoas se prejudiquem bebendo ou fumando em excesso, haverá quem pergunte: "Será que o corpo é tudo? Não seria a mente do homem muito mais importante? Não seria a mente do homem o verdadeiro dom, o verdadeiro predicado humano?" Se dermos ao governo o direito de determinar o que o corpo humano deve consumir, de determinar se alguém deve ou não fumar, deve ou não beber, nada poderemos replicar a quem afirme: "Mais importante ainda que o corpo é a mente, é a alma, e o homem se prejudica muito mais ao ler maus livros, ouvir música ruim e assistir a maus filmes. É, pois, dever do governo impedir que se cometam esses erros".

E, como todos sabem, por centenas de anos os governos e as autoridades acreditaram que esse *era* de fato o seu dever. Nem isso aconteceu apenas em épocas remotas. Não faz muito tempo, houve na Alemanha um governo que considerava seu dever discriminar as boas e as más pinturas – boas e más, é claro, do ponto de vista de um homem que, na juventude, fora reprovado no exame de admissão à Academia de Arte, em Viena: era o bom e o mau segundo a ótica de um pintor de cartão-postal. E tornou-se ilegal expressar concepções sobre arte e pintura que divergissem daquelas do *Führer* supremo.

A partir do momento em que começamos a admitir que é dever do governo controlar o consumo de álcool do cidadão, que podemos responder a quem afirme ser o controle dos livros e das ideias muito mais importante?

Liberdade significa realmente *liberdade para errar*. Isso precisa ser bem compreendido. Podemos ser extremamente críticos com relação ao modo como nossos concidadãos gastam seu dinheiro e vivem sua vida. Podemos considerar o que fazem absolutamente insensato e mau. Numa sociedade livre, todos têm, no entanto, as mais diversas maneiras de manifestar suas opiniões sobre como seus concidadãos deveriam mudar seu modo de vida: podem escrever livros; escrever artigos; fazer conferências. Podem até fazer pregações nas esquinas, se quiserem – e faz-se isso, em muitos países. Mas *ninguém* deve tentar policiar os outros no intuito de impedi-los de fazer determinadas coisas simplesmente porque não se quer que as pessoas tenham a liberdade de fazê-las.

3 - Sociedade de *Status*

É essa a diferença entre escravidão e liberdade. O escravo é obrigado a fazer o que seu superior lhe ordena que faça, enquanto o cidadão livre – e é isso que significa liberdade – tem a possibilidade de escolher o próprio modo de vida. Sem dúvida esse sistema capitalista pode ser – e é de fato – mal utilizado por alguns. É certamente possível fazer coisas que não deveriam ser feitas. Entretanto, se tais coisas contam com a aprovação da maioria do povo, uma voz discordante terá sempre algum meio de tentar mudar as ideias dos concidadãos. Pode tentar persuadi-los, convencê-los, mas não pode tentar constrangê-los pela força, pela força policial do governo.

Na economia de mercado, todos prestam serviços aos seus concidadãos ao prestarem serviços a si mesmos. Era isso o que tinham em mente os pensadores liberais do século XVIII, quando falavam da harmonia dos interesses – corretamente compreendidos – de todos os grupos e indivíduos que constituem a população. E foi a essa doutrina da harmonia de interesses que os socialistas se opuseram. Falaram de um "conflito inconciliável de interesses" entre vários grupos.

Que significa isso? Quando Karl Marx – no primeiro capítulo do *Manifesto do Partido Comunista*[7], o pequeno panfleto que inaugurou seu movimento socialista – sustentou a existência de um conflito inconciliável entre as classes, só pode evocar, como ilustração à sua tese, exemplos tomados das condições da sociedade pré-capitalista. Nos estágios pré-capitalistas, a sociedade se dividia em grupos hereditários de *status*, na Índia denominados "castas". Numa sociedade de *status*, um homem não nascia, por exemplo, cidadão francês; nascia na condição de membro da aristocracia francesa, ou da burguesia francesa, ou do campesinato francês. Durante a maior parte da Idade Média, era simplesmente um servo. E a servidão, na França, ainda não havia sido inteiramente extinta mesmo depois da Revolução Norte-Americana.

Em outras regiões da Europa, a extinção ocorreu ainda depois. Mas a pior forma de servidão – forma que continuou existindo mesmo depois da abolição da escravatura – era a que tinha lugar nas colônias inglesas. O indivíduo herdava seu *status* dos pais e o conservava por toda a vida. Transferia-o aos filhos. Cada grupo tinha privilégios e desvantagens. Os de *status* mais elevado tinham apenas privilégios, os de *status* inferior, só desvantagens. E não restava ao homem nenhum outro meio de escapar às desvantagens legais impostas por seu *status* senão a luta política contra as outras classes. Nessas condições, pode-se dizer que havia "um conflito

---

[7] MARX, Karl & ENGELS, Friedrich. *Manifesto do Partido Comunista*. Org. e intr. Marco Aurélio Nogueira; trad. Marco Aurélio Nogueira e Leandro Konder. Petrópolis, Vozes, 15ª ed., 2010. p. 66-78. (N. E.)

inconciliável de interesses entre senhores de escravos e escravos", porque o interesse dos escravos era livrar-se da escravidão, da qualidade de escravos. E sua liberdade significava, para os proprietários, uma perda. Assim sendo, não há dúvida de que tinha de existir forçosamente um conflito inconciliável de interesses entre os membros das várias classes.

Não devemos esquecer que nesses períodos – em que as sociedades de *status* predominaram na Europa, bem como nas colônias que os europeus fundaram posteriormente na América – as pessoas não se consideravam ligadas de nenhuma forma especial às demais classes de sua própria nação; sentiam-se muito mais solidárias com os membros de suas classes nos outros países. Um aristocrata francês não tinha os franceses das classes inferiores na conta de seus concidadãos: a seus olhos, eles não eram mais que a ralé, que não lhes agradava. Seus iguais eram os aristocratas dos demais países – os da Itália, Inglaterra e Alemanha, por exemplo.

O efeito mais visível desse estado de coisas era o fato de os aristocratas de toda a Europa falarem a mesma língua, o francês, idioma não compreendido, fora da França, pelos demais grupos da população. As classes médias – a burguesia – tinham a própria língua, enquanto as classes baixas – o campesinato – usavam dialetos locais, muitas vezes não compreendidos por outros grupos da população. O mesmo se passava com relação aos trajes. Quem viajasse de um país para outro em 1750 constataria que as classes mais elevadas, os aristocratas, se vestiam em geral de maneira idêntica em toda a Europa; e que as classes baixas usavam roupas diferentes. Vendo alguém na rua, era possível perceber de imediato – pelo modo como se vestia – a sua classe, o seu *status*.

É difícil avaliar o quanto essa situação era diversa da atual. Se venho dos Estados Unidos para a Argentina e vejo um homem na rua, não posso dizer qual é seu *status*. Concluo apenas que é um cidadão argentino, não pertencente a nenhum grupo sujeito a restrições legais. Isto é algo que o capitalismo nos trouxe. Sem dúvida há também diferenças entre as pessoas no capitalismo. Há diferenças em relação à riqueza; diferenças estas que os marxistas, equivocadamente, consideram equivalentes àquelas antigas que separavam os homens na sociedade de *status*.

4 - Mobilidade Social

Numa sociedade capitalista, as diferenças entre os cidadãos não são como as que se verificam numa sociedade de *status*. Na Idade Média – e mesmo bem depois, em muitos países – uma família podia ser aristocrata e possuidora de grande fortuna, podia ser uma família de duques, ao longo de séculos e séculos, fossem quais fossem suas qualidades, talentos, caráter ou moralidade. Já nas modernas condições capitalistas, verifica-se o que foi tecnicamente denominado pelos sociólogos de "mobilidade social". O princípio segundo o qual a mobilidade social opera, nas palavras do sociólogo e economista italiano Vilfredo Pareto (1848-1923), é o da "*circulation des élites*" ("circulação das elites"). Isso significa que haverá sempre no topo da escada social pessoas ricas, politicamente importantes, mas essas pessoas – essas elites – estão em contínua mudança.

Isso se aplica perfeitamente a uma sociedade capitalista. *Não* se aplicaria a uma sociedade pré-capitalista de *status*. As famílias consideradas as grandes famílias aristocráticas da Europa permanecem as mesmas até hoje, ou melhor, são formadas hoje pelos descendentes de famílias que constituíam a nata na Europa, há oito, dez ou mais séculos. Os Capetos de Bourbon – que por um longo período dominaram a Argentina – já eram uma casa real desde o século X. Reinavam sobre o território hoje chamado Île-de-France, ampliando seu reino a cada geração. Mas numa sociedade capitalista há uma contínua mobilidade – pobres que enriquecem e descendentes de gente rica que perdem a fortuna e se tornam pobres.

Vi hoje, numa livraria de uma rua do centro de Buenos Aires, a biografia de um homem que viveu na Europa do século XIX, e que foi tão eminente, tão importante, tão representativo dos altos negócios europeus naquela época, que até hoje, aqui neste país tão distante da Europa, encontram-se à venda exemplares da história de sua vida. Tive a oportunidade de conhecer o neto desse homem. Tem o mesmo nome do avô e conserva o direito de usar o título nobiliário que este – que começou a vida como ferreiro – recebeu oitenta anos atrás. Hoje esse seu neto é um fotógrafo pobre na cidade de Nova York.

Outras pessoas, pobres à época em que o avô desse fotógrafo se tornou um dos maiores industriais da Europa, são hoje capitães de indústria. Todos são livres para mudar seu *status*, é isso que distingue o sistema de *status* do sistema capitalista de liberdade econômica, em que as pessoas só podem culpar a si mesmas se não chegam a alcançar a posição que almejam.

O mais famoso industrial do século XX continua sendo Henry Ford. Ele começou com umas poucas centenas de dólares emprestados por amigos e, em muito pouco tempo, implantou um dos mais importantes empreendimentos de grande vulto do mundo. E podemos encontrar centenas de casos semelhantes todos os dias.

Diariamente o *New York Times* publica longas notas sobre pessoas que faleceram. Lendo essas biografias, podemos deparar, por exemplo, com o nome de um eminente empresário que tenha iniciado a vida como vendedor de jornais nas esquinas de Nova York. Ou com outro que tenha iniciado como *office boy* e, por ocasião de sua morte, era o presidente da mesma instituição bancária onde começara no mais baixo degrau da hierarquia. Evidentemente, nem todos conseguem alcançar tais posições. Nem todos *querem* alcançá-las. Há pessoas mais interessadas em outras coisas: para elas, no entanto, há hoje certos caminhos que não estavam abertos nos tempos da sociedade feudal, na época da sociedade de *status*.

5 - Planejamento Governamental

O sistema socialista, contudo, *proíbe* essa liberdade fundamental que é a escolha da própria carreira. Nas condições socialistas há uma única autoridade econômica, e esta detém o poder de determinar todas as questões atinentes à produção.

Um dos traços característicos de nossos dias é o uso de muitos nomes para designar uma mesma coisa. Um sinônimo de socialismo e comunismo é "planejamento". Quando falam de "planejamento", as pessoas se referem, evidentemente, a um planejamento *central*, o que significa *um plano único, feito pelo governo* – um plano que impede todo planejamento feito por outra pessoa.

Uma senhora inglesa – Barbara Wootton (1897-1988), baronesa Wootton de Abinger, que é também membro da Câmara dos Lordes – escreveu um livro intitulado *Plan or no Plan* [*Plano ou Nenhum Plano*][8], obra muito bem recebida no mundo inteiro. Que significa o título desse livro? Ao falar de "plano" a autora se refere unicamente ao tipo de planejamento concebido por Vladimir Lenin (1870-1924), Josef Stalin (1878-1953) e seus sucessores, o tipo que determina todas as atividades de todo o povo de uma nação. Por conseguinte, essa senhora só leva em conta o planejamento central, que exclui todos os planos pessoais que os indivíduos possam ter. Assim sendo, seu título, *Plan or no Plan*, revela-se um logro, uma burla: a alternativa não está em plano central *versus* nenhum plano. Na verdade, a escolha está entre o *planejamento total* feito por uma autoridade governamental central e a *liberdade* de cada indivíduo para traçar os próprios planos, fazer o próprio planejamento. O indivíduo planeja sua vida todos os dias, alterando seus planos diários sempre que queira.

O homem livre planeja diariamente, segundo suas necessidades. Dizia, ontem, por exemplo: "Planejo trabalhar pelo

---

[8] WOOTTON, Barbara. *Plan or no Plan*. London: Victor Gollancz, 1934. (N. E.)

resto dos meus dias em Córdoba". Agora, informado de que as condições em Buenos Aires estão melhores, muda seus planos e diz: "Em vez de trabalhar em Córdoba, quero ir para Buenos Aires". É isso que significa liberdade. Pode ser que ele esteja enganado, pode ser que essa ida para Buenos Aires se revele um erro. Talvez as condições lhe tivessem sido mais propicias em Córdoba, mas foi o autor dos próprios planos.

Submetido ao planejamento governamental, o homem é como um soldado num exército. Não cabe a um soldado o direito de escolher sua guarnição, a praça onde servirá. Cabe-lhe cumprir ordens. E o sistema socialista – como o sabiam e admitiam Karl Marx, Vladmir Lenin e todos os líderes socialistas – consiste na aplicação do regime militar a todo o sistema de produção. Marx falou de *"exércitos industriais"*[9] e Lênin impôs *"a organização de tudo"* – o correio, as manufaturas e os demais ramos industriais – segundo o modelo do exército[10].

---

[9] A expressão "exércitos industriais" foi utilizada no seguinte contexto: *"O lugar da manufatura foi ocupado pela grande indústria moderna; o estamento médio industrial cedeu o lugar aos industriais milionários, aos chefes de exércitos industriais inteiros, aos burgueses modernos".* Ver: MARX & ENGELS. *Manifesto do Partido Comunista.* p. 67. (N. E.)

[10] A tendência do leninismo em implantar o planejamento central inspirado no modelo de exército caracterizou a prática de todos os regimes socialistas implantados ao longo do século XX, sendo criticado até mesmo por alguns marxistas, como, por exemplo, Rosa Luxemburgo (1871-1919) e Nikolai Bukharin (1888-1938). De acordo com o último ao narrar a experiência dos primeiros anos da Revolução Bolchevique, na qual participou do Comitê central e foi um dos cinco membros do Politburo do Partido Comunista, afirmou o seguinte: *"Tentamos a organização de tudo – até mesmo a organização dos camponeses e dos pequenos produtores [...] do ponto de vista da racionalidade econômica isto foi loucura".* Citado em: COHEN, Stephen F. *Bukharin and the Bolshevik Revolution: A Political Biography, 1888-1938.* Oxford: Oxford University Press, 1980. p. 146. (N. E.)

Portanto, no sistema socialista, tudo depende da sabedoria, dos talentos e dos dons daqueles que constituem a autoridade suprema. O que o ditador supremo – ou seu comitê – *não* sabe, não é levado em conta. O conhecimento acumulado pela humanidade em sua longa história, todavia, não é algo que uma só pessoa possa deter. Acumulamos, ao longo dos séculos, um volume tão incomensurável de conhecimentos científicos e tecnológicos, que se torna humanamente impossível a um indivíduo o domínio de todo esse cabedal, por extremamente bem-dotado que seja.

Acresce que os homens são diferentes, desiguais. E sempre o serão. Alguns são mais dotados em determinado aspecto, menos em outro. E há os que têm o dom de descobrir novos caminhos, de mudar os rumos do conhecimento. Nas sociedades capitalistas, o progresso tecnológico e econômico é promovido por esses homens. Quando alguém tem uma ideia, procura encontrar algumas outras pessoas argutas o suficiente para perceberem o valor de seu achado. Alguns capitalistas que ousam perscrutar o futuro, que se dão conta das possíveis consequências dessa ideia, começarão a pô-la em prática. Outros, a princípio, poderão dizer: "são uns loucos", mas deixarão de dizê-lo quando constatarem que o empreendimento que qualificavam de absurdo ou loucura está florescendo, e que toda gente está feliz por comprar seus produtos.

No sistema marxista, por outro lado, o corpo governamental supremo deve primeiro ser convencido do valor de uma ideia antes que ela possa ser levada adiante. Isso pode ser algo muito difícil, uma vez que o grupo detentor do comando – ou o ditador supremo em pessoa – tem o poder de decidir. E se essas pessoas – por razões de indolência, senilidade, falta de inteligência ou de instrução – forem incapazes de compreender o significado da nova ideia, o novo projeto não será executado.

Podemos evocar exemplos da história militar. Napoleão Bonaparte (1769-1821) era indubitavelmente um gênio em questões militares; não obstante, viu-se certa feita diante de um grave problema. A incapacidade para resolvê-lo culminou na sua derrota e no subsequente exílio na solidão de Santa Helena. O problema de Napoleão podia-se resumir a uma pergunta: "Como conquistar a Inglaterra?" Para fazê-lo, precisava de uma esquadra capaz de cruzar o Canal da Mancha. Houve, então, pessoas que lhe garantiram conhecer um meio seguro de levar a cabo aquela travessia; estas pessoas, numa época de embarcações a vela, traziam a nova ideia de barcos movidos a vapor. Mas Napoleão não compreendeu a proposta.

Depois, houve o famoso *Generalstab* da Alemanha. Antes da Primeira Guerra Mundial, o Estado-maior alemão era universalmente considerado insuperável em ciência militar. Reputação análoga tinha o Estado-maior do general Ferdinand Foch (1851-1929), na França. Mas nem os alemães nem os franceses – que, sob o comando do general Foch, derrotaram posteriormente os alemães – perceberam a importância da aviação para fins militares. O Estado-maior alemão declarava: "A aviação é um mero divertimento; voar é bom para os desocupados. Do ponto de vista militar, só zepelins têm importância". E os franceses eram da mesma opinião.

Depois, no intervalo entre as duas Guerras Mundiais, nos Estados Unidos, um general se convenceu de que a aviação seria de extrema importância na guerra que se aproximava. Entretanto, todos os peritos do país pensavam o contrário. Ele não conseguiu convencê-los[11]. Sempre que tentamos convencer um grupo de pessoas que não depende diretamente da solução de um problema, o fracasso é certo. Isso se aplica também aos problemas não econômicos.

Muitos pintores, poetas, escritores e compositores já se queixaram de que o público não reconhecia sua obra, o que os obrigava a permanecerem na pobreza. Não há dúvida de que o público pode ter julgado mal; mas, quando promulgam que "o governo deve subsidiar os grandes artistas, pintores e escritores", esses artistas estão completamente errados. A quem deveria o governo confiar a tarefa de decidir se determinado estreante é ou não, de fato, um grande pintor? Teria de se valer da apreciação dos críticos e dos professores de história da arte, que, sempre voltados para o passado, até hoje deram raras mostras de talento no que tange à descoberta de novos gênios. Essa é a grande diferença entre um sistema de "planejamento" e um sistema em que é dado a cada um planejar e agir por conta própria.

É verdade, obviamente, que grandes pintores e grandes escritores suportaram, muitas vezes, situações de extrema penúria. Podem ter tido êxito em sua arte, mas nem sempre em

---

[11] Referência ao general Billy Mitchell (1879-1936), comandante na Primeira Guerra Mundial de todas as operações aéreas norte-americanas, que iniciou na década de 1920 uma campanha para o desenvolvimento da aviação militar, entrando em diversos conflito com seus superiores, tendo sido por ordem direta do presidente Calvin Coolidge (1872-1933) enviado para Corte Marcial e condenado por insubordinação. Devido ao sucesso de suas teorias durante a Segunda Guerra Mundial recebeu inúmeras homenagens póstumas.

ganhar dinheiro. Vincent van Gogh (1853-1890) foi por certo um grande pintor. Teve de sofrer agruras insuportáveis e acabou por se suicidar, aos 37 anos de idade. Em toda a sua existência, vendeu apenas *uma tela*, comprada por um primo. Afora essa única venda, viveu do dinheiro do irmão, que, apesar de não ser artista nem pintor, compreendia as necessidades de um pintor. Hoje, não se compra um Van Gogh por menos de cem ou duzentos mil dólares.[12]

No sistema socialista, o destino de Van Gogh poderia ter sido diverso. Algum funcionário do governo teria perguntado a alguns pintores famosos (a quem Van Gogh seguramente nem sequer teria considerado artistas) se aquele jovem, um tanto louco, ou completamente louco, era de fato um pintor que valesse a pena subsidiar. E com toda certeza teriam respondido: "Não, não é um pintor; não é um artista; não passa de uma criatura que desperdiça tinta", e o teriam enviado a trabalhar numa indústria de laticínios, ou para um hospício. Todo esse entusiasmo pelo socialismo manifestado pelas novas gerações de pintores, poetas, músicos, jornalistas, atores, baseia-se, portanto, numa *ilusão*. Refiro-me a isso porque esses grupos estão entre os mais fanáticos defensores da concepção socialista.

---

[12] Levando em consideração que a inflação norte-americana entre 1959, quando Ludwig von Mises ministrou as conferências em Buenos Aires, até 2017 foi superior a 700%, os valores citados pelo autor equivaleriam em nossos dias entre oitocentos mil e um milhão e seiscentos mil dólares. No entanto, o último quadro de Vincent Van Gogh leiloado, a pintura *L'Allée des Alyscamps*, foi arrematado por 66,3 milhões de dólares em 5 de maio de 2015, ao passo que a primeira versão da tela *Retrato de Dr. Gachet* foi vendida em 1990 pelo equivalente a 148,3 milhões de dólares. (N. E.)

6 - Cálculo Econômico

Quando se trata de escolher entre o socialismo e o capitalismo como sistema econômico, o problema é um tanto diferente.

Os teóricos do socialismo jamais suspeitaram que a indústria moderna – juntamente com todos os processos do moderno mundo dos negócios – se basearia no cálculo. Os engenheiros não são, de maneira alguma, os únicos a planejarem com base em cálculos; também os empresários são obrigados a fazê-lo. E os cálculos do homem de negócios se baseiam no fato de que, na economia de mercado, os preços em dinheiro dos bens não só informam o consumidor, como fornecem ao negociante informações de importância vital sobre os fatores de produção, porquanto o mercado tem por função primordial determinar não só o custo da *última* parte do processo de produção, mas também o dos passos intermediários. O sistema de mercado é indissociável do fato de que há uma divisão mentalmente calculada do trabalho entre os vários empresários que disputam entre si os fatores de produção – as matérias-primas, as máquinas, os instrumentos – e o fator humano de produção, ou seja, os salários pagos à mão de obra. Esse tipo de cálculo que o empresário realiza não pode ser feito se ele não tem os preços fornecidos pelo mercado.

No instante mesmo em que se abolir o mercado – e é o que os socialistas gostariam de fazer – ficariam inutilizados todos os cômputos e cálculos feitos pelos engenheiros e tecnólogos. Os tecnólogos podem continuar fornecendo grande número de projetos que, do ponto de vista das ciências naturais, podem ser todos igualmente exequíveis, mas são os *cálculos* baseados no mercado – realizados pelo homem de negócios – que são indispensáveis para se determinar qual desses projetos é o mais vantajoso do ponto de vista econômico.

O problema de que estou tratando é a questão fundamental do cálculo econômico capitalista em contraposição ao que se passa no socialismo. O fato é que o cálculo econômico – e, por conseguinte, todo planejamento tecnológico – só é possível quando existem preços em dinheiro, não só para bens de consumo, como para os fatores de produção. Isso significa que é preciso haver um mercado para todas as matérias-primas, todos os artigos semiacabados, todos os instrumentos e máquinas, e todos os tipos de trabalho e de serviço humanos.

Quando se descobriu esse fato, os socialistas não souberam reagir adequadamente. Por 150 anos tinham afirmado: "Todos os males do mundo advêm da existência de mercados e de preços de mercado. Queremos abolir o mercado e, com ele, é claro, a economia de mercado, substituindo-a por um sistema sem preços e sem mercados". Queriam abolir o que Karl Marx chamou de *"caráter de mercadoria"* dos produtos e do trabalho[13].

Confrontados com esse novo problema, os teóricos do socialismo, sem resposta, acabaram por concluir: "não aboliremos o mercado por completo; faremos de conta que existe

---

[13] MARX, Karl. *O Capital: Crítica da Economia Política – Livro I: O Processo de Produção do Capital*. Trad. Reginaldo Sant'Anna. Rio de Janeiro, Civilização Brasileira, 29a ed. 2011. Ver principalmente: Livro I, Volume I, Parte Primeira, capítulo I, p. 51-105; Livro I, Volume II, Parte Sexta, capítulo XVII, p. 613-22. (N. E.)

um mercado, como as crianças, quando brincam de escolinha". A questão é que, todos sabem, as crianças quando *brincam* de escolinha não aprendem coisa alguma. É só uma brincadeira, uma simulação, e se pode "simular" muitas coisas.

Esse é um problema muito difícil e complexo, e para analisá-lo em toda a amplitude seria necessário um pouco mais de tempo do que o que tenho aqui. Explanei-o em detalhes em meus escritos. Em seis palestras, não posso empreender uma análise de todos os aspectos. Assim sendo, quero sugerir-lhes, caso estejam interessados no problema básico de impossibilidade do cálculo e do planejamento no socialismo, a leitura de meu livro *Human Action: A Treatise on Economics* [*Ação Humana: Um Tratado sobre Economia*][14], encontrável em espanhol numa excelente tradução[15].

Mas leiam também outros livros, como o do economista norueguês Trygue Hoff (1895-1982), que escreveu sobre o cálculo econômico. E, se não quiserem ser unilaterais, recomendo a leitura do livro socialista mais respeitado sobre o assunto, da autoria do eminente economista polonês Oskar Lange (1904-1965), que foi por algum tempo professor numa universidade americana, tornou-se depois embaixador da Polônia, voltando, posteriormente, para o seu país.

---

[14] Disponível em língua portuguesa na seguinte edição brasileira: MISES, Ludwig von. *Ação Humana: Um Tratado de Economia*. Trad. Donald Stewart Jr. São Paulo: Instituto Ludwig von Mises Brasil, 3ª Ed., 2010. (N. E.)

[15] A mais recente edição em espanhol é a seguinte: MISES, Ludwig von. *La Acción Humana: Tratado de Economía*. Apres. Jesús Huerta de Soto; trad. Joaquín Reig Albiol e Luis Reig Albiol. Madrid: Unión Editorial, 2011. (N. E.)

7 - O Experimento Soviético

Provavelmente me perguntarão: "E a Rússia? Como enfrentam os russos esse problema?" Nesse caso, a questão muda de figura. Os russos gerem seu sistema socialista no âmbito de um mundo em que existem preços para todos os fatores de produção, para todas as matérias-primas, para tudo. Por conseguinte, podem utilizar, em seu planejamento, os preços do mercado mundial. E, visto que há certas diferenças entre as condições reinantes na Rússia e as reinantes nos Estados Unidos, frequentemente o resultado é que, para os russos, parece justificável e aconselhável – de seu ponto de vista econômico – algo que, para os americanos, absolutamente não se justificaria economicamente.

A experiência soviética – ou "experimento", como foi chamada – não prova coisa alguma. Nada revela sobre o problema fundamental do socialismo, o problema do cálculo. Mas teríamos razões para caracterizá-la como "experimento"? Não creio que, no campo da ação humana e da economia, possamos ter algo que se assemelhe a um experimento científico. Não se podem fazer experimentos de laboratório no campo da ação humana, porque um experimento científico requer a réplica de um mesmo procedimento sob diversas condições, ou a manutenção das mesmas condições acompanhada da alteração de talvez um único fator. Por exemplo, se injetarmos num animal canceroso um medicamento experimental, o resultado pode ser o desaparecimento do câncer. Poderemos testar isso com vários animais da mesma raça, portadores da mesma doença. Se tratarmos parte deles com o novo método e não tratarmos outros, poderemos comparar os resultados. Ora, nada disso é viável no campo da ação humana. Não há experimentos de laboratório nesse plano.

O chamado experimento soviético mostra tão somente que o padrão de vida na Rússia Soviética é incomparavelmente inferior ao padrão alcançado pelo país mundialmente reputado o paradigma do capitalismo: os Estados Unidos.

Se dissermos isto a um socialista, certamente contestará: "As coisas na Rússia estão correndo maravilhosamente bem". E responderemos: "Podem estar maravilhosas, mas o padrão de vida é, em média, muito baixo". Então, retrucará: "Sim, mas lembre o quanto os russos sofreram com os czares, e a terrível guerra que tivemos de enfrentar".

Não quero discutir se essa é ou não uma explicação correta, mas quando se nega que as condições tenham sido as mesmas, nega-se ao mesmo tempo que tenha havido um experimento. O que se deveria afirmar — e seria muito mais correto — é: "O socialismo na Rússia não ocasionou, em média, uma melhoria das condições do homem comparável à melhoria de condições verificada, no mesmo período, nos Estados Unidos".

Nos Estados Unidos, quase toda semana tem-se notícia de um novo invento, de um aperfeiçoamento. Muitos aperfeiçoamentos foram gerados no mundo empresarial, porque milhares e milhares de industriais estão empenhados, noite e dia, em descobrir algum novo produto que satisfaça o consumidor, ou seja de produção menos dispendiosa, ou seja melhor *e* menos oneroso que os produtos já existentes. Não é o altruísmo que os move; é seu desejo de ganhar dinheiro. E o efeito foi que o padrão de vida se elevou, nos Estados Unidos, a níveis quase miraculosos quando confrontados às condições reinantes há cinquenta ou cem anos atrás. Mas na Rússia Soviética, onde esse sistema não vigora, não se verifica um desenvolvimento comparável. Assim, os que nos recomendam a adoção do sistema soviético estão inteiramente equivocados.

Há mais uma coisa a ser mencionada. O consumidor americano, o indivíduo, é tanto um comprador como um patrão. Ao sair de uma loja nos Estados Unidos, é comum vermos um cartaz com os seguintes dizeres: "Gratos pela preferência. Volte sempre". Mas ao entrarmos numa loja de um país totalitário – seja a Rússia de hoje, seja a Alemanha de Adolf Hitler (1889-1945) –, o gerente nos dirá: "Agradeça ao grande líder, que lhe está proporcionando isso".

Nos países socialistas, ao invés de ser o vendedor, é o comprador que deve ficar agradecido. Não é o cidadão quem manda; quem manda é o Comitê Central, o Gabinete Central. Estes comitês, os líderes, os ditadores, são supremos; ao povo cabe simplesmente obedecer-lhes.

Terceira Lição

3

Diz uma frase famosa, muito citada: *"O melhor governo é o que menos governa"*[16]. Esta não me parece uma caracterização adequada das funções de um bom governo. Compete a ele fazer todas as coisas para as quais necessário e para as quais foi instituído. Tem o dever de proteger as pessoas dentro do país contra as investidas violentas e fraudulentas de bandidos, bem como de defender o país contra inimigos externos. São essas as funções do governo num sistema livre, no sistema da economia de mercado.

---

[16] A frase atribuída ao presidente norte-americano Thomas Jefferson (1743-1826) foi popularizada por Henry David Thoreau (1817-1862) no ensaio *Civil Disobedience* [A Desobediência Civil], lançado originalmente em 1849. (N. E.)

O Intervencionismo

No socialismo, obviamente, o governo é totalitário, nada escapando à sua esfera e sua jurisdição. Mas na economia de mercado, a principal incumbência do governo é proteger o funcionamento harmônico dessa economia contra a fraude ou a violência originadas dentro ou fora do país.

Os que discordam dessa definição das funções do governo poderão dizer: "Este homem abomina o governo". Nada poderia estar mais longe da verdade. Se digo que a gasolina é um líquido de grande serventia, útil para muitos propósitos, mas que, apesar disso, não a beberia, por não me parecer esse o uso próprio para o produto, não me converto por isso num inimigo da gasolina, nem se poderia dizer que odeio a gasolina. Digo apenas que ela é muito útil para determinados fins, mas inadequada para outros. Se digo que é dever do governo prender assassinos e demais criminosos, mas que não é seu dever abrir estradas ou gastar dinheiro em inutilidades, não quer dizer que odeie o governo apenas por afirmar que ele está qualificado para fazer determinadas coisas, mas não o está para outras. Já se disse que, nas condições atuais, não temos mais uma economia de mercado livre. O que temos nas condições presentes é algo a que se dá o nome de "economia mista". E como provas da efetividade dessa nossa "economia mista", apontam-se as muitas empresas de que o governo é proprietário e gestor. A economia é mista, diz-se, porque, em muitos países, determinadas instituições – como as companhias de telefone e telégrafo, as estradas de ferro – são de posse do governo e administradas por ele. Não há dúvida de que algumas dessas instituições e empresas são geridas pelo governo.

1 - Empresas Dirigidas pelo Governo

Que algumas dessas instituições e empresas são operadas pelo governo certamente é verdade, mas esse fato isolado *não* é suficiente para alterar o caráter do nosso sistema econômico. Nem sequer significa que se tenha instalado um "pequeno socialismo" no âmago do que seria – não fosse a intrusão dessas empresas de gestão governamental – a economia de mercado livre e não-socialista. Isso porque o governo, ao dirigir essas empresas, está subordinado à supremacia do mercado, o que significa que está subordinado à supremacia dos consumidores. Ao administrar, digamos, os correios ou as estradas de ferro, o governo é obrigado a contratar pessoal para trabalhar nessas empresas. Precisa também comprar as matérias-primas e os demais produtos necessários à operação das mesmas. E, por outro lado, o governo "vende" esses serviços e mercadorias para o público. Ainda, muito embora administre essas instituições utilizando os métodos do sistema econômico livre, o resultado, comumente, é um déficit. O governo, contudo, tem condições de financiar esse déficit – pelo menos é esta a convicção não só dos seus integrantes como também dos representantes do partido no poder.

A situação do indivíduo é bem diversa. Sua capacidade de gerir um empreendimento deficitário é muito restrita. Se o déficit não for logo eliminado, e se a empresa não se tornar lucrativa (ou pelo menos dar mostras de que não está incorrendo em déficits ou prejuízos adicionais), o indivíduo vai à falência e a empresa acaba.

Já o governo goza de condições diferentes. Pode ir em frente com um déficit, porque tem o poder de impor *tributos* à população. E se os contribuintes se dispuserem a pagar impostos mais elevados para permitir ao governo administrar uma empresa deficitária – isto é, administrar com menos eficiência do que o faria uma instituição privada –, ou seja, se o público tolerar esse prejuízo, então obviamente a empresa se manterá em atividade.

Nos últimos anos, na maioria dos países, procedeu-se à estatização de um número crescente de instituições e empresas, a tal ponto que os déficits cresceram muito além do montante possível de ser arrecadado dos cidadãos por meio de impostos. O que acontece nesse caso não é o tema da palestra de hoje. A consequência é a inflação, assunto que devo abordar amanhã. Mencionei isso apenas porque a economia mista não deve ser confundida com o problema do *intervencionismo*, sobre o qual quero falar esta noite.

2 - Que é o Intervencionismo?

Que é o intervencionismo? O intervencionismo significa que o governo não se restringe à atividade de preservação da ordem, ou – como se costumava dizer cem anos atrás – da "produção da segurança". O intervencionismo revela um governo desejoso de fazer mais. Desejoso de interferir nos fenômenos de mercado.

Alguém que discorde, afirmando que o governo não deveria intervir nos negócios, poderá ouvir, com muita frequência, a seguinte resposta: "Mas o governo sempre interfere, necessariamente. Se há policiais nas ruas, o governo está interferindo. Interfere quando um assaltante rouba uma loja ou quando evita que alguém furte um automóvel". Mas quando falamos de intervencionismo, e definimos o significado do termo, referimo-nos à interferência governamental no mercado. (Que o governo e a polícia se encarreguem de proteger os cidadãos, e entre eles os homens de negócio e, evidentemente, seus empregados, contra os ataques de bandidos nacionais ou do exterior, é efetivamente uma expectativa normal e necessária, algo por esperar de qualquer governo. Essa proteção não constitui uma intervenção, pois a única função legítima do governo é, precisamente, produzir segurança[17]).

---

[17] O economista norte-americano Murray N. Rothbard (1926-1995), discípulo de Ludwig von Mises, acredita que até mesmo a proteção contra possíveis agressões internas e externas, bem como a justiça, poderiam ser fornecidas de maneira não monopolista por intermédio da competição no mercado. Acerca da temática, ver: ROTHBARD, Murray N. *Governo e Mercado: A Economia da Intervenção Estatal*.

Quando falamos de intervencionismo, referimo-nos ao desejo que experimenta o governo de fazer *mais* que impedir assaltos e fraudes. O intervencionismo significa que o governo não somente fracassa em proteger o funcionamento harmonioso da economia de mercado, como também interfere em vários fenômenos de mercado: interfere nos preços, nos padrões salariais, nas taxas de juros e nos lucros.

O governo quer interferir com a finalidade de obrigar os homens de negócio a conduzir suas atividades de maneira diversa da que escolheriam caso tivessem de obedecer apenas aos consumidores. Assim, todas as medidas de intervencionismo governamental têm por objetivo restringir a supremacia do consumidor. O governo quer arrogar a si mesmo o poder – ou pelo menos parte do poder – que, na economia de mercado livre, pertence aos consumidores.

Consideremos um exemplo de intervencionismo bastante conhecido em muitos países e experimentado, vezes sem conta, por inúmeros governos, especialmente em tempos de inflação. Refiro-me ao tabelamento de preços.

Em geral, os governos recorrem ao controle de preços depois de terem inflacionado a oferta de moeda e de a população ter começado a se queixar do decorrente aumento dos preços. Há muitos e famosos exemplos históricos do fracasso de métodos de tabelamento dos preços, mas mencionarei apenas dois, porque em ambos os governos foram, de fato, extremamente enérgicos ao impor, ou tentar impor, seus controles de preço.

Pref. Edward P. Stringham; trad. Márcia Xavier de Brito e Alessandra Lass. São Paulo: Instituto Ludwig von Mises Brasil, 2012. (N. E.)

O primeiro exemplo famoso é o caso do imperador romano Diocleciano (244-311), notório como o último imperador romano a perseguir os cristãos. Na segunda metade do século III, os imperadores romanos dispunham de um único método financeiro: desvalorizar a moeda corrente por meio de sua adulteração. Nessa época primitiva, anterior à invenção da máquina impressora, até a inflação era, por assim dizer, primitiva. Envolvia o enfraquecimento do teor da liga metálica com que se cunhavam as moedas, especialmente as de prata. O governo misturava à prata quantidades cada vez maiores de cobre, até que a cor das moedas se alterou e o peso se reduziu consideravelmente[18]. A consequência dessa adulteração das moedas e do aumento associado da quantidade de dinheiro em circulação foi uma alta dos preços, seguida de um decreto destinado a controlá-los. E os imperadores romanos não primavam pela moderação no fazer cumprir suas leis: a morte não lhes parecia uma punição demasiado severa para quem ousasse cobrar preços mais elevados que os estipulados. Conseguiram impor o controle de preços, mas foram incapazes de preservar a sociedade. A consequência foi a desintegração do Império Romano e do sistema da divisão do trabalho.

---

[18] De acordo com as pesquisas arqueológicas mais recentes a cunhagem imperial romana do período entre 27 a.C. e 50 A.D. manteve uma quantidade superior a 95% de prata nas moedas cunhadas com este metal. No período entre os anos 50 e 150 A.D. a média de prata nesta moeda foi de 85%, diminuindo gradativamente até chegar a 50% no ano 200 e 25% no ano 250. Na época do império de Diocleciano a quantidade de prata na moeda era inferior a 5%, sendo composta basicamente por outros metais não preciosos. Um gráfico com tais estatísticas é apresentado em: GREENE, Kevin. *The Archaeology of Roman Economy*. London: Batsford, 1986. p. 60. (N. E.)

Quinze séculos depois, a mesma adulteração do dinheiro teve lugar durante a Revolução Francesa. Mas desta vez se utilizou um método diferente. A tecnologia para a produção de dinheiro fora consideravelmente aperfeiçoada. Os franceses já não precisavam recorrer à adulteração da liga metálica empregada na cunhagem das moedas: tinham a máquina impressora. E esta era extremamente eficiente. Mais uma vez, o resultado foi uma elevação dos preços sem precedentes[19]. Entretanto, na Revolução Francesa os preços máximos não foram garantidos pelo mesmo método ao aplicár-se a de que lançara mão o imperador Diocleciano pena capital. Produzira-se um aperfeiçoamento também na técnica de matar cidadãos. Todos se lembram do famoso doutor Joseph-Ignace Guillotin (1738-1814), o inventor da guilhotina. No entanto, apesar da guilhotina, os franceses também fracassaram com suas leis de preço máximo. Quando chegou a vez de Maximilien de Robespierre (1758-1794) ser conduzido numa carroça rumo à guilhotina, o povo gritava: "Lá vai o bandido-mor!"

Se menciono esse fato, é porque é comum ouvir: "O que é preciso para dar eficácia e eficiência ao controle de preços é

---

[19] O problema da alteração da moeda pelos revolucionários franceses foi um dos pontos ressaltados de modo pioneiro nas críticas Edmund Burke (1729-1797). A questão também foi tratada por Jean-Baptiste Say (1767-1832). Para uma análise mais recente acerca da temática, ver: WHITE, Andrew Dickson. *Fiat Money Inflation in France: How It Came, What It Brought, and How It Ended*. New York: D. Appleton-Century Company, 1933. Ver também os seguintes artigos: WHITE, Eugene N. "Measuring the French Revolution's Inflation: The Tableaux de dépréciation". *Histoire & Mesure*, Volume 6, Number 3/4 (1991): 245-274; EBELING, Richard M. "The Great French Inflation". *Freeman*, Volume 57, Number 6 (July/August 2007) 2-3. (N. E.)

apenas maior implacabilidade e maior energia". Ora, Diocleciano foi indubitavelmente implacável, como também o foi a Revolução Francesa. Não obstante, as medidas de controle de preço fracassaram por completo em ambos os casos.

3 - Porque os Controles de Preços Falham

Analisemos agora as razões desse fracasso. O governo ouve as queixas do povo de que o preço do leite subiu. E o leite é, sem dúvida, muito importante, sobretudo para a geração em crescimento, para as crianças. Por conseguinte, estabelece um preço máximo para esse produto, tabelando-o a um preço inferior ao que seria o preço potencial de mercado. Então o governo diz: "Estamos certos de que fizemos todo o possível para permitir aos pobres a compra de todo o leite de que necessitam para alimentar seus filhos".

Mas que acontece? Por um lado, o menor preço do leite provoca o aumento da demanda do produto; pessoas que não tinham meios de comprá-lo a um preço mais alto, podem agora fazê-lo ao preço reduzido por decreto oficial. Por outro lado, parte dos produtores de leite, aqueles que estão produzindo a custos mais elevados – isto é, os produtores marginais – começam a sofrer prejuízos, visto que o preço decretado pelo governo é inferior aos custos do produto. Este é o ponto crucial na economia de mercado. O empresário privado, o produtor privado, não pode sofrer prejuízo no cômputo final de suas atividades. E como não pode ter prejuízos com o leite, restringe a venda deste produto para o mercado. Pode vender algumas de suas vacas para o matadouro; pode também, em vez de leite, fabricar e vender derivados do produto, como coalhada, manteiga ou queijo.

A interferência do governo no preço do leite redunda, pois, em menor quantidade do produto do que a que havia antes, redução que é concomitante a uma ampliação da demanda. Algumas pessoas dispostas a pagar o preço decretado pelo governo não conseguirão comprar leite. Outro efeito é a precipitação de pessoas ansiosas por chegarem em primeiro lugar às lojas. São obrigadas a esperar do lado de fora. As longas filas diante das lojas parecem sempre um fenômeno corriqueiro numa cidade em que o governo tenha decretado tabelamento de preços para as mercadorias que lhe pareciam importantes.

Foi o que se passou em todos os lugares onde o preço do leite foi tabelado. Por outro lado, isso foi sempre prognosticado pelos economistas – obviamente apenas pelos economistas sensatos, que, aliás, não são muito numerosos. Mas qual é a consequência do controle governamental de preços? O governo se frustra. Pretendia aumentar a satisfação dos consumidores de leite, mas na verdade, descontentou-os. Antes de sua interferência, o leite era caro, mas era possível comprá-lo. Agora a quantidade disponível é insuficiente. Com isso, o consumo total se reduz. As crianças passam a tomar menos leite. A medida a que o governo recorre em seguida é o racionamento. Mas racionamento significa tão somente que algumas pessoas são privilegiadas e conseguem obter leite, enquanto outras ficam sem *nenhum*. Quem obtém e quem não obtém é obviamente algo sempre determinado de forma muito arbitrária. Pode ser estipulado, por exemplo, que crianças com menos de quatro anos de idade devem tomar leite, e aquelas com mais de quatro, ou entre quatro e seis, devem receber apenas a metade da ração a que as menores fazem jus.

Faça o governo o que fizer, permanece o fato de que só há disponível uma menor quantidade de leite. Consequentemente, a população está ainda mais insatisfeita que antes.

O governo pergunta, então, aos produtores de leite (porque não tem imaginação suficiente para descobrir por si mesmo): "Por que não produzem a mesma quantidade que antes?" Obtém a resposta: "É impossível, uma vez que os custos de produção são superiores ao preço máximo fixado pelo governo". As autoridades se põem em seguida a estudar os custos dos vários fatores de produção, vindo a descobrir que um deles é a ração.

"Pois bem", diz o governo, "o mesmo controle que impusemos ao leite, vamos aplicar agora à ração. Tabelaremos o preço da ração e os produtores de leite poderão alimentar seu gado a preços mais baixos, com menor dispêndio. Com isto, tudo se resolverá: os produtores de leite terão condições de produzir em maior quantidade e venderão mais".

Que acontece nesse caso? Repete-se, com a ração, a mesma história acontecida com o leite, e, como é fácil depreender, pelas mesmíssimas razões. A produção de ração diminui e as autoridades se veem novamente diante de um dilema.

Nessas circunstâncias, providenciam novos interlocutores, no intuito de descobrir o que há de errado com a produção de ração. E recebem dos produtores de ração uma explicação idêntica à que lhes fora fornecida pelos produtores de leite. De sorte que o governo é compelido a dar outro passo, já que não quer abrir mão do princípio do controle de preços. Tabela os preços dos insumos necessários à produção de ração. E a mesma história, mais uma vez, se desenrola.

Assim, o governo começa a controlar não mais apenas o leite, mas também os ovos, a carne e outros artigos essenciais. E, todas as vezes alcança o mesmo resultado, por toda parte a consequência é a mesma. A partir do momento em que tabela os preços dos bens de consumo, vê-se obrigado a recuar no sentido dos bens de produção, e a limitar os preços dos insumos necessários à elaboração daqueles bens de consumo com preços tabelados. E assim o governo, que começara com o controle de alguns poucos fatores, recua cada vez mais em direção à base do processo produtivo, tabelando os preços de todas as modalidades de bens de produção, incluindo-se aí, evidentemente, o preço da mão de obra, pois, sem controle salarial, o "controle de custos" efetuado pelo governo seria um contrassenso.

Ademais, o governo não tem como limitar sua interferência no mercado apenas ao que se lhe parecem bens de primeira necessidade: leite, manteiga, ovos e carne. Precisa necessariamente incluir os bens de luxo, porquanto, se não limitasse os preços *deles*, o capital e a mão de obra abandonariam a produção dos artigos de primeira necessidade e acorreriam à produção dessas mercadorias que o governo reputa supérfluas. Portanto, a interferência isolada no preço de um ou outro bem de consumo sempre gera efeitos – e é fundamental compreendê-lo – ainda *menos* satisfatórios que as condições que prevaleciam anteriormente.

Antes da interferência do governo, o leite e os ovos eram caros; depois que interferiu, começaram a sumir do mercado. O governo considerava esses artigos tão importantes que interferiu; queria torná-los mais abundantes, ampliar sua oferta. O resultado foi o contrário: a interferência isolada deu origem a uma situação que – do ponto de vista do governo – é ainda *mais* indesejável que a anterior, que se pretendia alterar. E o governo acabará por chegar a um ponto em que todos os preços, padrões salariais, taxas de juros, em suma, tudo o que compõe o conjunto do sistema econômico, é determinado por ele. E isso, obviamente, é *socialismo*.

O que lhes apresentei aqui, nesta explanação esquemática e teórica, foi precisamente o que ocorreu nos países que tentaram impor tabelamento de preços, países cujos governos foram teimosos o bastante para avançarem passo a passo até a própria derrocada. Foi o que aconteceu, na Primeira Guerra Mundial, com a Alemanha e a Inglaterra.

4 - Intervenções no Período da Guerra

Analisemos a situação que existia nos dois países. Ambos experimentavam a inflação. Como os preços subiam, os dois governos impuseram controles. Tendo começado com apenas alguns preços, nada mais que leite e ovos, foram forçados a avançar cada vez mais. Mais a guerra se prolongava, maior se tornava a inflação. E após três anos de guerra, os alemães – de maneira sistemática, como é de seu estilo – elaboraram um grande plano. Chamaram-no Plano Hindenburg (naquela época, tudo na Alemanha que parecia bom ao governo era batizado de Hindenburg[20]).

O Plano Hindenburg estabelecia o controle governamental sobre todo o sistema econômico do país: preços, salários, lucros..., tudo. E a burocracia tratou imediatamente de pôr em prática esse plano. Mas, antes de concluí-lo, veio a derrocada: o Império Alemão desintegrou-se, o aparelho burocrático esfacelou-se, a revolução produziu seus efeitos terríveis – tudo chegou ao fim[21].

Os fatos, na Inglaterra, inicialmente ocorreram dessa mesma maneira, mas, depois de algum tempo, na primavera de 1917, os Estados Unidos entraram na guerra e abasteceram os ingleses com quantidades suficientes de tudo. Dessa forma, o caminho do socialismo, o caminho da servidão, foi obstado.

Antes da ascensão dos nazistas ao poder, o controle de preços foi mais uma vez introduzido na Alemanha pelo chanceler Heinrich Brüning (1885-1970), pelas razões de costume. O próprio Adolf Hitler aplicou-o antes mesmo do início

---

[20] Referência ao marechal de campo Paul von Hindenburg (1847-1934), comandante das forças militares alemãs entre 29 de agosto de 1916 e 3 de julho de 1919 e presidente da Alemanha de 12 de maio de 1925 a 2 de agosto de 1934. Além do plano econômico ter sido conhecido pelo seu nome, o militar e político foi homenageado, também, quando a cidade polonesa de Zabrze, anexada à Província de Alta Silésia na época, foi renomeada Hindenburg em 1915, bem como o batismo do navio encouraçado SMS Hindenburg em 1917 e do dirigível LZ 129 *Hindenburg* em 1931. (N. E.)

[21] Para maiores informações, ver: TOOLEY, T. Hunt. "The Hindenburg Program of 1916: A Central Experiment in Wartime Planning". *The Quarterly Journal of Austrian Economics*, Volume 2, Number 2 (Summer 1999): 51-62. (N. E.)

da Segunda Guerra Mundial: na Alemanha nazista não havia empresa privada ou iniciativa privada. Na Alemanha de Hitler havia um sistema de socialismo que só diferia do sistema russo na medida em que ainda eram mantidos a *terminologia* e os *rótulos* do sistema de livre economia. Ainda existiam "empresas privadas", como eram denominadas. Mas o proprietário já não era um empresário; chamavam-no "gerente" ou "chefe" de negócios (*Betriebsführer*).

Todo o país foi organizado numa hierarquia de *führers*; havia o *Führer* supremo, obviamente Adolf Hitler, e em seguida uma longa sucessão *de führers*, em ordem decrescente, até os *führers* do último escalão. E, assim, o dirigente de uma empresa era o *Betriebsführer*. O conjunto de seus empregados, os trabalhadores da empresa, era chamado por uma palavra que, na Idade Média, designara o séquito de um senhor feudal: o *Gefolgschaft*. E toda essa gente tinha de obedecer às ordens expedidas por uma instituição que ostentava o nome assustadoramente longo de *Reichsführerwirtschaftsministerium* (Ministério da Economia do Império), a cuja frente estava o conhecido gorducho Hermann Göring (1893-1946), enfeitado de joias e medalhas.

E era desse corpo de ministros de nome tão comprido que emanavam todas as ordens para todas as empresas: o que produzir, em que quantidade, onde comprar matérias-primas e quanto pagar por elas, a quem vender os produtos e a que preço. Os trabalhadores eram designados para determinadas fábricas e recebiam salários decretados pelo governo. Todo o sistema econômico era agora regulado, em seus mínimos detalhes, pelo governo.

O *Betriebsführer* não tinha o direito de se apossar dos lucros; recebia o equivalente a um salário e, se quisesse receber uma soma maior, diria, por exemplo: "Estou muito doente, preciso me submeter a uma operação imediatamente, e isso custará quinhentos marcos". Nesse caso, era obrigado a consultar o *führers* do distrito (*Gauführer* ou *Gauleiter*), que o autorizaria – ou não – a fazer uma retirada superior ao salário que lhe era destinado. Os preços já não eram preços, os salários já não eram salários – não passavam de *expressões* quantitativas num sistema de socialismo.

Permitam-me agora contar-lhes como esse sistema entrou em colapso. Um dia, após anos de combate, os exércitos estrangeiros chegaram à Alemanha. Procuraram conservar esse sistema econômico de direção governamental; mas para isso teria sido necessária a brutalidade de Adolf Hitler. Sem ela, o sistema não funcionou. Enquanto isso acontecia na Alemanha, durante a Segunda Guerra Mundial, a Grã-Bretanha fazia exatamente a mesma coisa: a partir do controle do preço de algumas mercadorias, o governo britânico começou, passo a passo (assim como Hitler procedera em tempo de paz, antes mesmo de deflagrada a guerra), a controlar cada vez mais a economia, até que, por ocasião do término da guerra, tinham chegado a algo muito próximo do puro socialismo.

A Grã-Bretanha não foi conduzida ao socialismo pelo governo do Partido Trabalhista, estabelecido em 1945. Ela se tornou socialista durante a guerra, ao longo do governo que tinha à frente, como primeiro-ministro, Sir Winston Churchill (1874-1965). O governo trabalhista simplesmente manteve o sistema de socialismo já introduzido pelo governo conservador de Churchill. E isso a despeito da grande resistência do povo. As estatizações efetuadas na Grã-Bretanha não tiveram grande significado. A estatização do Banco da Inglaterra foi inócua, visto que essa instituição financeira já estava sob completo controle governamental. E o mesmo se deu com a estatização das estradas de ferro e da indústria do aço. O "socialismo de guerra", como era chamado – denotando o intervencionismo implantando passo a passo[22] – já estatizara praticamente todo o sistema.

A diferença entre o sistema alemão e o britânico não foi significativa, porquanto os gestores tinham sido designados pelo governo e, em ambos os casos, eram obrigados a cumprir as ordens do governo em todos os detalhes. Como disse antes, o sistema dos nazistas alemães conservou os rótulos e termos da economia capitalista de livre mercado. Mas essas expressões adquiriram um significado muito diverso: já não passavam agora de decretos governamentais.

Isso também se aplica ao sistema britânico. Quando o Partido Conservador foi reconduzido ao poder, alguns desses controles foram suprimidos. Temos hoje na Grã-Bretanha tentativas, por um lado, de conservar os controles e, por outro, de aboli-los (mas não se deve esquecer que as condições

---

[22] O mais eminente discípulo de Ludwig von Mises, o economista austríaco F. A. Hayek (1899-1992), descreveu o processo de como por intermédio do planejamento econômico do chamado "socialismo de guerra" o intervencionismo leva a sociedade ao "caminho da servidão" na seguinte obra: HAYEK, F. A. *O Caminho da Servidão*. Trad. Anna Maria Capovilla, José Ítalo Stelle e Liane de Morais Ribeiro. São Paulo: Instituto Ludwig von Mises Brasil, 6ª ed., 2010. (N. E.)

existentes na Inglaterra são muito diferentes das que prevalecem na Rússia). O mesmo se passou em outros países que, por dependerem da importação de alimentos e de matérias-primas, foram obrigados a exportar bens manufaturados. Em países profundamente dependentes do comércio de exportações, um sistema de controle governamental simplesmente não funciona.

Assim, a subsistência de alguma liberdade econômica (e ainda existe uma substancial liberdade em países como a Noruega, a Inglaterra, a Suécia) é fruto da *necessidade de preservar o comércio de exportação*. Aliás, se escolhi anteriormente o exemplo do leite, não foi por ter alguma predileção especial pelo produto, mas porque praticamente todos os governos – ou sua grande maioria – regulamentaram, nas últimas décadas, os preços do leite, dos ovos ou da manteiga.

5 - CONTROLE DE ALUGUEIS

Quero lembrar, em poucas palavras, outro exemplo, o do controle do aluguel. Uma das consequências do controle dos aluguéis por parte do governo é que pessoas que teriam – por causa de alterações na situação familiar – de mudar de apartamentos maiores para outros menores, já não o fazem. Considere-se, por exemplo, um casal cujos filhos saíram de casa em outras cidades. Casais como esse tendiam a se mudar, passando a habitar apartamentos menores e mais baratos. Com a imposição do controle sobre os aluguéis, essa necessidade desaparece.

Em Viena, no começo da década de 1920, o controle do aluguel estava firmemente estabelecido. Assim, a quantia que um locador recebia por um apartamento de dimensões médias, submetido a controle de aluguel, não excedia o dobro do preço de uma passagem de bonde – sistema de transporte pertencente à municipalidade. Pode-se imaginar que não se tinha incentivo algum para mudar de apartamento. E, por outro lado, não se construíam novas casas. Condições semelhantes prevaleceram nos Estados Unidos após a Segunda Guerra Mundial e perduram até hoje em muitas cidades americanas.

Uma das principais razões por que muitas cidades nos Estados Unidos se encontram em enorme dificuldade financeira reside na adoção do controle sobre os aluguéis, com a decorrente escassez de moradias. Ela se produziu pelas mesmas razões que acarretaram a escassez do leite quando o preço foi controlado. Isto significa: *sempre que interfere no mercado, o governo é progressivamente impelido ao socialismo.*

E esta é a resposta aos que dizem: "Não somos socialistas, não queremos que o governo controle tudo. Mas por que não poderia ele interferir um pouco no mercado? Por que não poderia abolir determinadas coisas que nos desagradam?"

6 - Existe uma Terceira Via Intermediária?

Essas pessoas falam de uma política de "meio-termo". O que não se percebe é que a interferência *isolada*, isto é, a interferência num único pequeno detalhe do sistema econômico, produz uma situação que ao próprio governo – e àqueles que estão reivindicando a sua interferência – parecerá pior que aquelas condições que se pretendia abolir: os que propunham o controle dos aluguéis ficam irritados ao se darem conta da escassez de apartamentos e moradias em geral. Mas essa escassez de moradias foi gerada precisamente pela interferência do governo, pela fixação dos aluguéis em valores inferiores ao que se pagaria num sistema de livre mercado.

A ideia de que existe, entre o socialismo e o capitalismo, um *terceiro* sistema – como o chamam seus defensores –, o qual, sendo equidistante do socialismo e do capitalismo, conservaria as vantagens e evitaria as desvantagens de um e de outro, é puro contrassenso. Os que acreditam na existência possível desse sistema mítico podem chegar a ser realmente líricos quando tecem loas ao intervencionismo. Só o que se pode dizer é que estão equivocados. A interferência governamental que exaltam dá lugar a situações que desagradariam a eles mesmos.

Uma das questões que abordarei depois é a do protecionismo: o governo procura isolar o mercado interno do mercado mundial. Introduz tarifas que elevam o preço interno da mercadoria acima do preço em que é cotada no mercado mundial, o que possibilita aos produtores nacionais a formação de cartéis. Logo em seguida, o mesmo governo investe contra os cartéis, declarando: "Nestas condições, uma legislação anticartel é necessária".

Foi precisamente esse o procedimento da maioria dos governos europeus. Nos Estados Unidos, somam-se a isso razões adicionais para a legislação antitruste e para a campanha governamental contra o fantasma do monopólio.

É absurdo ver o governo – que gera, por meio do próprio intervencionismo, as condições que possibilitam a emergência de cartéis nacionais – voltar-se contra o meio empresarial, dizendo: "Há cartéis, portanto é necessária a interferência do governo nos negócios". Seria muito mais simples evitar a formação de cartéis sustando a interferência governamental no mercado – interferência esta que vem a gerar as possibilidades de formação desses cartéis.

A ideia da interferência governamental como "solução" para problemas econômicos dá margem, em todos os países, a circunstâncias no mínimo extremamente insatisfatórias e, com frequência, caóticas. Se não for detida a tempo, o governo acabará por implantar o socialismo.

Não obstante, a interferência do governo nos negócios continua a gozar de grande aceitação. Mal acontece no mundo algo que desagrada às pessoas é comum ouvir-se o comentário: "O governo precisa fazer algo a respeito. Para que temos governo? O governo deveria fazer isso". Temos aqui um vestígio característico do modo de pensar de épocas passadas, de eras *anteriores* à liberdade moderna, ao governo constitucional moderno, anteriores ao governo representativo ou ao republicanismo moderno.

Ao longo de séculos, manteve-se a doutrina – afirmada e acatada por todos – de que um rei, um rei ungido, era o mensageiro de Deus; era mais sábio que os súditos e possuía poderes sobrenaturais. Até princípios do século XIX, pessoas que sofriam certas doenças esperavam ser curadas pelo simples toque da mão do rei. Os médicos costumavam ser mais eficazes: mesmo assim, permitiam aos seus pacientes experimentar o rei.

Essa doutrina da superioridade de um governo paternal e dos poderes sobre-humanos dos reis hereditários extinguiu-se gradativamente – ou, pelo menos, assim imaginávamos. Mas ela ressurgiu. O professor alemão Werner Sombart (1863-1941) – a quem conheci muito bem –, homem de renome mundial, foi doutor *honoris causa* de várias universidades e membro honorário da American Economic Association [Associação Econômica Norte-Americana]. Esse professor escreveu um livro[23] que tem tradução para o inglês – publicada em coedição pela Princeton University Press e pela Oxford University Press[24] –, para o francês[25] e provavelmente também para o espanhol. Ou melhor, espero que tenha[26], para que todos possam conferir o que vou dizer. Nesse livro, publicado não nas "trevas" da Idade Média, mas no nosso século, esse professor de economia diz simplesmente o seguinte: *"O Führer, nosso Führer"* – refere-se, é claro, a Adolf Hitler – *"recebe instruções diretamente de Deus, o Führer do universo"*[27].

---

[23] SOMBART, Werner. *Deutscher Sozialismus*. Charlottenburg: Buchholz & Weisswange, 1934. (N. E.)

[24] SOMBART, Werner. *A New Social Philosophy*. Trad. Karl F. Geiser. Princeton / Oxford: Princeton University Press / Oxford University Press, 1937. (N. E.)

[25] SOMBART, Werner. *Le socialisme allemand: Une théorie nouvelle de la société*. Trad. G. Welter. Paris: Éditions Payot, 1938. (N. E.)

[26] A obra à qual o autor se refere não foi traduzida para o espanhol ou para o português. (N. E.)

[27] SOMBART. *Deutscher Sozialismus. Op. cit.*, p. 213. Na edição norte-americana, ver: SOMBART. *A New Social Philosophy. Op. cit.*, p. 149. (N. E.)

Já me referi antes a essa hierarquia de *führers* e nela situei Adolf Hitler como o "*Führer* Supremo". Entretanto, pelo que nos informa Werner Sombart, há um *Führer* em posição ainda mais elevada. Deus, o *Führer* do universo. E Deus, escreve ele, transmite suas instruções diretamente a Hitler. Naturalmente, o professor Sombart não deixou de acrescentar, com muita modéstia: "*Não sabemos como Deus se comunica com o Führer. Mas o fato não pode ser negado*".

Ora, se ficamos sabendo que semelhante livro pôde ser publicado em alemão – a língua de um país outrora exaltado como "a nação dos filósofos e dos poetas" –, e o vemos traduzido em inglês e francês, já não nos espantará que mesmo um pequeno burocrata venha, um dia, a se considerar mais sábio e melhor que os demais cidadãos, e deseje interferir em tudo, ainda que não passe de um reles burocratazinho, em nada comparável ao famoso professor Werner Sombart, membro honorário de tudo quanto é entidade.

Haveria um remédio contra tudo isso? Eu diria que sim. Há um remédio. E esse remédio é a força dos cidadãos: cabe-lhes impedir a implantação de um regime tão autoritário que se arrogue uma sabedoria superior à do cidadão comum. Esta é a diferença fundamental entre a liberdade e a servidão.

As nações socialistas atribuíram a si mesmas a designação de *democracia*. Os russos chamam seu sistema de democracia popular; provavelmente sustentam que o povo está representado na pessoa do ditador. Penso que *um* ditador, Juan Domingo Perón aqui na Argentina, recebeu a resposta que merecia quando foi forçado ao exílio em 1955. Esperamos que outros ditadores, em outras nações, recebam resposta semelhante.

Quarta Lição

4

Se a oferta de caviar fosse tão abundante quanto a de batatas, o preço do caviar – isto é, a relação de troca entre caviar e dinheiro, ou entre caviar e outras mercadorias – se alteraria consideravelmente. Nesse caso, seria possível adquiri-lo a um preço muito menor que o exigido hoje. Da mesma maneira, se a quantidade de dinheiro aumenta, o poder de compra da unidade monetária diminui, e a quantidade de bens que pode ser adquirida com uma unidade desse dinheiro também se reduz.

Quando, no século XVI, as reservas de ouro e prata da América foram descobertas e exploradas, enormes quantidades desses metais preciosos foram transportadas para a Europa. A consequência desse aumento da quantidade de moeda foi uma tendência geral à elevação dos preços. Do mesmo modo, quando, em nossos dias, um governo aumenta a quantidade de papel-moeda, a consequência é a queda

A Inflação

progressiva do poder de compra da unidade monetária e a correspondente elevação dos preços. A isso se chama de *inflação*.

Infelizmente, nos Estados Unidos, bem como em outros países, alguns preferem ver a causa da inflação não no aumento da quantidade de dinheiro, mas na elevação dos preços.

Entretanto, nunca se apresentou nenhuma contestação séria à interpretação econômica da relação entre os preços e a quantidade de dinheiro, ou da relação de troca entre a moeda e outros bens, mercadorias e serviços. Nas condições tecnológicas atuais, nada é mais fácil que fabricar pedaços de papel e imprimir sobre eles determinados valores monetários. Nos Estados Unidos, onde todas as notas têm o mesmo tamanho, imprimir uma nota de mil dólares não custa mais ao governo que imprimir uma de um dólar. Trata-se exclusivamente de um processo de impressão, a exigir, nos dois casos, idênticas quantidades de papel e de tinta.

1 - Impressão de Papel-Moeda

No século XVIII, quando se fizeram as primeiras tentativas de emitir papel-moeda e atribuir-lhes a qualidade de moeda corrente – isto é, o direito de serem honradas em transações de troca do mesmo modo que as moedas de ouro e prata –, os governos e as nações acreditavam que os banqueiros detinham algum conhecimento secreto que lhes permitia produzir riqueza a partir do nada. Quando os governos do século XVIII se viam em dificuldades financeiras, julgavam ser suficiente, para delas se livrarem, entregar a um banqueiro engenhoso a condução da administração financeira.

Alguns anos antes da Revolução Francesa, quando a realeza da França atravessava problemas financeiros, o rei da França procurou um desses banqueiros engenhosos e nomeou-o para uma função importante. Esse homem era, sob todos os aspectos, o oposto das pessoas que vinham regendo a nação até aquele momento. Para começar, não era francês, era um estrangeiro – Jacques Necker (1732-1804), um suíço oriundo de Genebra. Em segundo lugar, não pertencia à aristocracia, era um simples plebeu. E, o que contava mais ainda na França do século XVIII, não era católico, e sim protestante. E assim *monsieur* Necker, pai da famosa Anne-Louise Germaine Necker (1766-1817), a Madame de Staël, tornou-se o ministro das finanças, e todos esperavam que resolvesse os problemas financeiros do país. Mas, a despeito do elevado grau de confiança desfrutado por *monsieur* Necker, os cofres reais permaneceram vazios. O grande erro de Necker consistiu na tentativa de prestar auxílio financeiro aos colonos da

América do Norte na guerra de independência contra a Inglaterra *sem elevar os impostos*[28]. Aquela era certamente uma maneira errada de procurar resolver os problemas financeiros da França.

Não há maneira secreta para a solução dos problemas financeiros de um governo. Se necessita de dinheiro, tem de obtê-lo cobrando impostos dos cidadãos (ou, sob condições especiais, tomando empréstimo das pessoas que têm dinheiro). No entanto, muitos governos, e podemos até mesmo dizer, a maioria dos governos creem que existe outro método para obter o dinheiro necessário; simplesmente, imprimi-lo.

Se deseja fazer algo benéfico – construir um hospital, por exemplo –, o meio de que o governo dispõe para arrecadar o dinheiro necessário é cobrar tributos dos cidadãos e construir o hospital com a receita assim constituída. Nesse caso, não ocorrerá nenhuma "revolução dos preços", porque, quando o governo arrecada dinheiro para a construção do hospital, os cidadãos – onerados por esse tributo adicional – são obrigados a reduzir seus gastos. O contribuinte individual é forçado a reduzir ou o seu consumo, ou os seus investimentos, ou a sua poupança. Quando se apresenta no mercado como um comprador, o governo *substitui* o cidadão: este passa a comprar menos. Mas isso se dá porque o governo está comprando mais. Evidentemente, o governo não compra exatamente os mesmos bens que os cidadãos comprariam; em média, no entanto, não se verifica

---

[28] Sobre a atuação do banqueiro suíço como ministro das finanças do governo francês, ver: HARRIS, Robert D. *Necker: Reform Statesman of the Ancient Regime.* Berkeley: University of California Press, 1979. (N. E.)

nenhuma elevação de preços em decorrência da construção do hospital pelo governo.

Escolho o exemplo de um hospital precisamente porque é comum ouvir dizer: "Faz diferença se o governo usa seu dinheiro para bons ou maus propósitos". Proponho fazermos de conta que o governo *sempre* usa o dinheiro que emitiu para os melhores fins – fins com que todos concordamos. Acontece que não é o *modo* como o dinheiro é gasto, é antes o modo como é *obtido* pelo governo que dá lugar a essa consequência que chamamos de inflação, e que hoje quase ninguém, no mundo todo, considera benéfica.

Por exemplo, o governo poderia, sem fomentar a inflação, usar o dinheiro arrecadado através de impostos para contratar novos funcionários, ou para elevar os salários dos que já estão a seu serviço. Esses funcionários, tendo tido um aumento nos salários, passam, então, a poder comprar mais. Quando o governo cobra impostos dos cidadãos e aplica essa soma no aumento do salário de seu pessoal, os contribuintes passam a ter menos o que gastar, mas os funcionários públicos passam a ter mais: os preços em geral não subirão.

No entanto, se o governo não busca, para esse fim, receita proveniente de impostos, se, ao contrário, recorre a dinheiro recém-impresso, consequentemente, algumas pessoas começam a ter mais dinheiro, enquanto todas as demais continuam a ter o mesmo que antes. Assim, as que receberam o dinheiro recém-impresso vão competir com aquelas que eram compradoras anteriormente. E uma vez que não há maior número de mercadorias que antes, mas há mais dinheiro no mercado – e uma vez que há pessoas que podem agora comprar mais do que ontem – haverá uma demanda adicional para uma quantidade inalterada de bens. Consequentemente, os preços tenderão a subir. Isso não pode ser evitado, seja qual for o uso que se faça do dinheiro recém-emitido.

2 - Aumentos Graduais de Preços

Há, todavia, algo ainda mais importante. Essa tendência de elevação dos preços se estabelecerá passo a passo, uma vez que não se trata de um movimento ascendente geral desse tão falado "nível dos preços". Esta expressão metafórica nunca deveria ser usada.

Quando se fala de "nível dos preços", a imagem que as pessoas formam mentalmente é a de um líquido que sobe ou desce, segundo o aumento ou a redução de sua quantidade, mas que, como um líquido num reservatório, se eleva sempre por igual. Mas, no caso dos preços, nada há que se assemelhe a "nível". Os preços não se alteram na mesma medida e ao mesmo tempo. Há sempre preços que mudam mais rapidamente, caem ou sobem mais depressa que outros. E há uma razão para isso.

Considerem o caso do funcionário público que recebeu parte do novo dinheiro acrescentado à oferta de dinheiro. As pessoas não compram num mesmo dia precisamente as mesmas mercadorias e nas mesmas quantidades. O dinheiro suplementar que o governo imprimiu e introduziu no mercado não é usado na compra de todas as mercadorias e serviços. É usado na aquisição de certas mercadorias, cujos preços subirão, ao passo que outras continuarão ainda com os preços de antes da introdução do novo dinheiro no mercado. De sorte que, quando a inflação começa, diferentes grupos da população são por ela afetados de diferentes maneiras. Os grupos que recebem o novo dinheiro em primeiro lugar ganham uma vantagem temporal.

O governo, quando emite dinheiro para custear uma guerra, tem de comprar munições. Os primeiros a receber o dinheiro adicional são, então, as indústrias de munição e os que nelas trabalham. Esses grupos passam a ocupar uma posição privilegiada. Auferem maiores lucros e ganham maiores salários: seus negócios prosperam. Por quê? Porque foram os primeiros a receber o dinheiro adicional. E, tendo agora mais dinheiro à sua disposição, estão comprando mais. E compram de outras pessoas, que fabricam e vendem as mercadorias que lhes interessam.

Estas outras pessoas constituem um segundo grupo. E este segundo grupo considera a inflação muito benéfica para seus negócios. Por que não? Não é esplêndido vender mais? E o proprietário de um restaurante situado nas vizinhanças de uma fábrica de munições, por exemplo, diz: "É realmente maravilhoso! Os trabalhadores do setor de munições estão com mais dinheiro; estão frequentando meu estabelecimento como nunca; estão todos prestigiando meu restaurante; isto me deixa muito feliz". Não vê razão alguma para se sentir de outro modo.

A situação é a seguinte: aqueles para quem o dinheiro chega em primeiro lugar têm sua renda aumentada e podem continuar comprando muitas mercadorias e serviços a preços que correspondem ao estado anterior do mercado, à situação vigente às vésperas da inflação. Encontram-se, portanto, em situação privilegiada. E assim a inflação se expande, passo a passo, de um grupo para outro da população. E todos os que têm acesso ao dinheiro adicional na primeira hora da inflação são beneficiados, uma vez que estão comprando alguns artigos a preços ainda correspondentes ao estágio prévio da relação de troca entre dinheiro e mercadorias.

No entanto, há outros grupos da população para quem esse dinheiro chega muitíssimo depois. Essas pessoas se veem numa situação desfavorável. Antes de terem acesso ao dinheiro adicional, são obrigadas a pagar preços mais altos que os anteriores por algumas mercadorias que desejam adquirir (ou praticamente todas), ao passo que sua renda permanece a mesma, ou não aumenta na mesma proporção dos preços. Considere-se, por exemplo, um país como os Estados Unidos durante a Segunda Guerra Mundial: por um lado, a inflação desse período favoreceu os trabalhadores das fábricas de munição, as fábricas de munição e os fabricantes de armamentos; por outro lado, prejudicou certos grupos da população[29]. E os maiores prejudicados foram os professores e os religiosos.

Como todos sabem, um sacerdote é pessoa de muita humildade, que está a serviço de Deus e não deve falar demais em dinheiro. Analogamente, os professores são pessoas

---

[29] Para uma análise mais ampla fundada no pensamento misesiano sobre relação entre os custos de guerra e o aumento da inflação, ver: SALERNO, Joseph T. "War and the Money Machine: Concealing the Costs of War Beneath the Veil of Inflation". In: DENSON, John V. (Ed.). *The Costs of War: America's Pyrrhic Victories*. New Brunswick: Transaction Publishers, 1999. p. 433-53. (N. E.)

dedicadas, de quem se espera maior preocupação com a educação dos jovens que com os próprios salários. Por conseguinte, os professores e os religiosos estiveram entre os grupos mais penalizados pela inflação, visto que as várias escolas e igrejas foram as últimas instituições a se darem conta da necessidade de elevar os salários. Quando os dignitários eclesiásticos e as associações escolares finalmente chegaram à conclusão de que era preciso aumentar também os salários dessa gente dedicada, as perdas que tinham sofrido até então já não podiam ser reparadas.

Por muito tempo, foram obrigados a comprar menos que antes, a reduzir seu consumo de alimentos melhores e mais caros, a restringir sua compra de roupas – já que os preços tinham sido reajustados, enquanto sua renda, seus salários ainda não tinham sido aumentados (esta situação foi hoje consideravelmente alterada, ao menos no que diz respeito aos professores).

A cada momento, portanto, são diferentes os grupos da população que estão sendo diretamente afetados pela inflação. Para alguns deles, a inflação não é tão má assim, e chegam até a defender seu prolongamento, visto que são os primeiros a se beneficiarem. Veremos na próxima palestra como essa disparidade de consequências afeta vitalmente a política que conduz à inflação.

Subjacente a todas as modificações produzidas pela inflação, está o fato de que, além de haver grupos que são por ela favorecidos, há outros que a exploram diretamente. A palavra "explorar" não pretende refletir uma censura a essas pessoas, pois só o governo e ninguém mais pode ser considerado culpado e responsável pelo estabelecimento da inflação. Sempre há, sem dúvida, pessoas que percebem o que está ocorrendo mais cedo que as demais e, então, *apoiam* a inflação. Seus lucros excepcionais decorrem do fato de que haverá sempre desigualdade no processo inflacionário.

3 - Governos Não Gostam de Taxar

O governo pode considerar que, como método de arrecadar fundos, a inflação é melhor que a tributação: esta é sempre impopular e de difícil execução. Em muitas nações grandes e ricas, os legisladores muitas vezes discutiram, por meses a fio, várias modalidades de novos impostos, tornados necessários em decorrência de um aumento de gastos decidido pelo parlamento. Após discutir inúmeros métodos de angariar dinheiro por meio da tributação, finalmente chegaram à conclusão de que talvez o melhor fosse obtê-lo via inflação.

É evidente que a palavra "inflação" não era pronunciada. Um político no poder, ao recorrer à inflação, não declara: "Vou adotar a inflação como método". Os procedimentos técnicos empregados na produção da inflação são tão complexos, que o cidadão comum não percebe quando ela teve início.

Uma das maiores inflações da história, a que teve lugar no *Reich* alemão após a Primeira Guerra Mundial, não teve seu pico durante a guerra. Foram os níveis a que chegou no pós-guerra que ocasionaram a catástrofe. O governo não anunciou: "Vamos lançar mão da inflação". Simplesmente tomou dinheiro emprestado, indiretamente, do banco central. Não lhe competia perguntar como o banco central reuniria e liberaria aquela soma. E o banco central simplesmente a imprimiu.

Hoje, as técnicas de produção da inflação têm como complicadores a existência da moeda fiduciária. Isso envolve outra técnica, mas o efeito é o mesmo. Com uma penada, o governo cria moeda fiduciária, aumentando assim o volume de moeda e de crédito. Basta-lhe emitir a ordem, e lá está a moeda fiduciária.

4 - Inflação Não Pode Subsistir

O governo não se aflige diante do fato de que algumas pessoas sofrerão perdas; a iminente elevação dos preços não o perturba. Os legisladores proclamam: "Esse sistema é magnífico!" Esse magnífico sistema, contudo, tem um defeito básico: dura pouco. Se a inflação pudesse perdurar indefinidamente, não haveria por que criticar os governos por promoverem-na, mas o único fato bem estabelecido acerca desse fenômeno é que, mais cedo ou mais tarde, chega inevitavelmente ao fim. É uma política que não pode perdurar.

Em última instância, a inflação se encerra com o colapso do meio circulante – dando lugar a uma catástrofe, a uma situação como a ocorrida na Alemanha em 1923. Em 1º de agosto de 1914, o dólar correspondia a quatro marcos e vinte *pfennigs*. Nove anos e três meses depois, em novembro de 1923, a mesma moeda estava cotada em 4,2 trilhões de marcos. Em outras palavras, o marco já não valia coisa alguma. Já não tinha *algum* valor.

Alguns anos atrás, um famoso autor, John Maynard Keynes (1883-1946), escreveu: *"No longo prazo, estaremos todos mortos"*[30]. Lamento confirmar que é a pura verdade. Mas a questão é: quanto durará o curto prazo? No século XVIII, houve uma famosa cortesã, Jeanne-Antoinette Poisson (1721-1764), a Madame de Pompadour, amante do rei Luís XV (1710-1774), a quem se atribui o seguinte dito: *"Après nous, le déluge"* ("Depois de nós, o dilúvio"). Madame de Pompadour teve a felicidade de morrer pouco tempo depois. Mas sua "sucessora", Jeanne Bécu (1743-1793), a Madame du Barry, sobreviveu o curto prazo, para, no longo prazo, ser decapitada. Para muitos o "longo prazo" logo se converte no presente – e quanto mais a inflação avança, mais se antecipa o "longo prazo".

Quanto pode durar o curto prazo? Por quanto tempo pode um banco central levar à frente um processo inflacionário? Provavelmente poderá fazê-lo enquanto o povo estiver convencido de que o governo, mais cedo ou mais tarde – mas certamente não demasiado tarde – sustará a impressão de dinheiro, detendo, assim, o decréscimo do valor de cada unidade monetária.

O povo, quando deixa de acreditar que o governo será capaz de deter a inflação, ou mesmo que ele tenha qualquer intenção de detê-la, começa a se dar conta de que os preços amanhã serão mais altos que hoje. As pessoas põem-se, então,

---

[30] No original: *"In the long run we are all dead"*. Ver: KEYNES, John Maynard. *A Treatise on Money*. New York: Harcourt, Brace and company, 1930. 2v. p. 80. (N. E.)

a comprar a quaisquer preços, provocando uma alta em níveis tais que o sistema monetário entra em colapso.

Tomemos o caso da Alemanha, que o mundo inteiro testemunhou. Muitos livros descreveram os acontecimentos daquele período. (Embora sendo austríaco, e não alemão, vi tudo de dentro: a situação da Áustria não diferia muito da alemã, e tampouco eram diferentes as condições de muitos outros países europeus). Durante muitos anos, o povo alemão acreditou que sua inflação não passava de uma situação provisória, que logo chegaria ao fim. Acreditou nisso por nove anos, até o verão de 1923. Então, finalmente, as pessoas começaram a duvidar. Como a inflação continuava, a população julgou mais sensato comprar tudo o que estivesse à venda, em vez de guardar o dinheiro no bolso. Ademais, as pessoas raciocinavam que não era conveniente emprestar dinheiro, ser credor. Em contrapartida, era excelente negócio tomar dinheiro emprestado, ser devedor. Assim, a inflação continuou a se alimentar de si mesma.

A inflação prosseguiu na Alemanha até, precisamente, o dia 20 de novembro de 1923. O povo acreditara que o dinheiro inflacionário era dinheiro verdadeiro, mas descobriu, então, que as condições tinham mudado. No outono de 1923, as fábricas do país pagavam aos seus trabalhadores, cada manhã, uma diária antecipada. E o trabalhador, que se fazia acompanhar pela mulher até a fábrica, passava-lhe imediatamente seu ganho, todos os milhões que acabara de receber. A mulher, então, dirigia-se prontamente a uma loja, para comprar fosse o que fosse. Ela constatava o que, na época, a maioria da população sabia: o marco perdia, da noite para o dia, 50% de seu poder de compra. O dinheiro derretia-se nos bolsos do povo, como uma barra de chocolate sobre um forno quente. Essa fase final da inflação alemã não durou muito; depois de alguns dias, todo o pesadelo se encerrara: o marco perdera todo valor e foi preciso estabelecer uma nova moeda[31].

5 - Padrão-Ouro

Lorde Keynes, o mesmo homem que disse que no longo prazo estaremos todos mortos, foi um representante do extenso rol de autores inflacionistas do século XX. Todos combateram o padrão-ouro. Ao atacá-lo, Keynes chamou-o de *"relíquia bárbara"*[32]. Mesmo hoje, a grande maioria das pessoas considera ridículo falar de um retorno ao padrão-ouro. Nos Estados Unidos, por exemplo, poderemos ser considerados como sonhadores se dissermos: "Mais cedo ou mais tarde, os Estados Unidos terão de retornar ao padrão-ouro".

No entanto, o padrão-ouro tem uma extraordinária virtude: na sua vigência, a quantidade de dinheiro disponível é independente das políticas governamentais e dos partidos políticos. Essa é a sua vantagem[33]. Constitui uma forma de pro-

---

[31] Para uma análise mais detalhada do processo inflacionário na República de Weimar, ver: GRAHAM, Frank D. *Exchange, Prices and Production in Hyper-Inflation: Germany, 1920-1923*. Princeton: Princeton University Press, 1930. (N. E.)

[32] KEYNES. *A Treatise on Money. Op. cit.*, p. 170. (N. E.)

[33] Diversos artigos discutindo outras vantagens do padrão-ouro foram copilados na seguinte obra: ROCKWELL, JR., Llewellyn H. (Ed.). *The Gold Standard:*

teção contra governos gastadores. Sob o padrão-ouro, se um governo resolve fazer gastos em um novo empreendimento, o ministro das finanças pode perguntar: "E onde vou conseguir o dinheiro? Diga-me, primeiro, onde encontrarei dinheiro para esse gasto adicional".

Num sistema inflacionário, nada é mais simples para os políticos que ordenar ao órgão governamental encarregado da impressão do papel-moeda a emissão de quanto dinheiro lhes seja necessário para seus projetos. O padrão-ouro é muito mais propício a um governo financeiramente seguro: seus titulares podem dizer ao povo e aos políticos: "Não podemos fazer tal coisa, salvo se aumentarmos os impostos".

Sob condições inflacionárias, o povo se habitua a considerar o governo uma instituição que tem recursos ilimitados à disposição: o Estado, o governo, podem tudo. Se, por exemplo, a nação deseja um novo sistema de rodovias, espera-se do governo a implantação. Mas onde poderá o governo obter o dinheiro? Pode-se dizer que hoje, nos Estados Unidos – e mesmo no passado, no governo William McKinley (1843-1901) –, o Partido Republicano é relativamente favorável ao dinheiro honesto e ao padrão-ouro, enquanto o Partido Democrata favorável à inflação. Obviamente, a uma inflação não de papel, e sim de prata[34].

Perspectives in the Austrian School. Auburn: Ludwig von Mises Institute, 1992. (N. E.)

[34] Uma análise ampla da história bancária dos Estados Unidos, desde o período colonial até a Segunda Guerra Mundial, é apresentada em: ROTHBARD, Murray N. *The History of Money and Banking in the United States: The Colonial Era to World War II.* Intr. Joseph T. Salerno. Auburn: Ludwig von Mises Institute, 2005. (N. E.)

No entanto, foi um presidente democrata nos Estados Unidos, Grover Cleveland (1837-1908), que, em fins da década de 1880, vetou uma decisão do Congresso de conceder uma pequena soma de auxílio – cerca de dez mil dólares – a uma comunidade que sofrera uma catástrofe. Esse presidente justificou seu veto escrevendo as seguintes palavras: "É dever do cidadão manter o governo, mas não dever do governo manter os cidadãos". Estas são palavras que todo estadista deveria escrever numa parede de seu gabinete, para mostrar aos que viessem pedir dinheiro.

Sinto-me bastante embaraçado diante da necessidade de simplificar essas questões. São tantos e tão complexos os problemas envolvidos no sistema monetário! E certamente não teria escrito volumes inteiros a respeito deles[35] se fossem tão simples quanto parecem sê-lo aqui. Mas os fundamentos são precisamente estes: aumentando-se a quantidade de dinheiro, provoca-se o rebaixamento do poder de compra da unidade monetária. É isso o que desagrada àqueles cujos negócios privados são desfavoravelmente afetados por essa situação. São os que não se beneficiam da inflação que dela se queixam.

Se a inflação é má, e se todos sabem disso, por que se teria convertido numa espécie de estilo de vida em quase todos os países? Mesmo alguns dos países mais ricos sofrem da

---

[35] O principal trabalho do autor sobre a temática é o livro *Theorie des Geldes und der Umlaufsmittel [A Teoria da Moeda e dos Meios Fiduciários]*, lançado originalmente em alemão no ano de 1912 e disponível, atualmente, em língua inglesa na seguinte edição: MISES, Ludwig von. *Theory of Money and Credit*. Pref. Murray N. Rothbard; intr. Lionel Robbins; trad. Harold E. Batson. Indianapolis: Liberty Fund, 1981. (N. E.)

doença. Os Estados Unidos são hoje seguramente a mais rica nação do mundo, com o mais alto padrão de vida. Entretanto, quando se viaja pelo país, constata-se uma incessante referência à inflação e à necessidade de detê-la. Mas apenas se fala; não se age.

6 - Inflação e Salários

Cabe, aqui, a apresentação de alguns fatos: após a Primeira Guerra Mundial, a Grã-Bretanha restabeleceu a equivalência entre o ouro e a libra, numa correspondência que vigorava antes da guerra. Isto é, elevou o valor da libra. Com isso, elevou-se o poder de compra dos salários de todos os trabalhadores. Num mercado desobstruído, tal alteração teria acarretado uma queda do salário nominal em dinheiro. Esta queda, por sua vez, teria compensado a alteração. Como resultado final, o salário *real* dos trabalhadores teria permanecido inalterado. Não temos tempo para discutir agora as razões disso. O fato é que os sindicatos da Grã-Bretanha não admitiram um ajustamento dos padrões salariais ao poder de compra mais elevado da unidade monetária; assim sendo, os salários reais foram consideravelmente acrescidos em decorrência daquela medida monetária. Isso representou uma verdadeira catástrofe para a Inglaterra, uma vez que a Grã-Bretanha é um país predominantemente industrial, obrigado, por um lado, a importar matérias-primas, produtos semiacabados e alimentos para sobreviver, e, por outro, a exportar bens manufaturados para pagar essas importações. Com a elevação do valor internacional da libra, os preços dos produtos ingleses subiram nos mercados externos, causando um declínio das vendas e exportações. Na verdade, para todos os efeitos, o que a Grã-Bretanha fez foi fixar os próprios preços à revelia do mercado mundial.

Foi impossível derrotar os sindicatos. É sabido o poder que, hoje, tem um sindicato. Assiste-lhe direito – praticamente o privilégio – do recurso à violência. E a determinação de um sindicato tem, portanto, ousemos dizê-lo, força equivalente à de um decreto governamental. O decreto governamental é uma ordem para cuja aplicação o aparelho governamental – a polícia – está pronto. É preciso obedecer-lhe, ou se terá problemas com a polícia.

Lamentavelmente temos hoje, em quase todos os países do mundo, um segundo poder, depois do governo, com condições para exercer a força: são os sindicatos trabalhistas. Essas entidades determinam os salários, bem como as greves que os devem impor, da mesma maneira que o governo poderia decretar um salário mínimo. Não discutirei o sindicato agora; tratarei dele depois. Quero apenas deixar claro que a política sindical consiste em elevar os padrões salariais *acima* do nível que estes alcançariam num mercado desobstruído. Em consequência disso, uma parte considerável da população potencialmente ativa só pode ser empregada por pessoas físicas ou por indústrias que tenham condições de suportar prejuízos. E uma vez que os negócios não têm como se manter sob a sangria de prejuízos, fecham as portas e os trabalhadores perdem o emprego. A fixação de padrões salariais superiores aos que se estabeleceriam num mercado desimpedido redunda inevitavelmente no desemprego de parcela ponderável da população ativa.

Na Grã-Bretanha, a imposição de altos padrões salariais pelos sindicatos trabalhistas teve como consequência um desemprego prolongado, que durou anos a fio. Milhões de trabalhadores ficaram desempregados, os índices de produção caíram. Até os *experts* ficaram perplexos. Diante desse quadro, o governo inglês deu um passo que se lhe afigurou como uma medida de emergência indispensável: *desvalorizou* a moeda corrente do país.

O poder de compra dos salários em dinheiro – em cuja manutenção os sindicatos tanto haviam insistido – deixou de ser o mesmo. Os salários reais, os salários em mercadorias, foram reduzidos. Agora, o trabalhador já não podia comprar o mesmo que antes, embora os padrões nominais dos salários tivessem permanecido os mesmos. Procurou-se, por intermédio da adoção dessa medida, promover o retorno dos padrões salariais *reais* aos níveis do mercado livre para que, consequentemente, tivesse lugar o desaparecimento do desemprego.

Essa medida – a desvalorização – foi adotada por muitos outros países, como a França, os Países Baixos e a Bélgica. A Tchecoslováquia chegou a recorrer a ela duas vezes no período de um ano e meio. A desvalorização tornou-se um método sub-reptício, digamos assim, de frustrar o poder dos sindicatos. No entanto, como veremos, esse método também não pode ser considerado verdadeiramente eficiente.

Alguns anos depois, os trabalhadores – e também os sindicatos – começaram a compreender o que se passava. O povo começou a se dar conta de que a desvalorização do dinheiro reduzia seu salário real. Os sindicatos tinham força suficiente para se opor a isso. Em muitos países, inseriu-se nos contratos salariais uma cláusula que estipulava que os salários em dinheiro deveriam ser automaticamente majorados quando os preços também o fossem. A isto se chama *indexar*. Os sindicatos haviam tomado consciência da existência de índices.

Assim, aquele método de reduzir o desemprego inaugurado pela Grã-Bretanha em 1931 – e adotado posteriormente por quase todos os governos importantes –, já não mais funciona nos nossos dias como método de "resolver o desemprego".

Em 1936, na obra *The General Theory of Employment, Interest and Money* [*A Teoria Geral do Emprego, do Juro e da Moeda*][36] lorde Keynes deploravelmente elevou esse método – aquelas medidas de emergência do período 1929-1933 – à categoria de princípio, ao *status* de sistema fundamental de política. Justificava a teoria dizendo mais ou menos o seguinte: "O desemprego é um mal. Se quiser que desapareça, inflacione o meio circulante".

Keynes percebeu muito bem que certos padrões salariais podem ser demasiado altos para o mercado, ou seja, podem ser altos demais para ser lucrativo a um empregador ampliar a quantidade de empregados que contrata e, portanto, serão, também altos demais do ponto de vista do conjunto da

---

[36] O autor não cita literalmente a obra, mas, por se tratar de uma conferência, apenas resume com as próprias palavras algumas das teses keynesianas. O trabalho está disponível em língua portuguesa em edições distintas, sendo a mais acessível ao grande público a seguinte: KEYNES, John Maynard. *A Teoria Geral do Emprego, do Juro e da Moeda*. Apres. Adroaldo Moura da Silva; trad. Mário R. da Cruz. São Paulo: Nova Cultural, 1996. (N. E.)

população economicamente ativa, uma vez que esses padrões salariais impostos pelos sindicatos, em níveis superiores aos do mercado, resultam em que apenas uma parcela dos que anseiam por salários conseguem emprego.

Então, Keynes afirmou o seguinte: "Sem dúvida, o desemprego em massa, prolongando-se ano após ano, é uma situação muito insatisfatória". Mas, em vez de sugerir que os níveis salariais podiam e deviam ser ajustados às condições de mercado, afirmou: "Se os trabalhadores não forem suficientemente espertos para perceber a desvalorização da moeda, não oferecerão resistência a uma queda dos níveis salariais reais, visto que os níveis nominais permanecerão os mesmos". Em outras palavras, lorde Keynes estava dizendo que, se receberem a mesma quantidade de libras esterlinas que ganhavam antes da desvalorização da moeda, as pessoas não se darão conta de que passaram, de fato, a ganhar menos.

Num linguajar claro, Keynes propôs que se ludibriassem os trabalhadores. Em vez de declarar abertamente que os padrões salariais devem ser ajustados às condições do mercado – porque, se não for assim, parte da população economicamente ativa ficará inevitavelmente desempregada –, afirmou, na verdade: "O pleno emprego só pode ser alcançado se houver inflação. Ludibriem os trabalhadores". O fato mais interessante, contudo, é que, quando sua *General Theory* foi publicada, a burla já não era possível, uma vez que as pessoas passaram a ter consciência da inflação. No entanto, a meta do pleno emprego permaneceu.

7 - Salários e Pleno Emprego

Que vem a ser "pleno emprego"? Essa expressão relaciona-se com o mercado de trabalho desosbstruído, não manipulado pelos sindicatos ou pelo governo. Nesse mercado, os salários para cada tipo de trabalho tendem a atingir um nível tal que é possível, a todos os que desejam emprego, obtê-lo. Por outro lado, todo empregador terá condições de contratar tantos trabalhadores quantos lhe forem necessários. Se ocorrer um aumento da demanda de mão de obra, a ser mais altos, e se houver necessidade de menor número de trabalhadores, os salários tenderão a cair.

O único método que permite a instauração de uma situação de "pleno emprego" é a preservação de um mercado de trabalho livre de empecilhos. Isso se aplica a todo gênero de trabalho e a todo gênero de mercadoria.

Que faz um negociante, se deseja vender determinada mercadoria por cinco dólares a unidade? A expressão técnica que é aplicada no mundo dos negócios dos Estados Unidos para o fato de não se conseguir vender uma mercadoria pelo preço estipulado é "o estoque mantém-se inalterado". Entretanto, *deve* diminuir. O negociante não pode conservar aqueles artigos, porque tem necessidade de adquirir novas mercadorias; as modas mudam. Assim, ele os vende por um preço mais baixo. Se não conseguir vender a mercadoria por cinco dólares, certamente a venderá por quatro. Se for impossível vendê-la por quatro, será obrigado a vendê-la por três. Não há outra alternativa, desde que esteja empenhado em manter o negócio. Pode sofrer prejuízos, mas estes decorrem do fato de ter feito uma previsão errada do mercado existente para o produto.

O mesmo acontece com os milhares e milhares de jovens que, dia após dia, estão vindo da zona rural para a cidade, na expectativa de ganhar dinheiro. É o fenômeno de migração interna, que tem lugar em todas as nações industrializadas. Nos Estados Unidos, eles vêm para a cidade com a expectativa de que poderão ganhar, digamos, cem dólares por semana. As expectativas podem se frustrar. Então, aquele que não conseguiu um emprego que pagasse cem dólares por semana, ver-se-á obrigado a tentar conseguir algum que pague noventa, oitenta dólares, talvez até menos. Por outro lado, se essa pessoa declarasse, como fazem os sindicatos: "cem dólares por semana, ou nada", talvez só lhe restasse permanecer desempregada. Diga-se de passagem, muita gente não se incomoda com a situação de desemprego, uma vez que o governo paga auxílios-desemprego – com fundos arrecadados por meio de taxas específicas impostas aos empregadores – que por vezes são quase tão altos quanto os salários que receberiam caso estivessem trabalhando.

Nos Estados Unidos, só se aceita a inflação porque determinado grupo de pessoas acredita que é só por meio dela que o pleno emprego pode ser alcançado. No entanto, ainda a esse respeito, uma questão tem sido amplamente debatida: o que é preferível, dinheiro sólido e desemprego, ou inflação e pleno emprego? Trata-se, na verdade, de um círculo vicioso.

Tentemos analisar o problema. Logo de início, deve-se propor a seguinte questão: como podemos melhorar a situação dos trabalhadores e de todos os demais grupos da população? A resposta é: mantendo o mercado de trabalho livre de empecilhos e assim alcançando o pleno emprego. Nosso dilema é: os salários devem ser determinados pelo mercado, ou devem ser definidos por pressão e compulsão sindical? Portanto, o cerne da questão *não* reside na alternativa "inflação ou desemprego".

Aliás essa análise distorcida do problema vem sendo proposta na Inglaterra, nos países industrializados da Europa e até nos Estados Unidos. Há mesmo quem diga: "Vejam só: até os Estados Unidos estão recorrendo à inflação. Por que não deveríamos fazer o mesmo?"

A estes deveríamos responder em primeiro lugar: "Um dos privilégios do homem rico é poder se dar ao luxo de ser insensato por muito mais tempo que o pobre". E eis a situação dos Estados Unidos. A política financeira desse país é muito ruim, e está piorando. Mas certamente trata-se de um país capaz de arcar com os custos de sua insensatez por um prazo um pouco mais longo que o que seria tolerado por alguns outros países.

O mais importante a lembrar é que a inflação não é um ato de Deus, que a inflação não é uma catástrofe da natureza ou uma doença que se alastra como a peste. A inflação é uma *política* – uma política premeditada, adotada por pessoas que a ela recorrem por considerá-la um mal menor que o desemprego. No entanto, é fato que, a não ser em curtíssimo prazo, a inflação *não* cura o desemprego[37].

---

[37] O autor discute de modo mais aprofundado as relações entre salários, desemprego e inflação no seguinte ensaio: MISES, Ludwig von. "Wages, Unemployment, and

A inflação é uma política. E uma política pode ser alterada. Assim sendo, não há razão para nos deixarmos vencer por ela. Se a temos na conta de um mal, então é preciso estancá-la. É preciso equilibrar o orçamento do governo. Evidentemente, o apoio da opinião pública é necessário para isso. E cabe aos intelectuais ajudar o povo a compreender. Uma vez assegurado o apoio da opinião pública, os representantes eleitos do povo certamente terão condições de abandonar a política da inflação.

Devemos lembrar que, no longo prazo, poderemos estar todos mortos. Aliás, não restam dúvidas de que estaremos mesmo mortos. Entretanto, deveríamos cuidar de nossos assuntos terrenos – neste breve intervalo em que nos é dado viver – da melhor maneira possível. E uma das medidas necessárias para esse propósito é abandonar as políticas inflacionárias.

Inflation". In: *Planning for Freedom: Let the Market System Work. A Collection of Essays and Addresses*. Ed. e pref. Bettina Bien Greaves. Indianapolis: Liberty Fund, 2008. p. 68-75. (N. E.)

Quinta Lição

5

Há quem atribua aos programas de liberdade econômica um caráter negativo. Dizem: "Que querem de fato os liberais? São contra o socialismo, a intervenção governamental, a inflação, a violência sindical, as tarifas protecionistas... Dizem 'não' a tudo".

Esta me parece uma apresentação unilateral e superficial do problema. É, sem dúvida, possível formular um programa liberal de forma *positiva*. Quando alguém afirma: "Sou contra a censura", não se torna negativo por isso. Na verdade, esta pessoa é a *favor* de os escritores terem o direito de determinar o que desejam publicar, sem a interferência do governo. Isso não é negativismo, é precisamente liberdade (é óbvio que, ao empregar o termo "liberal" com

O Investimento Estrangeiro

relação às condições do sistema econômico, tenho em mente o velho sentido *clássico* da palavra[38]).

Hoje, grande parte das pessoas julga inadequadas as consideráveis diferenças de padrão de vida existentes entre muitos países. Dois séculos atrás, as condições da Grã-Bretanha eram muito piores que as condições atuais da Índia. Mas em 1750 os britânicos não se atribuíam os rótulos de "subdesenvolvidos" ou de "atrasados", pois não tinham como comparar a situação de seu país com a de outros que se encontrassem em condições econômicas mais satisfatórias. Hoje, todos os povos que não atingiram o padrão de vida médio dos Estados Unidos

---

[38] A questão recebeu um tratamento mais detalhado pelo autor em seu livro *Liberalismus*, publicado pela primeira vez em alemão no ano de 1927 e disponível em português como: MISES, Ludwig von. *Liberalismo: Segundo a Tradição Clássica*. Preâmbulo de Louis M. Spadaro; prefs. Thomas Woods & Bettina Bien Greaves; trad. Haydn Coutinho Pimenta. São Paulo: Instituto Ludwig von Mises Brasil, 2ª Ed., 2010.

acreditam haver algo errado na sua situação econômica. Muitos deles se intitulam "países em desenvolvimento" e, nessa qualidade, reivindicam ajuda dos chamados países desenvolvidos ou superdesenvolvidos.

1 - Melhores Ferramentas para Aumentar a Produção

Permitam-me explicar a realidade dessa situação. O padrão de vida é mais baixo nos chamados países em desenvolvimento porque os salários médios para os mesmos gêneros de trabalho são mais baixos nesses países que em alguns outros da Europa Ocidental, que no Canadá, no Japão, e especialmente nos Estados Unidos. Se investigarmos as razões dessa diferença, seremos obrigados a reconhecer que ela não decorre de uma inferioridade dos trabalhadores ou de outros empregados. Reina entre certos grupos de trabalhadores norte-americanos a tendência a se julgarem melhores que os outros povos – e que é graças aos próprios méritos que ganham salários mais altos que os trabalhadores dos demais países.

Bastaria a um trabalhador norte-americano visitar outro país – digamos a Itália, de onde tantos deles são originários – para constatar que *não* são as qualidades pessoais, mas as condições do país, que lhe possibilitam receber salários menos ou mais elevados. Se um siciliano migrar para os Estados Unidos, em pouco tempo poderá conferir os salários correntes neste país. E, se retornar à Sicília, o mesmo homem verificará que sua permanência nos Estados Unidos não lhe conferiu qualidades que lhe permitissem auferir, na Sicília, salários superiores aos de seus conterrâneos.

Essa situação econômica tampouco pode ser explicada a partir do pressuposto de que os empresários americanos sejam superiores aos empresários dos demais países. É fato que – exceção feita ao Canadá, à Europa Ocidental e a certas regiões da Ásia – o equipamento das fábricas e os processos tecnológicos são, de modo geral, inferiores aos utilizados nos Estados Unidos. Mas isso não é fruto da ignorância dos empresários desses países "subdesenvolvidos". Eles têm perfeita consciência de que as fábricas dos Estados Unidos e do Canadá são muito mais bem equipadas. E são muito bem informados sobre tecnologia, uma vez que são obrigados a se manterem em dia. Ao faltarem as informações, esses empresários buscam outros meios para suprir suas deficiências: recorrem, então, a manuais e revistas técnicas que divulgam esse conhecimento.

A diferença, repetimos, não reside na inferioridade pessoal nem na ignorância. A diferença está na disponibilidade de capital, na quantidade acessível de bens de capital. Em outras palavras, o montante de capital investido *per capita* é maior nas chamadas nações avançadas que nas nações em desenvolvimento.

Um empresário não pode pagar a um trabalhador mais que a soma adicionada pelo trabalho desse empregado ao valor do produto. Não lhe pode pagar mais que aquilo que os clientes se dispõem a pagar pelo trabalho *adicional* desse trabalhador individual. Se lhe pagar mais, não recuperará tal despesa daquilo que auferirá dos clientes. Sofrerá prejuízos, e além disso, como já ressaltei várias vezes, e é do conhecimento geral, um negociante submetido a prejuízos é obrigado a mudar os métodos empresariais, caso contrário, irá à bancarrota.

Os economistas dizem que "os salários são determinados pela produtividade marginal da mão de obra". Esta afirmativa não é mais que outra formulação do que acabamos de expor. Não se pode negar o fato de que a escala salarial é determinada pelo montante em que o trabalho de um indivíduo aumenta o valor do produto. Dispondo de instrumentos de alta qualidade e eficiência, uma pessoa poderá realizar, em uma hora de trabalho, muito mais que outra que, também durante uma hora, trabalhe com instrumentos menos aperfeiçoados e menos eficientes. É óbvio que cem homens que trabalhem numa fábrica de calçados nos Estados Unidos produzam muito mais, no mesmo prazo, que cem sapateiros na Índia, obrigados a utilizar ferramentas antiquadas, num processo menos sofisticado.

Os empregadores de todas essas nações em desenvolvimento estão perfeitamente cônscios de que melhores instrumentos tornariam suas empresas mais lucrativas. Certamente gostariam de poder não só aumentar o número de suas fábricas como também adquirir instrumentos mais modernos e sofisticados. O único empecilho é a escassez de capital. A diferença entre as nações mais desenvolvidas e as menos desenvolvidas se estabelece em função do tempo. Os ingleses começaram a poupar antes de todas as outras nações. Consequentemente, também começaram antes a acumular capital e a investi-lo em negócios. Este foi o fator primordial para que se alcançasse, na Grã-Bretanha, um padrão de vida bastante elevado numa época em que, em todos os outros países europeus, prevalecia ainda um padrão consideravelmente baixo. Pouco a pouco, todas as demais nações começaram a analisar o que ocorria na Grã-Bretanha e não lhes foi difícil descobrir a razão da riqueza desse país. Assim, puseram-se a imitar os métodos dos empresários ingleses.

De qualquer modo, o fato de outras nações só terem começado depois seus investimentos e de os britânicos não terem parado de investir capital fez estabelecer uma grande diferença entre as condições econômicas da Inglaterra e as desses outros países. Mas ocorreu algo que fez desaparecer a vantagem inicial da Grã-Bretanha.

2 - Investimento Estrangeiro Britânico

Aconteceu, então, o fato mais importante da história do século XIX – e não me refiro apenas à história de um só país. Trata-se da expansão, no século XIX, do *investimento estrangeiro*. Em 1817, o grande economista inglês David Ricardo (1772-1823) ainda considerava ponto pacífico que só se poderia investir capital nos limites de um país[39]. Não considerava a hipótese de os capitalistas virem a investir no exterior. Entretanto, algumas décadas depois, o investimento de capital no exterior começou a desempenhar um papel de importância primordial no mundo dos negócios.

---

[39] O livro do economista inglês está disponível em português na seguinte edição: RICARDO, David. *Princípios de Economia Política e Tributação*. Intr. Piero Sraffa; apres. Paul Singer; trad. Paulo Henrique Ribeiro Sandroni. São Paulo: Abril Cultural, 1982. (N. E.)

Sem esse investimento de capital, as nações menos desenvolvidas que a Grã-Bretanha teriam sido obrigadas a iniciar o desenvolvimento utilizando-se dos mesmos métodos e tecnologia usados pelos britânicos em princípio e meados do século XVIII. Seria preciso procurar imitá-los lentamente, passo a passo. E sempre se estaria muito aquém do nível tecnológico da economia britânica, de tudo o que os britânicos já tinham realizado.

Teriam sido necessárias muitas e muitas décadas para que esses países atingissem o padrão de desenvolvimento tecnológico alcançado, mais de um século antes, pela Grã-Bretanha. Assim, o investimento estrangeiro constituiu-se num fator preponderante de auxílio para que esses países iniciassem o desenvolvimento.

O investimento estrangeiro significava que capitalistas britânicos investiam capital britânico em outras partes do mundo. Primeiro, investiram-no naqueles países europeus que, do ponto de vista da Grã-Bretanha, se apresentavam como carentes de capital e atrasados em seu desenvolvimento. É do conhecimento de todos que as estradas de ferro da maioria dos países da Europa – e também as dos Estados Unidos – foram construídas com a ajuda do capital britânico. Aliás, o mesmo se passou aqui na Argentina.

As companhias de gás, em todas as cidades da Europa, eram também britânicas. Em meados da década de 1870, um escritor e poeta inglês criticou os compatriotas dizendo: "Os britânicos perderam o antigo vigor e já não têm uma só ideia nova. Deixaram de ser uma nação importante ou de vanguarda". A isto, Herbert Spencer (1820-1903), o eminente sociólogo inglês, respondeu: "Olhe para a Europa continental. Todas as capitais europeias têm iluminação porque uma companhia britânica lhes fornece gás". Isso se passou, é claro, numa época que hoje se nos afigura como a época "remota" da iluminação a gás. Spencer disse ainda mais a esse crítico: "Você afirma que os alemães estão muito à frente da Grã-Bretanha. Olhe para a Alemanha: até mesmo Berlim, a capital do *Reich* alemão, a capital do *Geist*, ficaria às escuras se uma companhia britânica de gás não tivesse entrado no país e iluminado as ruas".

Foi também o capital britânico que, nos Estados Unidos, implantou as estradas de ferro e deu início a diversos ramos industriais. É evidente que, ao importar capital, o país passa a ter uma balança comercial que os não-economistas qualificam de "desfavorável". Isso significa que suas importações excedem as exportações. A "balança comercial favorável" da Grã-Bretanha devia-se ao fato de que suas fábricas enviavam muitos tipos de equipamento para os Estados Unidos e tinham como pagamento simplesmente ações de companhias norte-americanas. Esse período da história dos Estados Unidos durou, aproximadamente, até a década de 1890.

Mas, quando os Estados Unidos, com a ajuda do capital britânico – e depois com a ajuda das próprias políticas pró--capitalistas –, expandiu o sistema econômico de uma maneira inédita, os norte-americanos começaram a comprar de volta o capital acionário que haviam vendido a estrangeiros. Os Estados Unidos passaram a ter, então, um excesso de exportações em relação às importações. A diferença a seu favor era paga pela importação – a repatriação, como a chamavam – das ações ordinárias norte-americanas.

Essa fase durou até a Primeira Guerra Mundial. O que aconteceu depois é outra história. É a história dos auxílios norte-americanos aos países beligerantes durante a Primeira e a Segunda Guerra Mundial, bem como no entreguerras e após: os empréstimos, os investimentos feitos na Europa, além do *lend-lease*, da ajuda externa, do Plano Marshall, dos alimentos enviados para outros países e de todos os demais subsídios. Friso isso porque não são poucos os que acreditam ser vergonhoso ou degradante ter capital estrangeiro operando em seu país. Devemos nos dar conta de que em todos os países, exceto a Inglaterra, o investimento de capital de origem estrangeira sempre desempenhou um papel da mais considerável importância para a implantação de indústrias modernas.

Se afirmo que o investimento estrangeiro foi o maior acontecimento histórico do século XIX, faço-o no desejo de lembrar tudo aquilo que nem sequer existiria se não tivesse havido nenhum investimento estrangeiro. Todas as estradas de ferro, inúmeros portos, fábricas e minas da Ásia, o Canal de Suez e muitas outras coisas no hemisfério ocidental não teriam sido construídas, não fosse o investimento estrangeiro.

3 - Hostilidade aos Investimentos Estrangeiros

O investimento estrangeiro é feito na expectativa de que não será expropriado. Ninguém investiria coisa alguma se soubesse de antemão que seus investimentos seriam objeto de expropriação. No século XIX e no início do século XX, não se cogitava disso. Desde o princípio havia, por parte de alguns países, certa hostilidade em relação ao capital estrangeiro. No entanto, apesar da hostilidade, estes países, em sua maior parte, compreendiam muito bem que os investimentos estrangeiros lhes propiciavam imensas vantagens.

Em alguns casos, os investimentos estrangeiros não eram destinados diretamente a capitalistas de outros países: realizavam-se indiretamente, por meio de empréstimos concedidos ao governo do país estrangeiro. Neste caso, era o governo que aplicava o dinheiro em investimentos. Foi este, por exemplo, o caso da Rússia. Por razões puramente políticas, os franceses investiram nesse país – nas duas décadas que precederam a Primeira Guerra Mundial – cerca de vinte bilhões de francos de ouro, sobretudo na forma de empréstimos ao governo. Todos os grandes empreendimentos desse governo – como, por exemplo, a ferrovia que liga a Rússia, indo dos montes do Ural, através do gelo e da neve da Sibéria, até o Pacífico – foram realizados basicamente com capital estrangeiro emprestado ao governo russo. Como é fácil presumir, os franceses nem sequer imaginavam que, de um momento para outro, se implantaria um governo russo comunista que simplesmente declararia não pretender pagar os débitos contraídos pelos predecessores do governo czarista.

A partir da Primeira Guerra Mundial, teve início um período de guerra declarada aos investimentos estrangeiros. Uma vez que não há nenhuma medida capaz de impedir um governo de expropriar capital investido, praticamente inexiste proteção legal para os investimentos estrangeiros no mundo de hoje. Os capitalistas dos países exportadores de capital não previram isso: se o tivessem feito, teriam sustado todos os investimentos estrangeiros há quarenta ou cinquenta anos atrás. Na verdade, os capitalistas não acreditavam que algum país pudesse ser antiético o bastante para descumprir uma dívida, para expropriar e confiscar capital estrangeiro. Com este tipo de ação, inaugurou-se um novo capítulo na história econômica do mundo.

Encerrado o glorioso período do século XIX, em que o capital estrangeiro fomentou, em todas as partes do mundo, a implantação de modernos métodos de transporte, de fabricação, de mineração e de tecnologia agrícola, inaugurou-se uma nova era em que governos e partidos políticos passaram a ter o investidor estrangeiro na conta de um *explorador* a ser escorraçado do país.

Os russos não foram os únicos a incorrer nessa atitude anticapitalista. Basta lembrar, por exemplo, a expropriação dos campos de petróleo norte-americanos no México, bem como tudo o que se passou aqui na Argentina, sobre o que nem preciso discutir.

A situação no mundo de hoje, gerada pelo sistema de expropriação do capital estrangeiro, consiste ou na expropriação direta ou naquela realizada indiretamente, por meio do controle do câmbio exterior ou da discriminação através de impostos. Este é sobretudo um problema de nações em desenvolvimento.

Tomemos, por exemplo, a maior dessas nações: a Índia. Sob o sistema britânico, investiu-se, neste país, predominantemente capital britânico, embora também tenha havido investimentos de capital originário de outros países da Europa.

Além disso, os britânicos exportaram para a Índia algo extremamente importante, que precisa ser mencionado neste contexto: exportaram métodos modernos de combate a doenças contagiosas. O resultado foi um extraordinário aumento da população do país que, por sua vez, gerou um terrível agravamento dos problemas. Ante essa situação cada vez mais grave, a Índia optou pela expropriação como meio de enfrentar suas dificuldades. No entanto, essa expropriação não foi sempre efetuada de maneira direta: a hostilização do governo aos capitalistas estrangeiros se mostrava nos empecilhos criados para seus investimentos. Como consequência, só restava aos capitalistas liquidarem seus negócios.

A Índia podia, é óbvio, obter capital por outro método: o da acumulação *interna*. Mas trata-se de um país tão hostil à acumulação interna de capital quanto aos capitalistas estrangeiros. O governo indiano declara pretender industrializar o país, mas o que de fato tem em mente é instituir empresas *socialistas*.

Alguns anos atrás, o famoso estadista Jawaharlal Nehru (1889-1964) publicou uma coletânea de discursos. O livro foi lançado no intuito de tornar os investimentos estrangeiros na Índia mais atraentes. O governo indiano não é contrário ao capital estrangeiro antes que este seja investido. A hostilidade só começa quando já está investido. Nesse livro – cito literalmente – o sr. Nehru diz: "Desejamos, é claro, socializar. Mas não somos contrários à iniciativa privada. Desejamos encorajar de todas as maneiras a iniciativa privada. Queremos afiançar aos empresários que investem no país que não os expropriaremos ou os socializaremos num prazo de dez anos, talvez até por mais tempo". E ele supunha estar fazendo um convite estimulante!

4 - Governos Dificultam a Poupança

No entanto, o problema real – como sabem todos aqui presentes – está na acumulação interna de capital. Em todos os países, são extremamente altos os impostos que, hoje, pesam sobre as companhias. Na verdade, elas sofrem uma dupla tributação. Além de haver uma severa taxação sobre os lucros, há ainda outra taxação sobre os dividendos que pagam aos acionistas. E esta tributação é feita de maneira progressiva.

A tributação progressiva da renda e dos lucros tem como resultado o fato de que precisamente aquelas parcelas da renda que se tenderia a poupar e a investir são consumidas no pagamento de tributos. Tomemos o exemplo dos Estados Unidos. Há alguns anos, havia um imposto sobre "excesso de lucros": de cada dólar ganho, a companhia restavam apenas dezoito centavos de dólar. Quando esses 18 centavos eram pagos aos acionistas, aqueles que possuíam um grande número de ações tinham de pagar, sobre essa cota, como imposto, um percentual de 16%, 18% ou até mais. Assim, de um dólar de lucro, aos acionistas restavam cerca de sete centavos de dólar, ficando o governo com os 93 restantes. A maior parte desses 93% que, nas mãos do acionista, teria sido economizada e investida, é utilizada pelo governo nas despesas comuns. É esta a política dos Estados Unidos.

Espero ter deixado claro que a política dos Estados Unidos não é *um* exemplo a ser imitado por outros países. Essa política dos Estados Unidos é pior do que ruim – ela é *insana*. Quero apenas ressalvar que um país rico tem mais condições de suportar más políticas que um país pobre. Nos Estados

Unidos, a despeito desses métodos de tributação, ainda se verifica, todos os anos, alguma acumulação adicional de capital que reverte em investimentos. Permanece ainda, consequentemente, uma tendência à elevação do padrão de vida.

Entretanto, em muitos outros países o problema é extremamente mais crítico. Além de não haver – ou de não haver em volume suficiente – poupança interna, o investimento de capital oriundo do estrangeiro é severamente reduzido em decorrência da franca hostilidade existente em relação ao investimento estrangeiro. Como podem estes países falar de industrialização, da necessidade de criar novas fábricas, de atingir melhores condições econômicas, de elevação do padrão de vida, de obtenção de salários mais elevados, de implantar melhores meios de transporte, se adotam uma prática que terá exatamente o efeito oposto? O que suas políticas fazem efetivamente, quando criam obstáculos ao ingresso do capital estrangeiro, é impedir ou retardar a acumulação interna de capital.

O resultado final é, certamente, extremamente negativo. Como não podia deixar de ser, decorre de tudo isso uma acentuada perda de confiança: existe hoje, no mundo todo, um crescente descrédito na viabilidade de investir no exterior. Ainda que os países interessados em conseguir novos capitais se empenhassem em mudar imediatamente suas políticas e fizessem toda a sorte de promessas, é muito duvidoso que pudessem, mais uma vez, estimular os capitalistas estrangeiros a neles investirem.

É evidente que existem métodos para evitar essas consequências. Uma medida possível seria o estabelecimento de alguns estatutos internacionais – e não somente de acordos – que retirassem os investimentos estrangeiros da jurisdição nacional. Isso poderia ser feito por intermédio da Organização das Nações Unidas (ONU). Mas a ONU não passa de um lugar de encontro para discussões inócuas. Tendo em vista a enorme importância do investimento estrangeiro, percebendo com clareza que só ele pode trazer melhorias para as condições políticas e econômicas do mundo, precisamos tentar fazer algo em termos de legislação internacional.

Esta é uma questão legal, de cunho técnico, que estou levantando apenas para mostrar que a situação não é desesperadora. Se o mundo quiser efetivamente tornar possível que os países em desenvolvimento elevem o padrão de vida, chegando ao "estilo de vida norte-americano", isso poderá ser feito. É necessário apenas compreender *como* isso poderia ser feito.

5 - Países em Desenvolvimento Necessitam de Capital

Uma única coisa falta para tornar os países em desenvolvimento tão prósperos quanto os Estados Unidos: *capital*. No entanto, é imprescindível que haja liberdade para empregá-lo sob a disciplina do mercado, não sob a do governo. É preciso que estas nações acumulem capital interno e viabilizem o ingresso do capital estrangeiro.

No entanto, faz-se necessário frisar, mais uma vez, que o desenvolvimento da poupança interna só tem lugar quando as camadas populares se sentem respaldadas por um sistema econômico que propicie a existência de uma unidade monetária estável. Em outras palavras, não se pode admitir *nenhuma* modalidade de inflação.

Grande parte do capital empregado nas empresas norte-americanas é de propriedade dos próprios trabalhadores e de outras pessoas de recursos modestos. Bilhões e bilhões de depósitos de poupança, títulos de dívida e apólices de seguro operam nessas empresas. Hoje, no mercado financeiro dos Estados Unidos, os maiores emprestadores de dinheiro já não são os bancos, mas as companhias seguradoras. E, do ponto de vista econômico – e não do legal –, o dinheiro das seguradoras é propriedade do segurado. E praticamente todos os cidadãos norte-americanos são, de uma forma ou de outra, segurados.

O requisito fundamental para que haja, no mundo, uma maior igualdade econômica é a industrialização. E esta só se torna possível quando há maior acumulação e investimento de capital. Talvez eu os tenha surpreendido por não mencionar uma medida reputada primordial na industrialização de um país: o protecionismo. Mas as tarifas e controles do câmbio exterior são exatamente meios de *impedir* a importação de capital e a industrialização do país. A única maneira de fomentar a industrialização é dispor de mais capital. O protecionismo não faz mais que desviar investimentos de um ramo de negócios para outro.

Por si mesmo, o protecionismo não acrescenta coisa alguma ao capital de um país. Para implantar uma nova fábrica, precisa-se de capital. Para modernizar uma já existente, precisa-se de capital, não de tarifas.

Não se trata, aqui, de discutir toda a questão do comércio livre ou do protecionismo. Espero que a maior parte dos manuais de economia que se encontram no mercado, ao alcance de todos, já a apresentem adequadamente. A proteção não introduz melhoras na situação econômica de um país. Também o sindicalismo *certamente* não promove melhoria alguma nessa situação. Se as condições de vida são insatisfatórias e os salários são baixos, o assalariado que tenha sua atenção voltada para os Estados Unidos e que leia sobre o que ali se passa, ao ver em filmes, como a casa de um americano médio é equipada de todos os confortos modernos, pode sentir uma ponta de inveja. E tem toda razão ao dizer: "Deveríamos ter a mesma coisa". Mas só se pode obter essa melhoria por intermédio do aumento do capital.

Os sindicatos recorrem à violência contra os empresários e contra os que chamam de "fura-greves". Entretanto, a despeito da força e da violência, não conseguem elevar de maneira contínua os salários de todos os assalariados. Igualmente ineficazes são os decretos governamentais que estipulam pisos salariais. O que os sindicatos conseguem *de fato* produzir (quando são bem-sucedidos na luta pela elevação dos salários) é um desemprego duradouro, permanente.

Os sindicatos não têm como industrializar o país, não têm como elevar o padrão de vida dos trabalhadores. E esse é o ponto crítico. É preciso compreender que todas as políticas de um país desejoso de elevar seu padrão de vida devem estar voltadas para o aumento do capital investido *per capita*. Aliás, esse investimento de capital *per capita* continua a crescer nos Estados Unidos, apesar de todas as más políticas aí adotadas. E o mesmo ocorre no Canadá e em alguns países da Europa Ocidental. Mas, lamentavelmente, vem-se reduzindo em países como a Índia.

Lemos todos os dias nos jornais que a população mundial apresenta um crescimento de cerca de 45 milhões de pessoas – ou até mais – por ano. Aonde isso nos vai levar? Quais serão os resultados e as consequências? Lembrem-se do que falei sobre a Grã-Bretanha. Em 1750, os britânicos supunham que seis milhões de pessoas constituíam uma população excessiva para as Ilhas Britânicas: todos estariam fadados à fome e à peste. No entanto, nas vésperas da última Guerra Mundial, em 1939, cinquenta milhões de pessoas viviam nas Ilhas Britânicas com um padrão de vida incomparavelmente superior ao padrão com que se vivia em 1750. Isso era um efeito da chamada industrialização – termo, por sinal, bastante inadequado.

O progresso da Grã-Bretanha foi gerado pelo aumento do investimento de capital *per capita*. Como já disse antes, as nações só têm uma maneira de alcançar a prosperidade: por meio do aumento do capital, com o decorrente aumento da produtividade marginal e o crescimento dos salários reais. Num mundo sem barreiras migratórias, haveria uma tendência à equiparação dos padrões salariais de todos os países. Atualmente, se não existissem barreiras à migração, é provável que vinte milhões de pessoas procurassem ingressar nos Estados Unidos a cada ano, atraídas pelos melhores salários aí oferecidos. Tal afluência provocaria a redução dos salários nesse país e uma correspondente elevação em outros.

6 - Migração de Capitais Aumenta os Salários

Embora não haja tempo suficiente nesta exposição para tratarmos das barreiras migratórias, é importante deixar claro que há outro caminho capaz de levar à equiparação salarial no mundo inteiro. E este outro caminho, que passa a valer quando não existe a liberdade para migrar, é a migração *de capital*. Os capitalistas tendem a se deslocar para aqueles países onde a mão de obra é abundante e barata. E, pelo próprio fato de introduzirem capital nesses países, provocam uma tendência à elevação dos salários. Isso funcionou no passado e funcionará no futuro do mesmo modo.

Quando houve, pela primeira vez, investimento de capital britânico na Áustria ou na Bolívia, por exemplo, os padrões salariais ali estabelecidos eram muito inferiores aos que prevaleciam na Grã-Bretanha. Esse investimento adicional originou, então, uma tendência à alta dos salários nesses países, tendência esta que se refletiu no mundo inteiro. É um fato bastante conhecido que, imediatamente após a introdução, por exemplo, da United Fruit Company (UFCO)[40]

---

[40] A United Fruit Company (UFCO) foi uma corporação multinacional de origem norte-americana, fundada em 1899, que se destacou na produção em fazendas, principalmente na América Central, de frutas tropicais exportadas para os Estados Unidos e para a Europa. Em 1970, foi fundida com outra empresa, dando origem a United Brands Company, que, por conta de outro processo de fusão em 1985 se tornou a Chiquita Brands International. A grande influência na América Latina, incluindo o envolvimento na derrubada de alguns governos esquerdistas, fez que a UFCO fosse caracterizada como a típica multinacional exploradora das repúblicas das bananeiras, sendo criticada, dentre outros, pelo poeta chileno Pablo Neruda (1904-1973) no poema *Calero, trabajador del banano* [Calero, trabalhador da

na Guatemala, o resultado foi uma tendência geral a maiores salários. A partir dos salários pagos pela UFCO criou-se, para os demais empregadores, a necessidade de pagar, também, salários mais elevados. Portanto, não há absolutamente razão para pessimismo algum em relação ao futuro dos países "subdesenvolvidos".

Concordo plenamente com os comunistas e com os sindicalistas quando proclamam que é necessário elevar o padrão de vida. Pouco tempo atrás, num livro publicado nos Estados Unidos, dizia um professor: "Temos agora o bastante de todas as coisas; por que deveria a população do mundo continuar trabalhando tanto? Já temos tudo". Não tenho a menor dúvida de que esse professor tenha tudo. Entretanto, há outros povos, em outros países – e também muitas pessoas nos Estados Unidos – que desejam e deveriam ter um melhor padrão de vida.

Fora dos Estados Unidos – na América Latina e, mais ainda, na Ásia e na África – todos desejam a melhoria das condições do seu país. Um padrão de vida mais alto acarreta, também, padrões superiores de cultura e de civilização.

Assim, concordo plenamente com a meta final de elevar o padrão de vida em toda parte. Mas discordo no tocante às medidas a serem adotadas para a consecução desse objetivo. Que medidas levarão a atingir esta meta? Certamente não é a

---

banana] de 1940, pelo pintor mexicano Diego Rivera (1886-1957) no mural *Gloriosa Victoria* [Vitória Gloriosa] de 1954, pelo romancista colombiano Gabriel García Márquez (1927-2014) em *Cien años de soledad* [*Cem Anos de Solidão*] de 1967, e pelo jornalista uruguaio Eduardo Galeano (1940-2015) em *Las venas abiertas de América Latina* [*As Veias Abertas da América Latina*] de 1971. (N. E.)

proteção, nem a interferência governamental, nem o socialismo, ou a violência dos sindicatos (eufemisticamente chamada de acordo coletivo, mas que se constitui, de fato, numa barganha *sob a mira do revólver*).

Alcançar a meta final de elevação do padrão de vida em toda parte é um processo bastante lento. Para alguns, talvez demasiadamente lento. No entanto, não há atalhos para o paraíso terrestre. Leva tempo, é necessário trabalhar. Contudo, não será preciso tanto tempo quanto muitos imaginam. A equiparação virá finalmente.

Por volta de 1840, na região ocidental da Alemanha — na Suábia e em Württemberg, que eram na época áreas das mais industrializadas do mundo —, dizia-se: "Jamais conseguiremos atingir o nível dos britânicos. Os ingleses têm a vantagem do precursor e estarão sempre à nossa frente". Trinta anos depois, diziam por sua vez os britânicos: "Essa concorrência alemã é intolerável, temos de dar um jeito nisso". Por essa época, é claro, o padrão alemão experimentava uma rápida elevação, muito embora apenas se aproximasse do padrão britânico. Hoje, a renda *per capita* alemã nada fica a dever à britânica.

No centro da Europa, existe um pequeno país, a Suíça, muito pouco aquinhoado pela natureza. Não tem minas de carvão, não tem minérios, não tem recursos naturais. Entretanto, ao longo de séculos, seu povo praticou uma política capitalista e erigiu o mais elevado padrão de vida da Europa continental. Esse país situa-se, agora, entre os mais destacados centros de civilização do mundo. Não vejo por que um país como a Argentina — muito maior que a Suíça, tanto em população quanto em extensão territorial – não poderia alcançar o mesmo elevado padrão de vida ao cabo de alguns anos de boas políticas. Mas – como já o frisei – é imprescindível que as políticas sejam boas.

Sexta Lição

6

No Século das Luzes, nos anos em que os norte-americanos instituíram sua independência, e alguns anos depois, quando as colônias espanholas e portuguesas se transformaram em nações independentes, predominava na civilização ocidental um espírito de otimismo. Nessa época, todos os filósofos e estadistas estavam plenamente convencidos de que vivíamos o alvorecer de uma nova era de prosperidade, progresso e liberdade. Alimentava-se naqueles dias a esperança de que as novas instituições políticas – os governos representativos constitucionais estabelecidos nas nações livres da Europa e da América – atuariam de forma muito benéfica, e que a liberdade econômica promoveria a permanente melhoria das condições materiais da humanidade.

Sabemos perfeitamente que algumas dessas expectativas eram demasiado otimistas. Não há dúvida de que experimentamos, nos séculos

Política e Ideias

XIX e XX, um progresso sem precedentes das condições econômicas, progresso este que tornou possível a uma população muito maior viver num padrão de vida muito superior ao de épocas anteriores. Mas sabemos também que muitas das esperanças dos filósofos do século XVIII foram atrozmente estilhaçadas — esperanças de que não haveria mais guerras e de que as revoluções se tornariam desnecessárias. Essas esperanças não se concretizaram.

Durante o século XIX, houve um período em que as guerras diminuíram, tanto em número quanto em gravidade. Mas o século XX trouxe um ressurgimento do espírito belicoso, e temos boas razões para dizer que talvez ainda não tenhamos chegado ao fim das provações que a humanidade deverá atravessar.

1 - Ideias Políticas e Econômicas

O sistema constitucional introduzido em fins do século XVIII e início do XIX frustrou a humanidade. A maioria das pessoas – e dos autores – que tratou desse problema parece pensar que não houve relação entre os aspectos político e econômico do problema. Tende-se, por conseguinte, a considerar o fenômeno da deterioração do parlamentarismo – governo exercido pelos representantes do povo – como se fosse um fenômeno desvinculado da situação econômica e das concepções econômicas que determinam as atividades das pessoas. Essa separação, no entanto, não existe. O homem não é um ser que tenha, por um lado, uma dimensão econômica e, por outro, uma dimensão política, dissociadas uma da outra.

Na verdade, aquilo a que comumente se dá o nome de deterioração da liberdade, do governo constitucional e das instituições representativas, nada mais é que a consequência da mudança radical das ideias políticas e econômicas. Os eventos políticos são a consequência inevitável da mudança das políticas econômicas.

As ideias que nortearam os estadistas, filósofos e juristas que, no século XVIII e princípio do século XIX, elaboraram os fundamentos do novo sistema político, partiam do pressuposto de que, numa nação, todos os cidadãos honestos têm uma mesma meta final. Essa meta final, na qual todos os homens decentes se deveriam empenhar, é o bem-estar de toda a nação, assim como o das demais nações. Aqueles líderes morais e políticos estavam, portanto, firmemente convencidos de que uma nação livre não está interessada em conquista.

Julgavam a luta partidária algo simplesmente natural, uma vez que lhes parecia totalmente normal a existência de diferenças de opinião no tocante à melhor maneira de se conduzirem os negócios do Estado.

As pessoas que tinham ideias semelhantes acerca de um problema cooperavam, e a essa cooperação dava-se o nome de partido. Por outro lado, a estrutura partidária não era permanente: não se baseava na posição ocupada pelos indivíduos no conjunto da estrutura social e podia sofrer alterações, caso as pessoas se dessem conta de que sua posição original se fundamentara em pressupostos errôneos, ou em ideias equivocadas. Desse ponto de vista, muitos consideravam as discussões desenroladas nas campanhas eleitorais e, posteriormente, nas assembleias legislativas, um importante fator político. Não concebiam os discursos dos membros de um congresso como meros pronunciamentos que anunciavam ao mundo as aspirações de um partido político. Viam-nos como tentativas de convencer os grupos adversários de que as ideias apresentadas pelo orador eram mais corretas, mais propícias ao bem comum que outras ideias antes apresentadas.

Discursos políticos, editoriais em jornais, folhetos e livros eram escritos no intuito de persuadir. Não havia por que acreditar ser impossível para alguém convencer a maioria da absoluta correção das próprias ideias, desde que estas fossem bem fundamentadas. Foi nessa perspectiva que as normas constitucionais foram formuladas nos órgãos legislativos do princípio do século XIX.

No entanto, partia-se do pressuposto de que o governo não interferiria nas condições econômicas do mercado. E, também, presumia-se que todos os cidadãos tivessem um único objetivo político: o bem-estar de todo o país e de toda a nação. E foi precisamente essa a filosofia social e econômica que o intervencionismo veio a suplantar, gerando uma filosofia totalmente diversa.

2 - Política dos Grupos de Pressão

Segundo as concepções intervencionistas, é dever do governo apoiar, subsidiar, conceder privilégios a grupos específicos. O estadista do século XVIII pensava que os legisladores tinham ideias específicas sobre o bem comum. Hoje, entretanto, constatamos, na realidade da vida política – praticamente na de todos os países do mundo onde não vigora simplesmente uma ditadura comunista – uma situação em que já não existem partidos políticos autênticos, no velho sentido clássico, mas tão somente *grupos de pressão*.

Um grupo de pressão é um grupo de pessoas desejoso de obter um privilégio à custa do restante da nação. Esse privilégio pode consistir numa tarifa sobre importações competitivas, pode consistir em leis que impeçam a concorrência de outros. Seja como for, confere aos membros de um grupo uma posição especial. Dá-lhes algo que é negado, ou deve ser negado – segundo os desígnios do grupo de pressão – a outros grupos.

Nos Estados Unidos, o sistema bipartidário dos velhos tempos aparentemente ainda se conserva. Mas isso é apenas uma camuflagem da situação real. Na verdade, a vida política desse país – bem como a de todos os demais – é determinada pela luta e pelas aspirações de grupos de pressão. Nos Estados Unidos, continuam a existir um Partido Republicano e um Partido Democrata, mas cada um deles abriga representantes dos mesmos grupos de pressão. Estes representantes estão mais interessados em cooperar com outros representantes do mesmo grupo, mesmo que sejam filiados ao partido adversário, que com os esforços dos próprios companheiros de partido.

Assim, por exemplo, se conversarmos nos Estados Unidos com pessoas que efetivamente conheçam as atividades do Congresso, elas nos dirão: "Tal político, tal membro do Congresso representa os interesses dos grupos ligados à prata". Ou dirão que tal outro político representa os plantadores de trigo. Como é óbvio, cada um desses grupos de pressão constitui, necessariamente, uma minoria. Num sistema baseado na divisão do trabalho, todo grupo especial que almeja privilégios não pode deixar de ser uma minoria. E as minorias não têm nenhuma possibilidade de êxito, senão pela colaboração com outras minorias congêneres, ou seja, com outros grupos de pressão semelhantes. Nas assembleias legislativas, procura-se compor uma coalizão entre vários grupos de pressão, de tal modo que possam vir a se converter em maioria. Mas, passado algum tempo, essa coalizão pode se desintegrar, uma vez que há questões que tornam impossível o acordo entre vários grupos. Novas coalizões, então, se formam.

Foi o que ocorreu na França em 1871, numa situação que se configurou, aos olhos dos historiadores, como "a queda da Terceira República". Não se tratou, porém, de um declínio da Terceira República; houve simplesmente uma mostra de que o sistema de grupos de pressão não é algo que se possa aplicar com sucesso ao governo de uma grande nação.

Temos, nos órgãos legislativos, representantes do trigo, da carne, da prata, do petróleo, mas, antes de tudo, de diversos sindicatos. Só uma coisa *não* está representada no legislativo: a nação como um todo. Apenas vozes isoladas se põem ao lado do conjunto da nação. E todos os problemas, mesmo os de política exterior, são encarados do ponto de vista dos interesses específicos dos grupos de pressão.

Nos Estados Unidos, alguns dos estados de menor população estão interessados no preço da prata. Mas nem todos os habitantes desses estados estão interessados nisso. Todavia, o país despendeu, por muitas décadas, considerável soma de dinheiro, à custa dos contribuintes, para comprar prata a um preço superior ao do mercado. Para mencionar mais um exemplo, só uma pequena parcela da população norte-americana se dedica à agricultura; o restante é constituído por consumidores – não produtores – de produtos agrícolas. Não obstante, esse país tem uma política que envolve o gasto de bilhões e bilhões de dólares com a finalidade de manter os preços dos produtos agrícolas acima do preço potencial de mercado.

Não se pode dizer que esta é uma política de favorecimento de uma pequena minoria, visto que esses interesses agrícolas não são uniformes. Os que se dedicam à produção de leite não estão interessados num alto preço para os cereais; ao contrário, prefeririam que esse produto fosse mais barato. Um criador de galinhas desejaria um preço mais baixo para a ração que compra. Há muitos interesses específicos incompatíveis no interior desse grupo, por pequeno que seja. E apesar de tudo, uma hábil diplomacia cria condições que permitem a pequenos grupos obterem privilégios a expensas da maioria.

Uma situação particularmente interessante nos Estados Unidos relaciona-se ao açúcar. Talvez apenas um dentre quinhentos norte-americanos esteja interessado num preço mais alto para o açúcar. Provavelmente os outros 499 querem um preço mais baixo. Contudo, a política do país empenha-se, mediante tarifas e outras medidas específicas, numa elevação do preço do açúcar. Essa política não prejudica somente os interesses dos 499 que são consumidores de açúcar: gera também um gravíssimo problema de política exterior. O objetivo da política exterior norte-americana é a cooperação com todas as demais repúblicas nas Américas. Ora, algumas delas têm interesse em vender açúcar aos Estados Unidos e desejariam vendê-lo em maiores quantidades. Este exemplo ilustra como os interesses dos grupos de pressão são capazes de determinar até mesmo a política exterior de uma nação.

Ao longo de anos, em todas as partes do mundo, tem-se escrito sobre democracia – sobre o governo popular representativo. Esses textos trazem queixas das deficiências do regime, mas a democracia que criticam é apenas aquela em que o *intervencionismo* é a política que rege o país.

Hoje, poderíamos ouvir as seguintes palavras: "No princípio do século XIX, nos parlamentos da França, Inglaterra, Estados Unidos e outras nações, faziam-se pronunciamentos sobre os grandes problemas da humanidade. Lutava-se contra a tirania, pela liberdade, pela cooperação com todas as outras nações livres. Mas hoje somos mais práticos no parlamento!"

Não há dúvida de que somos mais práticos; hoje não se fala sobre liberdade; fala-se sobre a *majoração do preço do amendoim*. Se isso é ser prático, então é óbvio que os parlamentos mudaram consideravelmente, mas não para melhor.

Essas mudanças políticas, fruto do intervencionismo, reduziram consideravelmente o poder que têm as nações e os parlamentares para resistir às aspirações de ditadores e às ações de tiranos. Há representantes em órgãos legislativos exclusivamente interessados em satisfazer eleitores que desejam, por exemplo, um preço alto para o açúcar, para o leite e para a manteiga, e um preço baixo para o trigo (subsidiado pelo governo). Estes parlamentares nunca poderão representar verdadeiramente o povo: jamais lhes será possível representar a *totalidade* de seu eleitorado.

Os eleitores favoráveis a esses privilégios não levam em conta que há também outros eleitores, com posições totalmente divergentes, que, tendo pretensões diametralmente opostas, não permitem que *seus* representantes tenham um êxito absoluto.

Acresce que esse sistema, além de, por um lado, trazer um constante aumento dos gastos públicos, dificulta, por outro, o estabelecimento de impostos. Esses representantes dos grupos de pressão almejam muitos privilégios específicos para seus respectivos grupos, mas não desejam onerar suas bases de sustentação política com uma carga tributária demasiado pesada.

3 - Intervencionismo e Interesses Específicos

Não era ideia dos fundadores do moderno governo constitucional, no século XVIII, que um legislador devesse representar *não o* conjunto da nação, mas apenas os interesses específicos do distrito em que fora eleito. Essa foi, aliás, uma das consequências do intervencionismo. Segundo a concepção original, cada membro do parlamento *deveria* representar toda a nação. Era eleito em determinado distrito somente porque ali era bem conhecido, sendo escolhido por pessoas que nele confiavam.

Entretanto, não se pretendia que esse representante ingressasse no governo com o objetivo de proporcionar algo especial para seu eleitorado, para reivindicar uma nova escola, um novo hospital ou um novo manicômio – causando assim considerável elevação dos gastos governamentais no seu distrito. Os grupos políticos de pressão permitem entender por que é quase impossível, a quase todos os governos, deter a inflação. Quando as autoridades eleitas procuram restringir despesas, limitar gastos, os que defendem interesses específicos – uma vez que serão beneficiários diretos de determinados itens do orçamento – apresentam-se para declarar que *tal* projeto específico não pode ser posto em prática, ou que *tal outro* deve ser implementado.

A ditadura, claro, não é solução para os problemas econômicos, como não é resposta para os problemas da liberdade. Um ditador pode começar fazendo toda a sorte de promessas, mas, ditador que é, não as cumprirá. Em vez disso, suprimirá imediatamente a liberdade de expressão, de tal modo que os jornais e os oradores no parlamento já não possam assinalar — nos dias, meses ou anos subsequentes — que no primeiro dia de sua ditadura, dissera algo diverso do que passou a praticar dali por diante.

A terrível ditadura que um país tão importante como a Alemanha foi obrigada a sofrer no passado recente vem-nos à mente quando consideramos o declínio da liberdade em tantos países, nos nossos dias. A triste consequência é a deterioração da liberdade e a decadência da nossa civilização, de que tanto se fala hoje em dia.

Diz-se que toda civilização acabará, finalmente, por entrar em processo de deterioração e de desintegração. Tal ideia tem eminentes defensores. Um deles foi um professor alemão, Oswald Spengler (1880-1936)[41], e outro, muito mais conhecido, foi o historiador inglês Arnold J. Toynbee (1889-1975)[42]. Eles nos asseveram que nossa civilização já está velha. Spengler comparou a civilização a plantas que crescem, crescem, mas cujas vidas finalmente se encerram. O mesmo, diz ele, se

---

[41] Essa tese do historiador e filósofo alemão é apresentada na influente obra *Der Untergang des Abendlandes* [*A Decadência do Ocidente*], lançada originalmente em dois volumes, respectivamente, em 1918 e em 1923, e disponível em língua portuguesa na seguinte edição: SPENGLER, Oswald. *A Decadência do Ocidente: Esboço de Uma Morfologia da História Universal*. Trad. Herbert Caro. Rio de Janeiro: Forense Universitária, 4ª ed. 2015. (N. E.)

[42] Ao longo dos 12 volumes do trabalho *A Study of History* [*Um Estudo de História*], lançado entre 1934 e 1961, o historiador britânico analisa em uma perspectiva global o processo civilizador, descrevendo as origens, o desenvolvimento e o colapso de diferentes sociedades. Uma versão abreviada pelo autor foi lançada em português como: TOYNBEE, Arnold J. *Um Estudo da História*. Ed. e abrev. Arnold J. Toynbee e Joyce Kaplan. Trad. Isa Silveira Leal e Miroel Silveira. São Paulo / Brasília: Martins Fontes / Editora Universidade de Brasília, 1987. (N. E.)

aplica às civilizações. A aproximação metafórica entre uma civilização e uma planta é completamente arbitrária.

Antes de tudo, é muito difícil distinguir no próprio âmbito da história da humanidade, civilizações diferentes, independentes. As civilizações não são independentes; são *interdependentes*, exercendo umas sobre as outras constante influência. Não se pode, portanto, falar de declínio de uma civilização do mesmo modo como se fala da morte de determinada planta.

4 - Inflação e Intervencionismo Destruíram a Civilização Romana

No entanto, mesmo refutando-se as doutrinas de Oswald Spengler e Arnold Toynbee, resta ainda uma comparação muito usual: a comparação entre civilizações em deterioração. Não há dúvida de que, no século II A.D., o Império Romano gerou uma florescente civilização, a qual se constituiu na mais elevada das que se desenvolveram nas regiões da Europa, Ásia e África. Houve concomitantemente elevadíssima civilização *econômica*, baseada num certo grau de divisão do trabalho. Embora esta civilização econômica possa parecer extremamente primitiva quando comparada às condições atuais, ela teve características certamente notáveis. Alcançou o mais alto grau de divisão do trabalho jamais atingido até o advento do capitalismo moderno. Não é menos verdade que essa civilização se deteriorou, sobretudo no século III. E foi esta desintegração no seio de seu império que tornou impossível aos romanos resistirem à agressão externa. Embora esta agressão não fosse pior que outras muitas vezes repelidas nos séculos precedentes, os romanos já não tiveram condições de lhe opor resistência, desgastados que estavam pelo que se passara no interior do seu império[43].

Que acontecera? Qual teria sido o problema? Qual poderia ter sido a causa de desintegração de um império que, sob todos os aspectos, construíra uma civilização sem outra que se lhe igualasse até o século XVIII? A verdade é que essa civilização foi destruída por algo semelhante, quase idêntico, aos perigos que rondam hoje a nossa civilização: por um lado houve *intervencionismo;* por outro, *inflação.* O intervencionismo no Império Romano consistia no fato de que, seguindo o modelo político dos seus predecessores gregos, os romanos impunham o controle dos preços. Era um controle brando, praticamente sem consequências, porque, durante séculos, não se procurou reduzir os preços a um nível abaixo do nível de mercado.

---

[43] Os estudiosos contemporâneos da temática consideram a desintegração do Império Romano do Ocidente como oriunda da combinação de seis fatores distintos, a saber: 1) A oferta decrescente de recursos econômicos; 2) O aumento da intervenção estatal nas atividades econômicas, por intermédio da crescente regulamentação e fiscalização governamental, da ampliação do sistema burocrático e do processo inflacionário; 3) A redução da complexidade por intermédio do surgimento de novos tipos menos diferenciados de organização econômica que atuavam subordinando os grupos sociais; 4) Os conflitos internos entre os diferentes grupos sociais e as instituições políticas centrais; 5) As transformações culturais e religiosas na sociedade; 6) A imigração ou a invasão de populações estrangeiras. Para uma análise mais aprofundada da questão, consultar: MENDES, Norma Musco. *Sistema Político do Império Romano do Ocidente: Um Modelo de Colapso.* Rio de Janeiro: DP&A Editora / Faperj, 2002. (N. E.)

Quando a inflação teve início, no século III, os romanos ainda não dispunham dos nossos recursos técnicos para promovê-la — não tinham como imprimir dinheiro. Lançavam mão do método que consistia em enfraquecer o teor da liga metálica com que se cunhavam as moedas[44], sem dúvida um sistema de inflacionar muito menos eficaz que o atual, que pode, por meio de modernas máquinas impressoras, destruir com tanta facilidade o valor do dinheiro. Mas o antigo método era eficiente o bastante para surtir o mesmo efeito, ou seja, para exercer o controle de preços. Desse modo, os preços que as autoridades toleravam passaram a estar abaixo do preço potencial a que a inflação elevara as várias mercadorias.

O resultado, obviamente, foi que a oferta de produtos alimentícios nas cidades reduziu-se. As populações urbanas foram obrigadas a retornar ao campo e às atividades agrícolas. Os romanos nunca se deram conta do que estava ocorrendo. Não compreenderam. Não tinham desenvolvido instrumentos mentais que lhes permitissem interpretar os problemas da divisão do trabalho e as consequências da inflação no mercado de preços. Tinham, no entanto, clareza suficiente para reconhecer o quanto era nefasta aquela inflação e deterioração da moeda corrente.

Os imperadores, então, baixaram leis que proibiam o deslocamento dos habitantes da cidade para o campo, mas tais leis não tiveram efeito. Aliás, não havia lei capaz de impedir

---

[44] Ver a nota de rodapé 17 na página XX do terceiro capítulo, "O Intervencionismo". (N. E.)

que as pessoas que passavam fome, pois nada tinham para comer, abandonassem a cidade e retornassem à agricultura. O habitante da cidade já não podia trabalhar nas indústrias urbanas de processamento como artesão. Os prejuízos dos mercados nas cidades eram tais que já se tornara impossível comprar qualquer mercadoria.

Assim, do século III em diante, as cidades do Império Romano entraram em decadência, e a divisão do trabalho tornou-se muito mais precária que a de antes. Finalmente, o sistema medieval da casa de família autossuficiente, a *villa*, como foi chamada em leis posteriores, emergiu[45].

Portanto, se compararmos nossas condições com as do Império Romano, teremos razões para dizer: "Iremos pelo mesmo caminho". Há muitos fatos semelhantes. Mas há também enormes diferenças, que não estão relacionadas com a estrutura política dominante na segunda metade do século III. Nesse período, havia o assassinato de um imperador a cada três anos em média. O assassino ou o responsável pela morte tornava-se seu sucessor. Cerca de três anos depois, a história se repetia. Diocleciano, quando se tornou imperador,

---

[45] A percepção do economista austríaco sobre a temática é caudatária da análise da clássica obra *The Social and Economic History of the Roman Empire* [*A História Social do Império Romano*] do eminente historiador russo Mikhail Rostovtzeff (1870-1952), lançada originalmente em inglês em 1926. Em língua portuguesa existe uma edição abreviada que não recomendamos. Uma edição completa em espanhol foi lançada como: ROSTOVTZEFF, Mikhail. *Historia Social e Económica del Imperio Romano*. Trad. Luis López-Ballesteros. Madrid: Espasa-Calpe, 1937. 2v. Para maiores informações acerca da perspectiva misesiana sobre o assunto, ver: MISES, Ludwig von. *Ação Humana: Um Tratado de Economia*. Trad. Donald Stewart Jr. São Paulo: Instituto Ludwig von Mises Brasil, 3ª Ed., 2010. p. 868-71. (N. E.)

no ano 284 A.D., tentou por algum tempo, sem sucesso, resistir à deterioração do Império.

5 - Somente as Boas Ideias Podem Iluminar a Escuridão

As diferenças entre as condições atuais e as de Roma do século III são enormes, porque as medidas que causaram a desintegração do Império Romano não foram premeditadas. Não foram, diria, o resultado de doutrinas condenáveis bem formalizadas.

As ideias intervencionistas, as ideias socialistas, as ideias inflacionistas de nossos dias foram engendradas e formalizadas por escritores e professores. E são ensinadas nas universidades. Poder-se-ia então observar: "A situação atual é muito pior". Eu respondo: "Não, não é pior". É melhor, em minha opinião, porque ideias podem ser derrotadas por outras ideias. Ninguém duvidava, na época dos imperadores romanos, de que a determinação de preços máximos era uma boa política, e de que assistia ao governo o direito de adotá-la. Ninguém discutia isso.

Agora, entretanto, temos escolas, professores e livros prescrevendo tais e tais caminhos, e sabemos muito bem que se trata de um problema a discutir. Todas essas ideias nefastas que hoje nos afligem, que tornaram nossas políticas tão nocivas, foram elaboradas por teóricos do meio acadêmico.

Um famoso autor espanhol, o filósofo José Ortega y Gasset (1883-1955), falou a respeito da "rebelião das massas"[46]. Devemos ser muito cuidadosos no uso desse termo, porque essa rebelião não foi feita pelas massas: foi feita pelos intelectuais, que, não sendo homens do povo, elaboraram doutrinas. Segundo a doutrina marxista, só os proletários têm boas ideias, e a mente proletária, sozinha, engendrou o socialismo. Todos esses autores socialistas, sem exceção, eram "burgueses", no sentido em que os próprios, socialistas, utilizam o termo.

Karl Marx *não* teve origem proletária. Era filho de um advogado. Não precisou trabalhar para chegar à universidade. Fez os estudos superiores do mesmo modo como o fazem hoje os filhos das famílias abastadas. Depois, e pelo resto de sua vida, foi sustentado pelo amigo Friedrich Engels (1820-1895), que – sendo um industrial –, era do pior tipo "burguês", segundo as ideias socialistas. Na linguagem do marxismo, era um explorador.

Tudo o que ocorre na sociedade de nossos dias é fruto de ideias, sejam elas boas, sejam elas más. Faz-se necessário combater as más ideias. Devemos lutar contra tudo o que não é bom na vida pública. Devemos substituir as ideias errôneas por outras melhores, devemos refutar as doutrinas que promovem a violência sindical. É nosso dever lutar contra o confisco da propriedade, o controle de preços, a inflação e contra tantos outros males que nos assolam.

---

[46] Lançado originalmente em 1929, o famoso livro *La rebelión de las masas* está disponível em português na seguinte edição: ORTEGA Y GASSET, José. *A Rebelião das Massas*. Intr. Julián Marías, Trad. Felipe Denardi. Campinas: VIDE Editorial, 5ª ed., 2016. (N. E.)

Ideias, somente ideias, podem iluminar a escuridão. As boas ideias devem ser levadas às pessoas de tal modo que elas se convençam de que essas ideias são as corretas, e saibam quais são as errôneas. No glorioso período do século XIX, as notáveis realizações do capitalismo foram fruto das ideias dos economistas clássicos, de Adam Smith (1723-1790) e David Ricardo, de Frédéric Bastiat e outros.

Precisamos, apenas, substituir más ideias por ideias melhores. A geração vindoura conseguirá fazer isso. Não apenas espero que assim seja: tenho mesmo muita confiança nesse futuro. Nossa civilização não está condenada, malgrado o que dizem Oswald Spengler e Arnold Toynbee. Nossa civilização não será dominada pelo espírito de Moscou. Nossa civilização sobreviverá, e deve sobreviver. E sobreviverá respaldada em ideias melhores que aquelas que hoje governam a maior parte do mundo, ideias que serão engendradas pela nova geração.

Já considero um ótimo sinal o simples fato de eu hoje estar aqui, nesta grande cidade que é Buenos Aires, a convite deste centro, falando sobre a livre economia. Há cinquenta anos, ninguém no mundo ousava dizer uma palavra sequer em favor de uma economia livre. Hoje, em alguns dos países mais avançados do mundo, já temos instituições que são centros para a propagação dessas ideias.

Infelizmente, não me foi possível dizer muito sobre essas questões tão importantes. Seis palestras podem ser excessivas para um auditório, mas não são bastantes quando se quer expor toda a filosofia que embasa o sistema de livre economia. E, certamente não são bastantes para que se possa refutar tudo o que de insensato vem sendo escrito, nos últimos cinquenta anos, acerca dos problemas econômicos de que estamos tratando.

Estou muito agradecido ao Centro de Difusión de la Economía Libre pela oportunidade de me dirigir a tão distinta plateia e espero que, dentro de alguns anos, o número dos defensores das ideias em prol da liberdade tenha crescido consideravelmente, neste e em outros países. Quanto a mim, tenho plena confiança no futuro da liberdade, tanto política quanto econômica.

POSFÁCIO À 8ª EDIÇÃO BRASILEIRA

Dentre as grandes lições do economista austríaco Ludwig von Mises (1881-1973), explicitadas na presente obra, merece atenção especial a noção que *"ideias, somente ideias, podem iluminar a escuridão"*[1]. As nossas mazelas culturais, políticas e econômicas são caudatárias, em grande parte, de ideias nefastas produzidas por intelectuais falecidos há décadas, cujas teorias são o sextante dos tecnocratas que buscam modificar artificialmente a realidade. Todavia, a superação dos erros disseminados por concepções distorcidas acerca da natureza humana e da sociedade demanda que as boas ideias sejam propaladas. Lembramos aqui a sentença, erroneamente atribuída a Karl Marx (1818-1883)

---

[1] Na presente edição, ver: "Política e Ideias". p. 213.

Menos Marx, Mais Mises
Uma Nova Esperança para o Brasil

Alex Catharino

e proferida por Auguste Comte (1798-1857), segundo a qual *"os vivos são sempre, e cada vez mais, governados necessariamente pelos mortos"*².

    Um crescente número de brasileiros começou a despertar para a importância das ideias de determinados autores falecidos, mas que ainda governam os rumos de nossa vida. Esta impressionante tomada de consciência pode ser exemplificada, dentre outros fatores, por intermédio da popularização do bordão "Menos Marx, Mais Mises", estampado em adesivos, camisetas, balões e cartazes que se tornaram populares nas diversas manifestações contra a desastrosa administração do governo federal exercida pelo Partido dos Trabalhadores (PT). Mesmo que não exista uma consciência plena dos significados mais profundos das ideias por detrás do jargão "Menos Marx, Mais Mises" por parcela

---

² COMTE, Auguste. "Teoria da Humanidade" In: *Catecismo Positivista*. Trad. Miguel Lemos. São Paulo: Abril Cultural, 1978. p. 152.

daqueles que o utilizam, este é um contraponto entre duas visões de mundo antagônicas que merece ser explorado politicamente de maneira mais efetiva em nosso país.

Tal antítese entre os dois pensadores é, acima de tudo, uma representação do conflito existente entre duas visões de mundo distintas e incompatíveis. O antagonismo expresso no lema "Menos Marx, Mais Mises" não é apenas a distinção entre dois modelos econômicos, pois manifesta uma luta entre as diferentes formas de coletivismo intervencionista e o individualismo liberal. As consequências práticas da adoção das ideias de um desses autores em detrimento do pensamento do outro influenciarão diretamente, de modo negativo ou positivo, as vidas cotidianas de milhões de seres humanos principalmente na economia, mas, também, na política e na cultura.

O objetivo principal do comunismo marxista é *"a derrubada violenta de toda a ordem social até aqui vigente"*[3] como meio de alcançar a promessa utópica de criar para o proletariado uma sociedade igualitária sem classes sociais. Tal como explicitado por Antonio Paim no livro *Marxismo e Descendência*[4], o projeto marxista não é exclusivamente uma teoria econômica ou uma proposta ideológica, mas um amplo sistema filosófico que, amparado em uma visão economicista da realidade, oferece doutrinas acerca do Estado, da sociedade e do pensamento. É característica intrínseca ao marxismo, tanto como teoria quanto na prática, a busca pela hegemonia, re-

---

[3] MARX, Karl & ENGELS, Friedrich. *Manifesto do Partido Comunista*. Org. e intr. Marco Aurélio Nogueira; Trad. Marco Aurélio Nogueira e Leandro Konder. Petrópolis, Vozes, 15ª ed., 2010. p. 99.

[4] PAIM, Antonio. *Marxismo e Descendência*. Campinas: VIDE Editorial, 2009.

chaçando ou, até mesmo, eliminando por intermédio do uso da violência, qualquer divergência teórica ou política.

Na décima primeira das onze breves teses sobre Ludwig Feuerbach (1804-1872), escritas em 1845 e publicadas postumamente, em 1888, por Friedrich Engels (1820-1895), o próprio Karl Marx afirma que *"os filósofos apenas interpretaram o mundo de diferentes maneiras; porém, o que importa é transformá-lo"*[5]. O marxismo é um sistema filosófico que, de fato, transformou o mundo, mas não em um lugar melhor como prometido por seu criador, tal como podemos constatar em inúmeros relatos históricos, dentre os quais destacamos o volumoso *Le Livre noir du communisme*[6] [*O Livro Negro do Comunismo*]. No livro *O Marxismo Ocidental*, lançado originalmente em inglês no ano de 1986, uma explicação para o intermitente fascínio dos intelectuais pelas ideias marxistas foi apresentada por José Guilherme Merquior (1941-1991), fundamentado nas análises de Raymond Aron (1905-1983) e de Ernest Gellner (1925-1995), com as seguintes palavras:

> Em nosso próprio século, a verdade sociológica do marxismo político desmentiu as crenças do marxismo teórico em mais de um sentido. [...] O comunismo, longe de ser,

---

[5] MARX, Karl. "Marx sobre Feuerbach". In: MARX, Karl & ENGELS, Friedrich. *A Ideologia Alemã: Crítica da mais recente filosofia alemã em seus representantes Feuerbach, B. Bauer e Stirner, e do socialismo alemão em seus diferentes profetas (1845-1846)*. Apres. Emir Sader; trad. Rubens Enderle, Nélio Schneider e Luciano Cavini Martorano. São Paulo: Boitempo, 2007. p. 539.

[6] COURTOIS, Stéphane et al. *O Livro Negro do Comunismo: Crimes, Terror e Repressão*. Trad. Caio Meira. Rio de Janeiro: Bertrand Brasil, 1999.

como ele próprio acreditava, uma solução para os males da industrialização, acabou por ser fornecer um potente veículo à industrialização forçada e à acumulação primitiva. [...] O marxismo faz, sob alguns regimes nacionalistas ansiosos por construir uma industrialização imitativa, o que, no passado a ética protestante e seus equivalentes fizeram por um capitalismo endógeno e espontâneo.

Entretanto, hoje em dia, o marxismo não é apenas um credo reacendido, de tempos em tempos, em ex-colônias não-industriais, pelo sentimento de elites não ex-coloniais modernizadoras. É também, no seio do mundo industrialmente avançado, o idioma ideológico favorito de uma *intelligentsia* em profundo desacordo com a civilização moderna. E o marxismo ocidental é a forma principal dessa linguagem ideológica[7].

Insistimos que a defesa da sentença "Menos Marx, Mais Mises" não deve ser interpretada, de modo algum, como um clamor por "Nenhum Marx, Apenas Mises", nem servir como justificativa para que o pensamento marxista não seja estudado ou sofra algum tipo de censura que o proíba. Uma visão hegemônica não deve ser combatida com a implementação de outra, mas enfrentada por intermédio do debate livre e pluralista. O marxismo não pode ser descartado como um todo. Existem no conjunto teórico marxista determinadas ideias verdadeiras, tais quais algumas das críticas apresentadas em *Der*

---

[7] MERQUIOR, José Guilherme. *O Marxismo Ocidental*. Trad. Raul de Sá Barbosa. Rio de Janeiro: Nova Fronteira, 1987. p. 90.

achtzehnte Brumaire des Louis Bonaparte[8] [*O 18 Brumário de Luís Bonaparte*], dentre outras obras sobre filosofia ou política. Inúmeras perguntas corretas, também, foram formuladas pelo autor e merecem uma análise mais detida, independentemente do fato de terem sido respondidas de modo errôneo, tal como é possível verificar em diversos outros trabalhos, incluindo, até mesmo, *Das Kapital*[9] [*O Capital*], sua *opera magna*. Adotar uma postura antimarxista radical, negligenciando as importantes contribuições filosóficas, políticas e econômicas de Karl Marx para o pensamento ocidental, seria um erro completamente inapropriado e injustificável. No plano intelectual o jargão "Menos Marx, Mais Mises" deve servir apenas como um convite para que os dogmas ideológicos marxistas sejam abandonados, permitindo que novas ideias circulem no meio acadêmico.

Sabemos que maioria quase absoluta dos intelectuais e militantes comunistas brasileiros, contudo, não estudaram de modo sistemático as obras de Karl Marx. Com as raras exceções de alguns poucos que leram o *Manifesto do Partido Comunista*, a maioria dos defensores do marxismo em nosso país absorveu tais ideias por intermédio de fontes secundárias, muitas delas muito distantes da ortodoxia marxista.

Excluindo o historiador Caio Prado Júnior (1907-1990) e o filósofo José Arthur Giannotti, bem como, em menor

---

[8] MARX, Karl. *O 18 Brumário de Luís Bonaparte*. Apres. Herbert Marcuse; pref. Friedrich Engels; trad. Nélio Schneider. São Paulo: Boitempo, 2011.
[9] Dentre as inúmeras edições brasileiras da obra, citamos a seguinte: MARX, Karl. *O Capital: Crítica da Economia Política*. Trad. Reginaldo Sant'Anna. Rio de Janeiro: Civilização Brasileira, 29ª ed., 2011. 5v.

grau, os historiadores Nelson Werneck Sodré (1911-1999) e Edgard Carone (1923-2003), o filósofo Leandro Konder (1936-2014) e o economista Paul Singer, não existe no Brasil uma sólida tradição intelectual marxista. Esta questão da inexistência de uma verdadeira corrente intelectual marxista brasileira foi discutida por um ex-comunista, que nos tempos de militância estudou Filosofia na União Soviética. Trata-se de um dos pioneiros e o mais respeitado especialista na história do pensamento brasileiro, o já citado Antonio Paim, em sua clássica obra *História das Ideias Filosóficas no Brasil*, na qual afirmou que:

> No Brasil, o estudioso do fenômeno depara-se com uma situação deveras curiosa: o marxismo jamais despertou qualquer movimento teórico de envergadura, nem antes, nem depois da formação do partido político que pretendeu encarná-lo. Nunca ouve uma difusão sistemática dessa doutrina, tendo sido elaborada uma tradução brasileira de *O Capital* somente em fins da década de sessenta. Observa-se, na verdade, um grande desinteresse pela teoria, entre aqueles que se dizem marxistas, a par de uma defesa intransigente das posições políticas trazidas à luz sob esse rótulo. A maioria dos chamados engajados não sabe nem mesmo precisar o conteúdo de certos conceitos que emprega. Essa constatação exige, por certo, ser meditada.
>
> Duas evidências simultâneas, à primeira vista contraditórias, parecem igualmente válidas: nunca houve no Brasil nenhum movimento teórico marxista, digno deste nome, ao mesmo tempo que se fala numa grande popularidade das ideias marxistas. A popularidade existe e é incontestável.

A dificuldade reside em precisar exatamente em que consistem tais ideias desde que inexiste o movimento teórico. Seria demasiado simplório recorrer à hipótese explicativa de que essa influência decorreria do movimento político que se processa sob essa bandeira[10].

De acordo com esta análise, constata-se a existência de uma paradoxal bifurcação, por intermédio da qual temos, de um lado, uma diminuta relevância teórica da filosofia marxista, ao passo que, por outro lado, existe uma forte atuação política e uma grande influência cultural de tais ideias. Ao tratar de questões teóricas, a maioria dos pensadores nacionais associados ao marxismo, principalmente devido à militância política esquerdista, não deve ser, de fato, considerada como marxista no sentido mais estrito do termo, tal como é possível constatar, por exemplo, nos escritos de Sérgio Buarque de Holanda (1902-1982), de Alberto Guerreiro Ramos (1915-1982), de Florestan Fernandes (1920-1995), de Celso Furtado (1920-2004), de Octavio Ianni (1926-2004), de Antonio Candido e de Fernando Henrique Cardoso, cujas influências dominantes nos trabalhos acadêmicos são oriundas, dentre outras fontes teóricas ou metodológicas, de ideias historicistas, weberianas, funcionalistas, keynesianas, estruturalistas ou pós-modernas.

A aparente hegemonia intelectual do discurso marxista, tanto nas universidades quanto nos meios de comunicação, muitas vezes é associada, também, à difusão do pensamento

---

[10] PAIM, Antonio. *História das Ideias Filosóficas no Brasil.* Londrina: Editora UEL, 5ª ed., 1997. p. 625-26.

de determinados autores. Nas últimas quatro décadas os intelectuais brasileiros foram influenciados, em maior ou menor grau, pelos escritos de Antonio Gramsci (1891-1937), de Herbert Marcuse (1898-1979), de Jean-Paul Sartre (1905-1980), de Louis Althusser (1918-1990), de Michel Foucault (1926-1984) e de Jürgen Habermas, dentre outros. É um fato notório que todos estes pensadores tiveram Karl Marx como uma importante referência. Mais uma vez, sem embargo, seria demasiado creditar a popularidade da vulgata marxista apenas às obras de pensadores tão díspares.

Tal como expresso por Antonio Paim, a *"exagerada expressão cultural"* da vulgata marxista no Brasil *"decorreria de uma feliz combinação entre algumas de suas teses e a tradição positivista"*[11]. A partir desta hipótese, segundo a qual o marxismo brasileiro seria uma vertente peculiar basicamente positivista, não seria mero artifício retórico proclamar que, dentre os inúmeros mortos que ainda guiam a mentalidade brasileira, o espectro de Auguste Comte continua a ser uma figura que assombra nosso país, não apenas no lema "Ordem e Progresso" na bandeira nacional.

Existe um fato pouco lembrado em nossa história intelectual que merece ser acentuado. Foi por intermédio do positivismo comtiano que Leônidas de Rezende (1889-1950) introduziu o pensamento filosófico e econômico marxista no Brasil, tanto com a obra *A Formação do Capital e seu Desenvolvimento*[12],

---

[11] Idem. *Ibidem.*, p. 626.
[12] REZENDE, Leônidas de. *A Formação do Capital e seu Desenvolvimento*. Intr. Antônio Paim. Brasília: Senado Federal, 2011.

de 1932, quanto por intermédio da militância ideológica e pela atuação, durante quase duas décadas, no magistério como catedrático do curso de Economia Política na Faculdade Nacional de Direito (FND) da Universidade do Brasil (UB)[13], atual Universidade Federal do Rio de Janeiro (UFRJ). O trabalho deste professor foi retomado e refinado pelos escritos teóricos de João Cruz Costa (1904-1978)[14], professor catedrático e chefe do Departamento de Filosofia da Universidade de São Paulo (USP), tendo sido o orientador da tese de livre docência *Alienação do Trabalho Objetivo*, defendida em 1965, pelo já mencionado José Arthur Giannotti.

Qualquer pessoa familiarizada com os alicerces teóricos do marxismo sabe que existe nele uma profunda influência da filosofia idealista de Georg Wilhelm Friedrich Hegel (1770-1831) e da economia clássica de David Ricardo (1772-1823). Alguns estudiosos mais atentos ressaltaram que nas concepções marxistas existem inúmeros elementos oriundos do romantismo igualitarista de Jean-Jacques Rousseau (1712-1778) e do utilitarismo de Jeremy Bentham (1748-1832). Diversas outras influências, muitas delas conflitantes entre si, costumam ser, também, apontadas como parte do escopo teórico do pensamento de Karl Marx, ainda assim, não é comum a maioria dos analistas enfatizar o papel essencial dos fundamentos positivistas nesta doutrina.

Uma percepção aguçada dos fundamentos comtianos na filosofia de Karl Marx pode ser encontrada em trabalhos

---

[13] PAIM. *História das Ideias Filosóficas no Brasil*. Op. cit., p. 627-38.
[14] Idem. *Ibidem*., p. 638-45.

de dois dos principais autores da Escola Austríaca. Lançado pela primeira vez em 1952, o livro *The Counter-Revolution of Science*[15] [*A Contra-Revolução da Ciência*], do economista austríaco F. A. Hayek (1899-1992), apresenta de modo detalhado tal relação em diversas passagens da obra, explicitando que o marxismo é uma das muitas variantes da ideologia cientificista. Na quarta seção de "Positivism and the Crisis of Western Civilization" [Positivismo e a Crise da Civilização Ocidental], último capítulo de *The Ultimate Foundation of Economic Science*[16] [*Os Fundamentos Últimos da Ciência Econômica*], publicado originalmente em 1962, Ludwig von Mises demonstrou que o cientificismo marxista é um mero suporte epistemológico para o totalitarismo.

Em outro trabalho nosso, sustentamos que a grande linha divisória entre o pensamento da Escola Austríaca e o de outras correntes econômicas fica evidente ao analisarmos a questão do método das ciências sociais[17]. No campo da Economia, o vício positivista é uma característica essencial tanto do Materialismo Dialético marxista e das análises da Escola Historicista Alemã, quanto das análises da maioria dos economistas do chamado *mainstream economics*, incluindo todos os keynesianos e, até mesmo, autores da Escola de Chicago,

---

[15] HAYEK, F. A. *The Counter-Revolution of Science: Studies on the Abuse of Reason*. Indianapolis: Liberty Fund, 1979.

[16] MISES, Ludwig von. *Os Fundamentos Últimos da Ciência Econômica: Um Ensaio sobre o Método*. Ed. e pref. Bettina Bien Greaves; apres. Murray N. Rothbard; pref. Alberto Oliva; trad. Márcia Xavier de Brito. São Paulo: LVM, 2017.

[17] CATHARINO, Alex. "A Escola Austríaca entre a Tradição e a Inovação". *MISES: Revista Interdisciplinar de Filosofia, Direito e Economia*, Volume I, Número 2 (Julho-Dezembro 2013): 305-23. Esp. p. 316-22.

como Milton Friedman (1912-2006), George Stigler (1911-1991) e Gary S. Becker (1930-2004).

Segundo a percepção de Antonio Paim, em *O Liberalismo Contemporâneo*, um dos grandes méritos dos pensadores da Escola Austríaca *"consiste em ter levado para o terreno da investigação econômica a crítica que começa a ser desenvolvida ao positivismo"*[18]. Desde os primórdios até os nossos dias, os economistas austríacos rejeitam a transposição do método científico elaborado por Sir Isaac Newton (1642-1727) para a análise de fenômenos naturais como fundamento epistemológico no estudo da ação humana. Na obra *Human Action* [*Ação Humana*], de 1949, o próprio Mises afirmou que:

> O primeiro dever de qualquer investigação científica é descrever exaustivamente e definir todas as condições e suposições, com base nas quais pretende validar suas afirmações. É um erro considerar a física como um modelo e um padrão para a pesquisa econômica. Mas as pessoas comprometidas com esta falácia deviam ter aprendido pelo menos uma coisa: nenhum físico jamais acreditou que o esclarecimento de algumas condições e suposições de um teorema da física esteja fora do campo de interesse da pesquisa da física. A questão central que a economia tem obrigação de responder é sobre a relação entre suas afirmações e a realidade da ação humana, cuja compreensão é o objeto dos estudos da economia[19].

---

[18] PAIM, Antonio. *O Liberalismo Contemporâneo*. Rio de Janeiro: Tempo Brasileiro, 1995. p. 76.
[19] MISES, Ludwig von. *Ação Humana: Um Tratado de Economia*. Trad. Donald Stewart Jr. São Paulo: Instituto Ludwig von Mises Brasil, 3ª Ed., 2010. p. 29.

É neste sentido que o lema "Menos Marx, Mais Mises", também, poderá ser adotado para descrever de modo sintético a necessidade de uma ruptura com a nefasta tradição intelectual cientificista brasileira[20]. Associadas à nossa herança patrimonialista[21], em última instância, os ideais do cientificismo foram o sustentáculo, na esfera política, de diversas práticas intervencionistas desastrosas adotadas pelo despotismo esclarecido pombalino[22], pelo castilhismo[23], pelo tenentismo[24]

---

20 Desde a matriz positivista até as recentes variantes marxistas, o cientificismo em nosso país é analisado em: PAIM, Antônio. *A Escola Cientificista Brasileira – Estudos Complementares à História das Ideias Filosóficas no Brasil: Volume VI*. Londrina: CEFIL, 2002.

21 Sobre o patrimonialismo brasileiro, ver: SCHWARTZMAN, Simon. *Bases do Autoritarismo Brasileiro*. Campinas: Editora UNICAMP, 5ª ed., 2015; PAIM, Antônio. *A Querela do Estatismo*. Brasília: Senado Federal, 2ª ed., 1998; MEIRA PENNA, José Osvaldo de. *O Dinossauro: Uma Pesquisa sobre o Estado, o Patrimonialismo Selvagem e a Nova Classe de Intelectuais e Burocratas*. São Paulo: T. A. Queiroz, 1988; VÉLEZ RODRÍGUEZ, Ricardo. *Patrimonialismo e Realidade Latino-americana*. Rio de Janeiro: Documenta Histórica, 2006; PAIM, Antônio (Org.). *O Patrimonialismo Brasileiro em Foco*. Campinas: VIDE Editorial, 2015.

22 Os ideários do pombalismo, bem como suas práticas econômicas e políticas, são estudados em: FALCON, Francisco José Calazans. *A Época Pombalina: Política Econômica e Monarquia Ilustrada*. São Paulo: Ática, 2ª ed., 1993. Ver, também: PAIM, Antônio (Org.). *Pombal na Cultura Brasileira*. Rio de Janeiro: Fundação Cultural Brasil-Portugal / Tempo Brasileiro, 1982.

23 Sobre a temática, o mais importante trabalho é: VÉLEZ RODRÍGUEZ, Ricardo. *Castilhismo: Uma Filosofia da República*. Apres. Antônio Paim. Brasília: Senado Federal, 2ª ed. rev., 2000.

24 Os movimentos tenentistas foram analisados em: PRESTES, Anita Leocádia. *Os Militares e a Reação Republicana: As Origens do Tenentismo*. Petrópolis: Vozes, 1994; DRUMMOND, Jose Augusto. *O Movimento Tenentista: A Intervenção Militar e Conflito Hierárquico (1922-1935)*. Rio de Janeiro, Graal, 1986; PRESTES, Anita Leocádia. *O Tenentismo Pós-1930: Continuidade ou Ruptura*. São Paulo: Paz e Terra, 1999. Consultar, também, o capítulo "As Forças Armadas na Primeira

pelo corporativismo[25], e pelo varguismo[26], que de modos distintos influenciaram o janguismo, o desenvolvimentismo do regime militar, o brizolismo e o lulopetismo. Mais do que na agenda teórica de um suposto marxismo cultural, são nesses movimentos históricos que devemos encontrar as principais causas de nossas mazelas culturais, políticas e econômicas.

Defendemos que as boas ideias propostas ao longo das seis lições desta obra poderão iluminar a escuridão cultural, política e econômica de nosso país. Nas próximas seções do presente ensaio discutiremos o papel de Ludwig von Mises no chamado movimento conservador norte-americano, a influência deste autor no renascimento da Escola Austríaca e o modo como o pensamento misesiano se tornou uma das principais referências para os defensores da liberdade nos Estados Unidos, na Europa ocidental e, até mesmo, no Brasil.

1 - Os Conservadores Contra-Atacam

A mais completa biografia de Ludwig von Mises, escrita por Jörg Guido Hülsmann, tem como título *Mises: The Last*

República: O Poder Desestabilizador" em: CARVALHO, José Murilo de. *Forças Armadas e Política no Brasil*. Rio de Janeiro: Jorge Zahar Editor, 2005.

[25] Para uma análise dos fundamentos intelectuais das práticas corporativistas, adotadas, principalmente, pelo varguismo, consultar: SOUZA, Francisco Martins de. *Raízes Teóricas do Corporativismo Brasileiro*. Apres. e posf. Antonio Paim. Rio de Janeiro: Tempo Brasileiro, 1999.

[26] O varguismo e suas consequências culturais, políticas e econômicas são analisadas nos seguintes trabalhos: MEIRA PENNA, José Osvaldo de. *A Ideologia do Século XX: Ensaios sobre o Nacional-socialismo, o Marxismo, o Terceiro-mundismo e a Ideologia Brasileira*. Rio de Janeiro: Nórdica / Instituto Liberal, 2ª ed., 1994. p 148-76; PAIM, Antonio. *Momentos Decisivos da História do Brasil*. São Paulo: Martins Fontes, 2000. p. 209-52.

*Knight of Liberalism*²⁷ [*Mises: O Último Cavaleiro do Liberalismo*]. A defesa intransigente das doutrinas liberais clássicas é uma característica intrínseca ao pensamento misesiano. No prefácio da edição norte-americana de 1962 do livro *Liberalismus* [*Liberalismo*], lançado originalmente em alemão do ano de 1927, o próprio Mises, não obstante, descreve o crescente descrédito do liberalismo clássico junto à maioria das pessoas com as seguintes palavras:

> Os princípios da filosofia do liberalismo do século XIX estão, hoje, quase esquecidos. Na Europa Continental apenas uns poucos se lembram deles. Na Inglaterra, o termo "liberal" é, em grande parte, utilizado para dar significado a um programa que somente em detalhes se diferencia do totalitarismo dos socialistas. Nos Estados Unidos, "liberal" significa hoje o adepto de um conjunto de ideias e postulados políticos que, em todos os aspectos, são o oposto de tudo o que o liberalismo significava para as gerações precedentes. O liberal de tipo americano busca a onipotência do governo e é um inimigo resoluto da livre-empresa, defendendo o planejamento em todos os níveis pelas autoridades públicas, isto é, o socialismo. Esses "liberais" se apressam em enfatizar que desaprovam as políticas do ditador russo, não no que se refere ao seu caráter socialista ou comunista, mas simplesmente no que se refere às suas tendências imperialistas. Toda medida que vise a confiscar algum dos ativos dos que possuem mais que a média,

---

[27] HÜLSMANN, Jörg Guido. *Mises: The Last Knight of Liberalism*. Auburn: Ludwig von Mises Institute, 2007.

ou a restringir os direitos de propriedade, é considerada liberal e progressista. Um poder discricionário, praticamente ilimitado, é atribuído aos órgãos públicos, cujas decisões não são passíveis de revisão judicial. Os poucos cidadãos íntegros que ousam criticar essa tendência ao despotismo administrativo são qualificados de extremistas, reacionários, monarquistas econômicos e fascistas. Chega-se, até mesmo, a sugerir que um país livre não deveria tolerar atividades políticas por parte desses "inimigos públicos"[28].

Faz-se necessário discutir o modo como se deu essa rejeição do pensamento liberal clássico ao longo do século XX e enfatizar algumas transformações doutrinárias ocorridas nessa corrente política e econômica. Defendemos que *"o liberalismo é a doutrina característica da modernidade"*, por conta de, ao mesmo tempo, *"refletir a diversidade histórica do período"* e ter moldado decisivamente, tanto de modo positivo quanto negativo, *"grande parte dos aspectos materiais e espirituais dos últimos quatro séculos"*[29]. No livro O Liberalismo: Antigo e Moderno, lançado originalmente em inglês e em português no ano de 1991, o já citado José Guilherme Merquior afirma que *"o liberalismo, um fenômeno histórico com muitos aspectos, dificilmente pode ser definido"*, acrescentando, ainda no mesmo

---

[28] MISES, Ludwig von. *Liberalismo: Segundo a Tradição Clássica*. Preâmbulo de Louis M. Spadaro; prefs. Thomas Woods & Bettina Bien Greaves; trad. Haydn Coutinho Pimenta. São Paulo: Instituto Ludwig von Mises Brasil, 2ª Ed., 2010. p. 25-26.

[29] CATHARINO, Alex. "Liberalismo". In: BARRETO, Vicente & CULLETON, Alfredo (Eds.). *Dicionário de Filosofia Política*. São Leopoldo: UNISINOS, 2010. p. 307-11. Cit. p. 310.

parágrafo, que *"é muito mais fácil – e muito mais sensato –* descrever *o liberalismo do que tentar defini-lo de maneira curta"*[30].

Insistimos na noção de que *"o liberalismo tem um longo passado e uma curta história"*[31]. O termo "liberal", mesmo tendo servido originalmente, desde 1375, para designar o modelo educacional das chamadas "artes liberais", foi utilizado como rótulo político somente a partir do século XIX, pioneiramente em 1812 na Espanha e em 1818 na França. Foi adotado, posteriormente, em denominações de partidos políticos no Brasil, em 1831, e no Reino Unido, em 1839, sendo difundido como denominação partidária em quase todos os países dos continentes europeu e americano.

No entanto, mesmo sem receber a nomenclatura de liberalismo, a doutrina política liberal surgiu na Inglaterra, no século XVII, fruto da Revolução Puritana de 1640 e da Revolução Gloriosa de 1688, sendo sistematizado por John Locke (1632-1704), nos *Two Treatises of Government*[32] [*Dois Tratados sobre o Governo Civil*] de 1689 e nas quatro *Letters Concerning Toleration*[33] [*Cartas acerca da Tolerância*] publicadas en-

---

[30] MERQUIOR, José Guilherme. *O Liberalismo: Antigo e Moderno*. Apres. Roberto Campos; prol. Michael Roth; trad. Henrique de Araújo Mesquita; posfs. João Cezar Castro Rocha, Celso Lafer, Hélio Jaguaribe, Joaquim Ponce de Leal e Sérgio Paulo Rouanet. São Paulo: É Realizações, 3ª ed., 2014. p. 40.

[31] CATHARINO, Alex. "Origens e Desenvolvimento do Liberalismo Clássico". In: GARCIA, Aloísio T. (Org.). *Ensaios sobre Liberdade e Prosperidade*. Belo Horizonte: UNA Editoria, 2001. p. 59-81. Cit. p. 59.

[32] LOCKE, John. *Dois Tratados sobre o Governo*. Ed. e intr. Peter Laslett. São Paulo: Martins Fontes, 1998.

[33] Em língua portuguesa apenas a primeira carta está disponível, na seguinte edição: LOCKE, John. *Carta Acerca da Tolerância*. Trad. Anoar Aiex. São Paulo: Abril Cultural, 1973. As quatro cartas estão disponíveis em inglês no respectivo

tre 1689 e 1692. Nestas obras, os ideários do liberalismo são caracterizados pela defesa da tolerância religiosa e da limitação do poder discricionário do governante via representação parlamentar. Tal como sustentamos anteriormente, é possível afirmar que *"em muitos aspectos o liberalismo é uma doutrina tipicamente anglo-saxônica que, graças ao movimento iluminista, se universalizou e se adaptou às diversas filosofias nacionais do continente europeu"*[34]. Do mesmo modo que as chamadas filosofias nacionais se distinguem umas das outras pela ênfase, fundada muitas vezes nas diferenças linguísticas e nas singularidades culturais, que atribuem a determinados problemas, as diferentes vertentes nacionais do liberalismo clássico, mesmo defendendo um núcleo básico de princípios universais, se distinguem pelas respostas específicas oferecidas para contextos históricos distintos.

A difusão do pensamento liberal clássico para além da do ambiente britânico se deu principalmente por intermédio da obra *De l'esprit des lois*[35] [*O Espírito das Leis*], publicada em 1748, em que Montesquieu (1689-1755) defende o modelo governamental britânico e apresenta a teoria da tripartição governamental do poder. Tais ideias se torna-

---

volume das obras completas do autor: LOCKE, John. *The Works of John Locke in Nine Volumes – Volume V: Four Letters concerning Toleration*. London: Rivington, 12ª ed., 1824.

[34] CATHARINO, Alex. "Liberalismo Clássico e Filosofias Nacionais". *Anais de Filosofia*, Número 9 (Julho de 2002): 47-71. Cit. p. 55.

[35] MONTESQUIEU. *O Espírito das Leis: Ou das Relações que as Leis devem ter com a Constituição de cada Governo, com os Costumes, o Clima, a Religião, o Comércio etc*. Intr. e notas de Gonzague Truc; trad. Fernando Henrique Cardoso e Leôncio Martins Rodrigues. São Paulo: Abril Cultural, 1973.

ram os pilares do pensamento político liberal clássico, juntamente com a noção de constitucionalismo, decorrente do processo de Independência dos Estados Unidos da América em 1776, em especial as reflexões de Alexander Hamilton (1757-1804), John Jay (1745-1829) e James Madison (1751-1836) na obra *The Federalist Papers*[36] [*O Federalista*], bem como com as concepções de Estado de Direito e de Democracia Representativa[37].

No plano econômico, o pensamento liberal clássico é caudatário da análise desenvolvida por Adam Smith (1723-1790) na obra *The Wealth of Nations*[38] [*A Riqueza das Nações*], de 1776, cuja defesa do livre mercado, do interesse pessoal e da divisão social do trabalho é vista como a base para o desenvolvimento social. Tais ideias, conquanto, foram aperfeiçoadas e popularizadas para uma audiência mais ampla, em grande parte, pelo *Traité d'économie politique*[39] [*Tratado de Economia Política*], publicado em 1803 por Jean-Baptiste Say (1767-1832). O paradigma econômico liberal foi a pedra angular da Escola Clássica de Economia, que, em muitos aspectos, não se limitava a ser apenas uma teoria econômica, mas,

---

[36] HAMILTON, Alexander; MADISON, James & JAY, John. *O Federalista*. Intr. Benjamin Fletcher Wright; trad. Heitor de Almeida Herrera. Brasília: Editora Universidade de Brasília, 1984.

[37] CATHARINO. "Liberalismo". *Op. cit.*, p. 309-10.

[38] SMITH, Adam. *A Riqueza das Nações: Investigação sobre sua Natureza e suas Causas*. Apres. Wiston Fritsh; intr. Edwin Cannan; trad. Luiz João Baraúna. São Paulo: Abril Cultural, 1983. 2v.

[39] SAY, Jean-Baptiste. Tratado de Economia Política. Pref. Georges Tapinos; trad. Balthazar Barbosa Filho e Rita Valente Correia Guedes. São Paulo: Abril Cultural, 1983.

também, parte integrante de uma ética pública e de uma filosofia social[40].

Um aspecto comum na linguagem moral do liberalismo, de Thomas Hobbes (1588-1679) até os autores contemporâneos, que diverge da perspectiva clássica defendida por Aristóteles (384-322 a.C.) e pela moralidade cristã, *"é o fato de o direito (right) ter assumido o lugar do bem (good), sendo função da ética impedir que os direitos do indivíduo sejam desrespeitados por seus semelhantes"*[41]. No contexto do debate sobre os fundamentos da moral social, iniciado por Anthony Ashley-Cooper (1671-1713), o 3º Conde de Shaftesbury, e Bernard Mandeville (1670-1733), as reflexões de David Hume (1711-1776) sobre a temática serviram de base para as principais concepções morais adotadas pelo liberalismo, incluindo a noção de "sentimentos morais" em Adam Smith, o utilitarismo de Jeremy Bentham e, até mesmo, a ética kantiana[42].

Além de ter contribuído decisivamente para a elaboração do ideal de pessoa humana defendido pelos liberais, o pensamento de Immanuel Kant (1724-1804) forneceu princípios políticos imprescindíveis para a noção de Estado de Direito, sendo a principal fonte do ideal, proposto por Wilhelm von Humboldt (1767-1835), de limites da ação estatal, expresso na máxima *"a garantia da liberdade no âmbito da lei"*[43]. Tanto no

---

[40] Sobre a temática, ver: CATHARINO, Alex. "Origens e Evolução da Ciência da Riqueza e da Pobreza: Uma Análise Histórica da Filosofia Social dos Economistas Clássicos". Μετανόια, Número 4 (2004): 31-58.
[41] CATHARINO. "Liberalismo". *Op. cit.*, p. 308.
[42] Idem. *Ibidem.*, p. 309.
[43] Idem. "Origens e Desenvolvimento do Liberalismo Clássico". *Op. cit.*, p. 72-73.

campo da política quanto da ética, a defesa da singularidade do indivíduo contra o arbítrio das massas e dos governantes é o eixo central das obras *De La Démocratie en Amérique*[44] [*A Democracia na América*] de Alexis de Tocqueville (1805-1859), publicada em duas partes, respectivamente, em 1835 e 1840, e *On Liberty*[45] [*Sobre a Liberdade*] de John Stuart Mill (1806-1879), lançada originalmente em 1859.

Mesmo guardando alguns pontos em comum com o legado desses pensadores liberais clássicos, a terminologia "liberal", tal como empregada nos Estados Unidos ao longo do século XX está mais associada a uma visão política de esquerda, ou "progressista", como podemos verificar nos escritos de Thomas Hill Green (1836-1882), de John Hobson (1858-1940), de Leonard T. Hobhouse (1864-1929), de Woodrow Wilson (1856-1924), de John Dewey (1859-1952), de Hans Kelsen (1881-1973), de John Maynard Keynes (1883-1946), de Franklin Delano Roosevelt (1882-1945), de Lionel Trilling (1905-1975), de Arthur M. Schlesinger Jr.

---

[44] A obra foi publicada em português na seguinte edição, em um único volume: TOCQUEVILLE, Alexis de. *A Democracia na América*. Pref. Antonio Paim; trad. Neil Ribeiro da Silva. Belo Horizonte / São Paulo: Itatiaia / Editora Universidade de São Paulo, 1987. Uma nova edição em dois volumes também foi lançada posteriormente como: TOCQUEVILLE, Alexis de. *A Democracia na América: Leis e Costumes*. Pref., biografia e bibliografia de François Furet; trad. Eduardo Brandão. São Paulo: Martins Fontes, 1998; Idem. *A Democracia na América: Sentimentos e Opiniões*. Trad. Eduardo Brandão. São Paulo: Martins Fontes, 2000.

[45] O livro está disponível em diferentes edições brasileiras, dentre as quais destacamos as seguintes: MILL, John Stuart. *Sobre a Liberdade*. Apres. Celso Lafer; trad. e pref. Alberto da. Rocha Barros. Petrópolis: Vozes, 2ª ed., 1991; MILL, John Stuart. *A Liberdade / Utilitarismo*. Trad. Eunice Ostrensky São Paulo: Martins Fontes, 2000.

(1917-2007), de John Rawls (1921-2002) e de Richard Rorty (1931-2007), dentre outros autores. Apesar de podermos entender o liberal contemporâneo, em comparação ao liberal clássico, como uma espécie de esquerdista moderado, que tenta sintetizar, em suas crenças e na prática política, elementos do liberalismo clássico com algumas ideias progressistas de esquerda, como o *New Deal*, não se deve confundir os liberais contemporâneos norte-americanos com os socialistas fabianos ingleses ou com os socialdemocratas europeus e latino-americanos, muito menos com os adeptos das diferentes vertentes socialistas, também denominados radicais no contexto político norte-americano.

Em oposição a essa guinada mais esquerdista do liberalismo foi que surgiu nos Estados Unidos, no período após a Segunda Guerra Mundial, o chamado movimento conservador. No livro *The American Conservative Movement: The Philosophical Founders*[46] [*O Movimento Conservador Norte-Americano: Os Fundadores Filosóficos*], ao elencar sete autores que foram as principais influências teóricas dessa corrente política nos Estados Unidos, o senador John P. East (1931-1986) aponta os nomes de Russell Kirk (1918-1994), Richard M. Weaver (1910-1963), Frank S. Meyer (1909-1972), Willmoore Kendall (1909-1967), Leo Strauss (1899-1973), Eric Voegelin (1901-1985) e, finalmente, Ludwig von Mises, dedicando na obra um capítulo para cada um deles.

---

[46] EAST, John P. *The American Conservative Movement: The Philosophical Founders*. Intr. George Nash. Chicago: Regnery, 1986.

Devemos lembrar, contudo, que Ludwig von Mises rejeitava com veemência o rótulo de conservador. Em uma carta, datada de 3 de outubro de 1957, na qual aponta as discordâncias acerca do projeto da revista conservadora *National Review*, criada em 1955 por William F. Buckley, Jr. (1925-2008), o economista austríaco ressalta que, na condição de um sobrevivente europeu da velha geração, não poderia se considerar nunca um conservador, pois era, de fato, um *"Paläo-liberader"*[47] [paleo-liberal]. Negligenciando a visão burkeana de John Adams (1735-1826) e de John Randolph (1773-1833) de Roanoke, dentre outros estadistas e autores norte-americanos, além de ignorar o fato do termo "conservador" ter sido empregado politicamente, na década de 1840, por John C. Calhoun (1782-1850), por Daniel Webster (1782-1852) e por Orestes Brownson (1803-1876), o economista austríaco, em uma carta datada de 23 de outubro de 1954, defendeu que o conservadorismo *"não possuía raízes políticas nos Estados Unidos"*[48]. Encontramos o mesmo tipo de renúncia ao rótulo também em F. A. Hayek no famoso ensaio "Why I Am Not a Conservative" ["Por Que Não Sou um Conservador"], apresentado no encontro da Mont Pelerin Society realizado, entre 2 e 8 de setembro de 1957, na cidade de St. Moritz, na Suíça, e publicado como posfácio do livro

---

[47] A carta original está preservada no Grover City Archive, na Pensilvânia. Citada em: HÜLSMANN. *Mises: The Last Knight of Liberalism. Op. cit.*, p. 991.

[48] Como a anterior, esta carta também faz parte do acervo do Grover City Archive, na Pensilvânia. Citada em: HÜLSMANN. *Mises: The Last Knight of Liberalism. Op. cit.*, p. 992.

*The Constitution of Liberty*⁴⁹ [*Os Fundamentos da Liberdade*], lançado originalmente em 1960. *"Concordo completamente com sua rejeição ao conservadorismo"*⁵⁰, estas foram as palavras de Mises em uma carta para Hayek, datada de 18 de fevereiro de 1960.

O maior problema do entendimento de Ludwig von Mises e de F. A. Hayek acerca da temática é que ambos, na na condição de austríacos, parecem não compreender as diversas singularidades da tradição conservadora britânica e norte-americana. Desde a época de Edmund Burke (1729-1797), o precursor da moderna tradição conservadora, até os nossos dias, o conservadorismo anglo-saxão é dotado de inúmeros elementos oriundos do liberalismo clássico, que moldaram as instituições tradicionais dessas nações. Os dois pensadores austríacos, entretanto, não conseguiram perceber que o nascente movimento conservador norte-americano era, ao mesmo tempo, uma defesa tanto dos princípios da civilização ocidental quanto de alguns valores do liberalismo clássico, que se viam no período ameaçados internamente pelo intervencionismo estatal e externamente pelo comunismo soviético. Nas perspectivas misesiana e hayekiana o conservadorismo nos Estados Unidos foi entendido, em grande parte, como se possuísse a mesma essência do movimento contrarrevolucionário da Europa

---

⁴⁹ HAYEK, F. A. *Os Fundamentos da Liberdade*. Intr. Henry Maksoud; trad. Anna Maria Capovilla e José Ítalo Stelle. Brasília / São Paulo: Editora Universidade de Brasília / Visão, 1983. p. 466-82.

⁵⁰ Esta carta de Mises para Hayek também faz parte da coleção do Grover City Archive, na Pensilvânia. Citada em: HÜLSMANN. Mises: *The Last Knight of Liberalism. Op. cit.*, p. 994.

continental, que no plano teórico se expressou por intermédio do tradicionalismo político reacionário de autores como Justus Möser (1720-1794), Joseph De Maistre (1753-1821), Louis De Bonald (1754-1840), Adam Müller (1779-1829), Félicité de Lamennais (1782-1854), Gioacchino Ventura di Raulica (1792-1861), Friedrich Julius Stahl (1802-1861), Juan Donoso Cortés (1809-1853), Jaime Balmes (1810-1848), Louis Veuillot (1813-1883), Karl von Vogelsang (1816-1890), Camilo Castelo Branco (1825-1890), Félix Sardá y Salvany (1844-1916), Juan Vázquez de Mella (1861-1928), Charles Maurras (1868-1952), René Guénon (1886-1951), António Sardinha (1887-1925), Carl Schmitt (1888-1985), Julius Evola (1898-1974) e Frithjof Schuon (1907-1998).

Todavia, o erro mais grave no entendimento do movimento conservador norte-americano por parte dos dois pensadores austríacos é o fato de tanto Ludwig von Mises quanto F. A. Hayek terem adotado uma percepção semelhante à da chamada teoria *aristocrática*, definida originalmente pelo sociólogo marxista húngaro Karl Mannheim (1893-1947). Na tese de doutorado apresentada em 1925 e publicada em 1936 na forma do livro *Das Konservative Denken*[51] [*O Pensamento Conservador*], o autor entende que o pensamento é caudatário da existência e, a partir de um estudo de caso das ideias contrarrevolucionárias na Alemanha da primeira metade do século XIX, defende ser o conservadorismo, ao mesmo tempo, um conceito e uma prática ligada à estrutura do sistema de classes. De acordo com esta perspectiva, da chamada sociologia do conhecimento, o conservadorismo é entendido como uma

---

[51] MANNHEIM, Karl. *Conservatism: A Contribution to the Sociology of Knowledge*. Ed. David Kettler, Volker Meja & Nico Stehr. London: Routledge & Kegan Paul, 1982. p. 31.

mera reação das classes agrárias feudal-aristocráticas à Revolução Francesa, ao passo que o liberalismo representaria os interesses da ascensão da burguesia no final do século XVIII e início do século XIX, enquanto o socialismo e o marxismo seriam a ideologia do proletariado.

Apresentada na já referida carta de 23 de outubro de 1954, a visão de Ludwig von Mises acerca do conservadorismo pressupõe que *"conservar significa preservar o que existe"*, sendo, por este motivo, *"um programa vazio, meramente negativo, que rejeita qualquer mudança"*, acrescentando, mais adiante, que *"conservar o que existe atualmente nos Estados Unidos equivale a preservar as leis e as instituições que o* New Deal *e o* Fair Deal *legaram à nação"*[52]. Tal percepção misesiana negligencia o fato que no livro *The Conservative Mind* [*A Mentalidade Conservadora*], lançado originalmente em 1953 e considerado a obra fundadora do moderno conservadorismo norte-americano, ao definir os seis cânones de orientam essa corrente política, Russell Kirk afirma no último deles que *"a sociedade deve modificar-se, visto que a mudança prudente é o meio da preservação"*[53]. Esta noção kirkiana está amparada em uma máxima de Edmund Burke, expressa na obra *Reflections on the French Revolution* [*Reflexões sobre a Revolução em França*], de 1792, segundo a qual *"um Estado sem meios de empreender alguma mudança está sem os meios para se conservar"*[54]. Ecoando a mesma sabedoria burkeana, ao defi-

---

[52] HÜLSMANN. *Mises: The Last Knight of Liberalism*. Op. cit., p. 992.
[53] KIRK, Russell. *The Conservative Mind: From Burke to Eliot*. Intr. Henry Regnery. Washington D.C.: Regnery Publishing, 7ª ed. rev., 1986. p. 9.
[54] BURKE, Edmund. *Reflections on the Revolution in France*. In: *The Works of the Right Honorable Edmund Burke, Volume III*. Boston: Little, Brown and Company, 1865. p. 259.

nir os dez princípios conservadores, em uma conferência ministrada, em 20 de março de 1986, na Heritage Foundation e publicada em 1993 como segundo capítulo do livro *The Politics of Prudence* [*A Política da Prudência*], Kirk apresentou como décimo e último princípio o entendimento de que *"a permanência e a mudança devem ser reconhecidas e reconciliadas em uma sociedade vigorosa"*[55]. Em nosso livro *Russell Kirk: O Peregrino na Terra Desolada*, enunciamos que:

> Tal dinâmica entre mudanças e permanências é um fator decisivo para entender que o tradicionalismo advogado por Russell Kirk não é uma proposta reacionária que se volta contra toda e qualquer alteração na cultura ou na sociedade, nem uma defesa do *status quo*; mas um conjunto de conselhos prudenciais que nos alerta para os riscos de desconsiderarmos totalmente os valores e costumes testados historicamente pela tradição em nome da arrogância racionalista de erigir uma nova ordem social a partir dos caprichos humanos[56].

Partindo dos seis cânones de Russell Kirk, o filósofo e historiador católico mineiro João Camilo de Oliveira Torres (1916-1973), ao definir a postura conservadora no livro *Os Construtores do Império*, de 1968, apresenta três pontos de vista distintos que se contrapõem ao conservadorismo.

---

[55] KIRK, Russell. *A Política da Prudência*. Apres. Alex Catharino; intr. Mark C. Henrie; trad. Gustavo Santos e Márcia Xavier de Brito. São Paulo: É Realizações, 2013. p. 111.

[56] CATHARINO, Alex. *Russell Kirk: O Peregrino na Terra Desolada*. São Paulo: É Realizações, 2015. p. 55-56.

O primeiro deles é o *imobilismo*, definido como *"uma posição que não aceita qualquer espécie de mudança, que pretende que a situação atual se mantenha sem qualquer modificação"*. A segunda expressão é o *reacionarismo*, uma posição mais radical do que a pretensão imobilista de paralisar o tempo ao tentar impedir que ocorra qualquer tipo de mudança progressista ou de reforma conservadora, pois, ao condenar *"as transformações ocorridas numa determinada época recente"*, deseja um retrocesso ao passado que restaure as condições históricas anteriores, em uma visão idílica semelhante às fracassadas tentativas *"que o rio volte à fonte, que a árvore retorne à condição de semente"*. Por fim, a terceira mentalidade é o *progressismo*, fundado na crença que a história da humanidade *"é sempre um campo em que se realiza, automaticamente, um progresso continuado"*. Sem constituir um tipo autônomo, a forma mais aguda de progressismo *"é o revolucionarismo, que quer destruir tudo e começar de novo"*[57]. Fundado nessa análise teórica, bem como nas pesquisas acerca da experiência concreta, é possível afirmar que as percepções de Ludwig von Mises e de F. A. Hayek não correspondem à realidade histórica do conservadorismo britânico, norte-americano, brasileiro, chileno e colombiano, que estavam mais próximos das vertentes moderadas do liberalismo clássico que do tradicionalismo reacionário da Europa continental.

---

[57] TORRES, João Camilo de Oliveira. *Os Construtores do Império: Ideais e Lutas do Partido Conservador Brasileiro*. São Paulo: Companhia Editora Nacional, 1968. p. 2-3.

O cientista político norte-americano Samuel P. Huntington (1927-2008), em um artigo acadêmico[58] lançado em 1957, ressalta que além da interpretação oferecida pela teoria *aristocrática* de Karl Mannheim, o conservadorismo pode ser entendido de duas outras maneiras distintas. Por conta de caracterizar-se como uma defesa *"de princípios universais, tais como justiça, ordem, equilíbrio, moderação"*, o tipo estabelecido por Russell Kirk foi enquadrado pelo cientista político na categoria de definição *autônoma* do conservadorismo, por estabelecer que *"este não está necessariamente ligado aos interesses de nenhum grupo em particular"*, além de sua aparição independer de *"qualquer configuração histórica e específica das forças sociais"*[59]. A terceira e última definição, estabelecida pelo próprio Huntington, entende o conservadorismo como uma ideologia *situacional*, compreendido como *"o sistema de ideias empregado para justificar qualquer ordem social estabelecida"*[60].

Confrontado à realidade histórica concreta anglo-saxã, o entendimento de Karl Mannheim acerca da temática se mostra inapropriado, assim como as críticas de Ludwig von Mises e de F. A. Hayek, sendo melhor entender o conservadorismo a partir da definição *situacional* ou da *autônoma*. No caso específico norte-americano, tal como descrito pelo historiador George H. Nash no livro *The Conservative Intellectual*

---

[58] HUNTINGTON, Samuel. "Conservatism as Ideology". *American Political Sciency Review*, Volume 51, Number 2 (June 1957): 454-73. Cit. p. 460.
[59] Idem. *Ibidem*. p. 454-55.
[60] Idem. *Ibidem*. p. 455.

Movement in America: Since 1945[61] [*O Movimento Intelectual Conservador nos Estados Unidos: Desde 1945*], o surgimento dessa corrente política foi uma aliança entre os libertários individualistas, os anticomunistas e os conservadores tradicionalistas.

Em cada um destes três grupos a ação de seus membros foi orientada por um determinado livro. A vertente dos libertários se congregou, inicialmente, em torno das ideias expressas em *The Road to Serfdom*[62] [*O Caminho da Servidão*], lançado em 1944, no qual F. A. Hayek procurou demonstrar que, necessariamente, o planejamento econômico estatal conduz ao aumento das funções governamentais na sociedade e ao centralismo administrativo, gerando, assim, a redução das liberdades individual e política. Publicada em 1952, a autobiografia *Witness*[63] [*Testemunha*] de Whittaker Chambers (1901-1961) foi a grande inspiração dos grupos anticomunistas, ao narrar, dentre outros fatos, o envolvimento do autor com as ideias marxistas, seu envolvimento com o governo soviético, sua conversão ao cristianismo e a luta que iniciou contra

---

[61] NASH, George H. *The Conservative Intellectual Movement in America: Since 1945.* Wilmington: ISI Books, 2ª ed. rev., 1996.

[62] Acrescida de um longo estudo introdutório e de diversos anexos escritos por renomados economistas, foi publicada em inglês a seguinte edição crítica: HAYEK, F. A. *The Road to Serfdom: Text and Documents – The Definitive Edition.* Ed. e introd. Bruce Caldwell. Chicago: Chicago University Press, 2007. Traduzida com base na versão inglesa de 1976, a obra está disponível em português na seguinte edição: HAYEK, F. A. *O Caminho da Servidão.* Trad. Ana Maria Copovilla, José Ítalo Stelle e Liane de Morais Ribeiro. São Paulo: Instituto Ludwig von Mises Brasil, 6ª ed., 2010.

[63] CHAMBERS, Whittaker. *Witness.* Pref. William F. Buckley Jr.; intr. Robert D. Novak. Washington D.C.: Gateway, 2001.

a ideologia esquerdista ao denunciar a infiltração de agentes comunistas no governo norte-americano, na imprensa e nos meios educacionais e culturais, tendo sido ele próprio um deles, além de tratar do papel que teve na delação e no julgamento do agente soviético Alger Hiss (1904-1996). Os conservadores foram inspirados, principalmente, pelo já citado livro *The Conservative Mind*[64] [*A Mentalidade Conservadora*], que, ao definir seis cânones e expor os principais expoentes do conservadorismo britânico e norte-americano, se tornou determinante para o surgimento de uma nova identidade política nos Estados Unidos e serviu como uma espécie de catalisador no processo de precipitação contra a hegemonia progressista na cultura, na política e na economia.

Diferenças marcantes em cada um desses grupos impediram uma homogeneizadora fusão entre eles, o que inúmeras vezes criou tensões internas, algumas positivas, no movimento conservador norte-americano. As três vertentes, apesar disso, mantiveram uma aliança na defesa da ordem constitucional norte-americana, da liberdade e da justiça contra a agenda intervencionista dos progressistas liberais, representada tanto em sua forma mais moderada pelas políticas do *New Deal, do Fair Deal e da Great Society* quanto no radicalismo da ameaça comunista.

Os progressistas se caracterizam, tal como expresso por Russell Kirk, pela arrogante crença racionalista na

---

[64] Como parte das comemorações do centenário de nascimento do autor, a obra será lançada em língua portuguesa no ano de 2018 pela É Realizações Editora, com tradução de Márcia Xavier de Brito e apresentação à edição brasileira escrita por Alex Catharino.

perfectibilidade do homem e no progresso ilimitado da sociedade, pelo desprezo à tradição da civilização cristã, pela tentativa de implementar o igualitarismo político por intermédio da centralização estatal e do democratismo, e por almejar o igualitarismo econômico ao rejeitar a propriedade privada e, consequentemente, o livre mercado[65]. A crítica esses quatro pontos, em graus diversos, constitui o núcleo do posicionamento político de muitos libertários norte-americanos, especialmente os que foram mais influenciados pelas teorias econômicas da Escola Austríaca.

Independentemente do fato de Ludwig von Mises ter rejeitado o rótulo de conservador, o seu pensamento foi uma peça fundamental para o desenvolvimento tanto da vertente libertária quanto do movimento como um todo, ao ponto do ensaio escrito pelo economista norte-americano Murray N. Rothbard (1929-1995), publicado na presente edição, ter sido incluído na obra de referência *American Conservatism: An Encyclopedia*[66] [*Conservadorismo Norte-Americano: Uma Enciclopédia*]. Mesmo reconhecendo que *"individualmente os livros, em geral, não transformam de modo instantâneo as marés ideológicas"*, George H. Nash afirma *"ser difícil não exagerar a contribuição"* do economista austríaco *"para a reabilitação intelectual do individualismo nos Estados Unidos após a Segunda Guerra Mundial"*[67]. Além da grande influência de

---

[65] KIRK. *The Conservative Mind: From Burke to Eliot. Op. cit.*, p. 10.
[66] ROTHBARD, Murray N. "Mises, Ludwig von (1881-1973)". In: FROHNEN, Bruce; BEER, Jeremy & NELSON, Jeffrey O. (Eds.). *American Conservatism: An Encyclopedia*. Wilmington: ISI Books, 2006. p. 572-75.
[67] NASH. *The Conservative Intellectual Movement in America. Op. cit.*, p. 10.

Ação Humana, os livros *Bureaucracy*[68] [*Burocracia*], de 1944, e *The Anti-capitalist Mentality*[69] [*A Mentalidade Anticapitalista*], de 1956, desempenharam um papel fundamental para a formação da moderna consciência conservadora norte-americana, ocupando um patamar semelhante ao das obras *O Caminho da Servidão* de F. A. Hayek e *Economics in One Lesson*[70] [*Economia numa Única Lição*], de Henry Hazlitt (1894-1993), sendo o último lançado originalmente, em 1946.

2 - O Retorno dos Austríacos

No conjunto das obras de Ludwig von Mises encontramos, simultaneamente, tanto as mais sistemáticas contribuições ao pensamento da Escola Austríaca de Economia quanto os melhores trabalhos introdutórios a esta corrente de pensamento econômico. As inúmeras contribuições oferecidas pelo pensamento misesiano foram decisivas para o renascimento da Escola Austríaca, cujo crepúsculo se deveu à popularidade exacerbada das ideias de John Maynard Keynes.

O marxismo não deve ser entendido no campo da teoria econômica como uma simples oposição ao pensamento dos

---

[68] MISES, Ludwig von. *Burocracia*. Ed. e pref. Bettina Bien Greaves; apres. Jacques Rueff; pref. Alex Catharino; posf. William P. Anderson; trad. Heloísa Gonçalves Barbosa. São Paulo: LVM, 2017.

[69] MISES, Ludwig von. *A Mentalidade Anticapitalista*. Ed. e pref. Bettina Bien Greaves; apres. F. A. Hayek; pref. Francisco Razzo; posf. Israel M. Kirzner; trad. Carlos dos Santos Abreu. São Paulo: LVM, 3ª ed., 2017.

[70] HAZLITT, Henry. *Economia numa Única Lição*. Trad. Leônidas Gontijo de Carvalho. São Paulo: Instituto Ludwig von Mises Brasil, 4ª ed., 2010.

economistas clássicos, mas como um corolário dessa visão acerca da economia. O próprio Karl Marx não via o socialismo como um sistema antagônico ao capitalismo, mas como uma etapa posterior. A base fundamental tanto da economia clássica quanto do pensamento marxista foi sepultada pela chamada revolução marginalista de 1871, quando, simultaneamente e partindo de fundamentos distintos, o problema econômico do valor foi solucionado pelo austríaco Carl Menger (1840-1921) nos *Grundsätze der Volkswirtschaftslehre*[71] [*Princípios de Economia Política*], pelo inglês William Stanley Jevons (1835-1882) em *The Theory of Political Economy*[72] [*A Teoria da Economia Política*] e pelo suíço Léon Walras (1834-1910) nos *Élements d'Économie Politique Pure*[73] [*Elementos de Economia Política Pura*].

Diante da ruptura criada pela revolução marginalista, é possível dizer que o marxismo é um paradigma antiquado e obsoleto, enquanto o pensamento misesiano está de acordo com uma percepção apropriada da ciência econômica. Neste sentido, o jargão "Menos Marx, Mais Mises" deve ser entendido como uma rejeição de dogmas ideológicos cientificistas em favor da aceitação de uma teoria científica.

A mais famosa definição da ciência econômica, elaborada por lorde Lionel Robbins (1898-1984), afirma que "*a*

---

[71] MENGER, Carl. *Princípios de Economia Política*. Intr. F. A. Hayek; trad. Luiz João Baraúna. São Paulo: Abril Cultural, 1983.

[72] JEVONS, William Stanley. *A Teoria da Economia Política*. Trad. Cláudia Laversveiler de Morais. São Paulo: Abril Cultural, 1983.

[73] A obra foi lançada em português apenas na seguinte edição abreviada: WALRAS, Léon. *Compêndio dos Elementos de Economia Política Pura*. Apres. Dionísio Dias Carneiro Netto; trad. João Guilherme Vargas Netto. São Paulo: Abril Cultural, 1983.

economia é a ciência que estuda as formas de comportamento humano resultantes da relação existente entre as ilimitadas necessidades a satisfazer e os recursos que, embora escassos, se prestam a usos alternativos"[74]. De acordo com a perspectiva austríaca, o estado de escassez, mesmo sendo um fator irredutível, não pode muitas vezes sequer ser percebido pelos agentes econômicos, o que exige uma ampliação do escopo da definição, tal como apresentada, no livro *Ação, Tempo e Conhecimento: A Escola Austríaca de Economia*, por Ubiratan Jorge Iorio com as seguintes palavras: *"a economia é ação humana ao longo do tempo, nos mercados, sob condições de incerteza genuína"*[75].

No que diz respeito à análise econômica de Karl Marx, cabe ressaltar que o erro fulcral do marxismo repousa na ênfase dada ao *"valor-de-uso"* e ao *"valor-de-troca"* da *"mercadoria"*, concedendo um lugar periférico para o problema da escassez por acreditar que os desejos humanos não são ilimitados, mas, apenas variáveis e fundamentalmente condicionados[76]. De certo modo, tal percepção errônea da teoria marxista acerca da escassez pode ser melhor refutada pelo argumento de David Hume, apresentado em 1751 na obra *An Enquiry Concerning the Principles of Morals* [*Uma Investigação sobre os Princípios da Moral*], ao desenvolver uma Teo-

---

[74] ROBBINS, Lionel. *An Essay on the Nature and Significance of Economic Science*. London: Macmillan and Co., 2ª ed., 1935. p. 16.

[75] IORIO, Ubiratan Jorge. *Ação, Tempo e Conhecimento: A Escola Austríaca de Economia*. Pref. Helio Beltrão. São Paulo: Instituto Ludwig von Mises Brasil, 2ª ed., 2013. p. 61.

[76] MARX. *O Capital. Op. cit.*, Volume I, Livro I, Primeira Parte, Capítulo 1, p. 51-105.

ria da Justiça fundada na noção psicológica segundo a qual os desejos humanos são ilimitados, ao passo que a capacidade material de atender tais demandas é limitada, o que fará com que o problema da carência de bens sempre exista tanto por conta das limitações materiais quanto devido às paixões humanas[77]. O marxismo rejeita este fundamento subjetivista humeano no que tange ao problema da escassez por acreditar que o modo de produção capitalista foi capaz de solucionar as limitações materiais, partindo da exagerada premissa que em *"apenas cem anos, a burguesia criou forças produtivas mais poderosas e colossais do que todas as gerações passadas em conjunto"*[78].

O marxismo coloca em segundo plano os problemas do lado da oferta, os do lado da procura e os de crescimento econômico, o que torna a questão fundamental da Ciência Econômica ser quase exclusivamente uma tentativa de resposta para o problema da distribuição, por conta de partilhar da ingênua crença iluminista no progresso ilimitado da sociedade. Associada à preocupação com a igualdade política e com a igualdade econômica, a ênfase na distribuição das riquezas é um dos principais fatores que justifica a ideia marxista de exploração capitalista.

A noção errônea da chamada teoria da exploração marxista foi refutada, em 1884, pelo economista austríaco Eugen von Böhm-Bawerk (1851-1914) no décimo segundo

---

[77] HUME, David. *Uma Investigação sobre os Princípios da Moral*. Trad. José Oscar de Almeida Marques. Campinas: Editora da UNICAMP, 1995. p. 35-63.
[78] MARX & ENGELS. *Manifesto do Partido Comunista*. Op. cit., p. 71.

capítulo do primeiro volume da trilogia *Kapital und Kapitalzins*⁷⁹ [*Capital e Juros*]. No entanto, na perspectiva austríaca a principal crítica ao socialismo, tanto do modelo marxista quanto de outras formas mais moderadas, foi apresentada por Ludwig von Mises no tratado *Die Gemeinwirtschaft: Untersuchungen über den Sozialismus* [*A Economia Coletiva: Estudos sobre o Socialismo*], lançado originalmente em alemão no ano de 1922 e traduzido para o inglês em 1936 com o título *Socialism: An Economic and Sociological Analysis*⁸⁰ [*Socialismo: Uma Análise Econômica*], tendo recebido inúmeras reedições neste idioma.

Não obstante, o principal embate teórico da Escola Austríaca de Economia não foi com o marxismo, mas com a chamada Escola Historicista Alemã de Economia. Em grande parte, a Escola Historicista Alemã se amparava nos pressupostos da obra *Das Nationale System der Politischen Ökonomie*⁸¹ [*Sistema Nacional de Economia Política*], de 1841, na qual Georg Friedrich List (1789-1846) propôs uma visão nacio-

---

[79] Lançada originalmente em alemão nos anos de 1884, 1889 e 1914, a trilogia está disponível em língua inglesa na seguinte edição: BÖHM-BAWERK, Eugen von. *Capital and Interest*. Trad. George D. Huncke e Hans F. Sennholz. South Holland: Libertarian Press, 1959. 3v. [Volume I: History and Critique of Interest Theories / Volume II: Positive Theory of Capital / Volume III: Further Essays on Capital and Interest]. Em língua portuguesa o capítulo aqui mencionado foi publicado na forma do seguinte livro: BÖHM-BAWERK, Eugen von. *A Teoria da Exploração do Socialismo Comunismo*. Pref. Hans F. Sennholz; trad. Lya Luft. São Paulo: Instituto Ludwig von Mises Brasil, 2ª ed., 2010.

[80] MISES, Ludwig von. Socialism: *An Economic and Sociological Analysis*. Pref. F. A. Hayek; trad. J. Kahane. Indianapolis: Liberty Fund, 1992.

[81] LIST, Georg Friedrich. *Sistema Nacional de Economia Política*. Apres. de Cristovam Buarque; trad. Luiz João Baraúna. São Paulo: Abril Cultural, 1983.

nalista, protecionista e intervencionista em oposição ao cosmopolitismo de liberalismo econômico defendido pelos economistas clássicos. Tal corrente econômica teve a metodologia e as principais teses refutadas por Carl Menger, no *Untersuchungen über die Methode der Sozialwissenschaften und der Politischen Ökonomie Insbesondere*[82] [*Investigações sobre o Método das Ciências Sociais com Especial referência à Economia Política*], de 1883, bem como nos escritos de Eugen von Böhm-Bawerk e de Ludwig von Mises.

Ao rejeitar a metodologia fundada na lógica que, por meio da dedução, formula axiomas e teoremas universais, os economistas historicistas sustentavam a possibilidade de se desenvolver novas e melhores leis para a sociedade por intermédio do estudo dos eventos históricos e das estatísticas. O pensamento da Escola Historicista Alemã pode ser dividido cronologicamente em três fases. Na primeira, conhecida como antiga, temos como principais expoentes Wilhelm Roscher (1817-1894), Karl Knies (1821-1898) e Bruno Hildebrand (1812-1878). Sob a liderança de Gustav von Schmoller (1838-1917) a chamada fase nova também foi marcada pelos trabalhos de Étienne Laspeyres (1834-1913), Karl Bücher (1847-1930), Adolph Wagner (1835-1917), Georg Friedrich Knapp (1842-1926) e Lujo Brentano (1844-1931). A fase tardia é representada exclusivamente pelos escritos do controverso Werner Sombart (1863-1941), um autor profundamente influenciado por Friedrich Nietzsche

---

[82] MENGER, Carl. *Investigations into the Method of Social Sciences with Special Reference to Economics*. Ed. Louis Schneider; intr. Lawrence H. White; trad. Francis J. Nock. New York: New York University Press, 1985.

(1844-1900), que foi, inicialmente, um entusiasta defensor do socialismo e, posteriormente, se tornou o principal teórico da economia nazista, além de ter influenciado certos aspectos do pensamento do sociólogo Max Weber (1864-1920).

Independentemente do fato da Escola Historicista Alemã ser pouco mencionada ou estudada em nossos dias, sendo lembrada na maioria das vezes por conta do debate com os austríacos, determinados erros dessa corrente subsistem em diferentes visões equivocadas defendidas pelo marxismo, pelo keynesianismo e, até mesmo, pela Doutrina Social da Igreja proposta em algumas encíclicas do Magistério Romano. Apresentamos uma síntese do problema com as seguintes palavras:

> Uma parcela significativa das análises econômicas ou políticas elaboradas pela maioria das correntes de pensamento social da atualidade são marcadas por tal acumulação de fatos irrelevantes, oferecidos por estatísticas duvidosas, e pela tentativa deliberada de modificar a realidade por meio do planejamento econômico governamental. Essas várias escolas econômicas, em muitos casos, estão embasadas numa metodologia positivista, que, por sua vez, não oferece uma visão ampla a respeito da ação humana. Os modelos historicistas e positivistas adotados pela maioria dos economistas contemporâneos fundamentam análises estatísticas que descrevem apenas dados passados, mas não ajudam, de fato, no esclarecimento sobre o futuro. Essa postura metodológica

gera a fragmentação do entendimento dos fenômenos econômicos e acaba por desnaturar a própria Teoria Econômica[83].

Desde a publicação do pioneiro *Princípios de Economia Política*, em 1871, passando pelos demais escritos de Carl Menger e pelas obras de Eugen von Böhm-Bawerk, dentre as de outros autores, até chegar a Ludwig von Mises no período anterior à Primeira Guerra Mundial, a influência da Escola Austríaca foi imensa. A corrente serviu como referência para inúmeros economistas, não apenas no Império Austro-Húngaro, mas também nos Estados Unidos, na França, na Grã-Bretanha, na Suécia e na Itália. É possível constatar este fato nos trabalhos dos austríacos de língua alemã Friedrich von Wieser (1851-1926), Johann von Komorzynski (1843-1911), Rudolf Auspitz (1837-1906), Emil Sax (1845-1927), Eugen von Philippovich (1858-1917), Richard Lieben (1842-1919), Robert Meyer (1855-1914), Robert Zuckerkandl (1856-1926), Richard Reisch (1866-1938), Richard von Schüller (1870-1972), Hans Mayer (1879-1955), Otto Bauer (1881-1938), Joseph Schumpeter (1883-1950), Franz Xaver Weiss (1885-1956), Leo Illy (1888-1952), Karl Schlesinger (1889-1939), Edwald Schams (1889-1949), Richard von Strigl (1891-1942), Alexander Mahr (1896-1972), Martha Stephanie Braun (1898-1990), Gottfried von Haberler (1900-1995), Eric Schiff (1901-1992), Oskar Morgenstern (1902-1977), Fritz Machlup (1902-1983), Paul Narcyz Rosenstein-Rodan (1902-1985)

---

[83] CATHARINO. "A Escola Austríaca entre a Tradição e a Inovação". *Op. cit*, p. 322.

e Hans Bayer (1903-1965), dos austríacos tchecos Franz Cuhel (1862-1914) e Karel Englis (1880-1961), dos britânicos Philip Wicksteed (1844-1927) e do já citado Lionel Robbins, dos alemães Henry Oswalt (1849-1934) e L. Albert Hahn (1889-1968), dos franceses Maurice Block (1816-1901) e Paul Leroy-Beaulieu (1843-1916), do italiano Augusto Graziani (1865-1944), do sueco Knut Wicksell (1851-1926), e dos norte-americanos John Bates Clark (1847-1938), Herbert J. Davenport (1861-1931), Frank A. Fetter (1863-1949), C. A. Phillips (1882-1976) e Benjamin Anderson (1886-1949).

O principal trabalho austríaco publicado no século XX, antes da Primeira Guerra Mundial, indubitavelmente foi o livro *Theorie des Geldes und der Umlaufsmittel*[84] [*A Teoria da Moeda e dos Meios Fiduciários*], de 1912, a mais completa análise misesiana sobre questões monetárias. Mas, o pensamento econômico da Escola Austríaca, após a Grande Guerra, *"entrou em declínio de maneira incrivelmente rápida"*, tal como nota Joseph T. Salerno, *"sendo eclipsada pelas abordagens marshalianas e walrasianas durante as décadas de 1920 e 1930"*[85]. Desta época até o início da Segunda Guerra Mundial os únicos economistas orientados pela tradição mengeriana foram Ludwig von Mises e, seu discípulo, F. A. Hayek.

---

[84] A obra está disponível em língua inglesa atualmente na seguinte edição: MISES, Ludwig von. *Theory of Money and Credit*. Pref. Murray N. Rothbard; intr. Lionel Robbins; trad. Harold E. Batson. Indianapolis: Liberty Fund, 1981.

[85] SALERNO, Joseph T. "O Renascimento da Escola Austríaca – À Luz da Economia Austríaca". *MISES: Revista Interdisciplinar de Filosofia, Direito e Cultura*, Volume I, Número 1 (Janeiro-Junho de 2013): 135-51. Cit. p. 140.

Além dos já aludidos *Die Gemeinwirtschaft: Untersuchungen über den Sozialismus*, de 1922, e *Liberalismus*, de 1927, Ludwig von Mises lançou no período também os livros *Nation, Staat, und Wirschaft*[86] [*Nação, Estado e Economia*], em 1919, *Kritik des Interventionismus: Untersuchungen zur Wirtschaftspolitik und Wirtschaftsideologie der Gegenwart*[87] [*Crítica ao Intervencionismo: Estudo sobre a Política Econômica e a Ideologia Atuais*], em 1929, e *Grundprobleme der Nationalökonomie: Untersuchungen über Verfahren, Aufgaben und Inhalt der Wirtschafts und Gesellschaftslehre*[88] [*Problemas Básicos da Economia: Estudos sobre Processos, Tarefas e Conteúdos da Teoria Econômica e Social*], em 1933, bem como inúmeros estudos acadêmicos[89]. O último livro do autor

---

[86] Sem tradução para o português até o momento, a obra se encontra disponível em inglês na seguinte edição: MISES, Ludwig von. *Nation, State, and Economy: Contributions to the Politics and History of Our Time*. Ed. Bettina Bien Greaves; trad. Leland B. Yeager. Indianapolis: Liberty Fund, 2006.

[87] MISES, Ludwig von. *Crítica ao Intervencionismo: Estudo sobre a Política Econômica e a Ideologia Atuais*. Apres. Richard M. Ebeling; pref. Adolfo Sachsida; intr. Hans F. Sennholz; posfs. Don Lavoie & Murray N. Rothbard; trad. Arlette Franco. São Paulo: LVM, 3ª ed., 2017.

[88] A tradução inglesa, elaborada por um discípulo de Ludwig von Mises e lançada originalmente em 1960, com o título *Epistemological Problems of Economics* [Problemas Epistemológicos da Economia], se encontra atualmente disponível na seguinte edição: MISES, Ludwig von. *Epistemological Problems of Economics*. Ed. e pref. Bettina Bien Greaves; trad. George Reisman. Indianapolis: Liberty Fund, 2013.

[89] Uma parte desses ensaios foram traduzidos para o inglês e reunidos nas seguintes coletâneas: MISES, Ludwig von. *Selected Writings of Ludwig von Mises – Volume 1: Monetary and Economic Problems Before, During, and After the Great War*. Ed. e intr. Richard M. Ebeling. Indianapolis: Liberty Fund, 2012; Idem. *Selected Writings of Ludwig von Mises – Volume 2: Between the Two World Wars: Monetary Disorder, Interventionism, Socialism, and the Great Depression*. Ed. e intr. Richard M. Ebeling. Indianapolis: Liberty Fund, 2002; Idem. *Selected Writings of Ludwig von Mises*

escrito em alemão foi *Nationalökonomie: Theorie des Handelns und Wirtschaftens* [*Economia: Teoria da Ação e da Atividade Econômica*], em 1940, uma versão preliminar de *Ação Humana*. Nenhum autor, nem mesmo F. A. Hayek, contribuiu tanto para o renascimento do pensamento econômico austríaco de linhagem mengeriana quanto Ludwig von Mises, tanto por intermédio dos livros que publicou quanto das aulas na New York University (NYU) e das conferências e seminários que ministrou ao longo de três décadas. Dentre os seus mais ilustres alunos nos cursos que, de 1948 a 1969, lecionou como professor visitante na NYU, podemos citar os nomes de Hans F. Sennholz (1922-2007), William H. Peterson (1921-2012), Ralph Raico (1936-2016), George Reisman, Israel M. Kirzner e Murray N. Rothbard[90].

O lançamento do livro *Ação Humana* foi um marco decisivo para o renascimento da Escola Austríaca de Economia. Devido em grande parte à crença em uma quase impossibilidade em contrapor a hegemonia dos modelos positivistas sugeridos pelo keynesianismo, que dominaram praticamente toda a Ciência Econômica, no período entre 1941, quando foi impressa a primeira edição do livro *The Pure Theory of Capital*[91] [*A Teoria Pura do Capital*], e 1976, quando foi lançada a obra *Denationa-*

— *Volume 3: Between the Two World Wars: The Political Economy of International Reform and Reconstruction*. Ed. e intr. Richard M. Ebeling. Indianapolis: Liberty Fund, 2000; Idem. *On the Manipulation of Money and Credit: Three Treatises on Trade-Cycle Theory*. Ed. Percy L. Greaves, Jr.; Trad. e pref. Bettina Bien Greaves. Indianapolis: Liberty Fund, 2011.

[90] HÜLSMANN. Mises: *The Last Knight of Liberalism*. Op. cit., p. 847.

[91] HAYEK, F. A. *The Pure Theory of Capital*. Ed. e intr. Lawrence H. White; pref. Bruce Caldwell. Indianapolis: Liberty Fund, 2012.

lisation of Money[92] [*Desestatização do Dinheiro*], o economista austríaco F. A. Hayek não publicou nenhum trabalho de grande relevância nesse campo, tendo se dedicado principalmente ao Direito e à Filosofia Política. Fundamentada na metodologia positivista e aceitando muitas concessões ao intervencionismo estatal, a principal corrente promotora do livre mercado no período foi a "neoliberal" Escola de Chicago[93].

Excluindo o livro *Capital and its Structure*[94] [*O Capital e sua Estrutura*] de Ludwig M. Lachmann (1906-1990), lançado em 1956, a produção de trabalhos econômicos relevantes por parte de economistas austríacos, nessa época de hegemonia da Escola de Chicago, foi tarefa empreendida de modo exclusivo por Ludwig von Mises e por alguns de seus discípulos mais próximos. Desde a imigração para os Estados Unidos em 1940 e da publicação, em 1944, de *Omnipotent Government*[95] [*Governo Onipotente*], seu primeiro livro publicado originalmente em inglês, até a morte em 10 de outubro de 1973, o pensamento misesiano foi o principal meio pelo qual a tradição de Escola Austríaca sobreviveu. Além de tra-

---

[92] HAYEK, F. A. *Desestatização do Dinheiro: Uma Análise da Teoria e Prática das Moedas Simultâneas*. Pref. Arthur Seldon; trad. Heloisa Gonçalves Barbosa. São Paulo: Instituto Ludwig von Mises Brasil, 2ª Ed., 2011.

[93] Uma análise dos pontos em comum e das divergências entre essa escola econômica e o pensamento austríaco são apresentados em: SKOUSEN, Mark. *Vienna & Chicago, Friends or Foes?: A Tale of Two Schools of Free-Market Economics*. Washington, D.C.: Capital Press, 2005.

[94] LACHMANN, Ludwig M. *Capital and Its Structure*. Kansas City: Sheed Andrews and McMeel, 1978.

[95] A obra está disponível atualmente na seguinte edição: MISES, Ludwig von. *Omnipotent Government: The Rise of the Total State and Total War*. Ed. e pref. Bettina Bien Greaves. Indianapolis: Liberty Fund, 2011.

balhos menores e do já aludido *Os Fundamentos Últimos da Ciência Econômica*, de 1962, o economista austríaco, em 1957, publicou *Theory and History*[96] [*Teoria e História*].

Determinados escritos publicados por seus discípulos entre as décadas de 1950 e 1970 também foram de suma importância para manter vivo o pensamento da Escola Austríaca. Em 1955 apareceu o livro *How Can Europe Survive* [*Como a Europa Pode Sobreviver*][97] de Hans F. Sennholz e em 1959 *The Failure of the 'New Economics'*[98] [*O Fracasso da 'Nova Economia'*] de Henry Hazlitt. Foram lançados por Murray N. Rothbard as obras *Man, Economy and State*[99] [*Homem, Economia e Estado*], em 1962, *America's Great Depression*[100] [*A Grande Depressão Americana*] e *What Has Government Done to Our Money?*[101] [*O que o Governo fez ao nosso Dinheiro?*], ambas em 1963, além de *Power and Market*[102] [*Governo e Mer-*

---

[96] MISES, Ludwig von. *Teoria e História: Uma Interpretação da Evolução Social e Econômica*. Pref. Murray N. Rothbard; trad. Rafael de Sales Azevedo. São Paulo: Instituto Ludwig von Mises Brasil, 2014.

[97] SENNHOLZ, Hans F. *How Can Europe Survive*. New York: D. Van Nostrand, 1955.

[98] HAZLITT, Henry. *The Failure of the 'New Economics': An Analysis of the Keynesian Fallacies*. Princeton: D. Van Nostrand, 1959.

[99] ROTHBARD, Murray. *Man, Economy and State: A Treatise on Economic Principles*. Auburn: Ludwig von Mises Institute, 3ª ed, 1993.

[100] ROTHBARD, Murray, N. *A Grande Depressão Americana*. Intr. Paul Johnson; trad. Pedro Sette-Câmara. São Paulo: Instituto Ludwig von Mises Brasil, 2012.

[101] ROTHBARD, Murray, N. *O que o Governo fez com Nosso Dinheiro?* Pref. e posf. Fernando Ulrich; trad Leandro Augusto Gomes Roque. São Paulo: Instituto Ludwig von Mises Brasil, 2013.

[102] ROTHBARD, Murray N. *Governo e Mercado: A Economia da Intervenção Estatal*. Trad. Márcia Xavier de Brito e Alessandra Lass. São Paulo: Instituto Ludwig von Mises Brasil, 2012.

cado], em 1970, e *For a New Liberty: The Libertarian Manifesto*[103] [*Por uma Nova Liberdade: O Manifesto Libertário*], em 1973. Finalmente, Israel M. Kirzner publicou *Competition and Entrepreneurship*[104] [*Competição e Atividade Empresarial*], em 1973, e *The Economic Point of View*[105] [*O Ponto de Vista Econômico*], em 1976, sendo este último a tese de doutorado do autor, orientada por Ludwig von Mises e defendida no ano de 1957 na NYU.

Um ano após a morte de Ludwig von Mises, a concessão do Prêmio Nobel de Economia, em 11 de dezembro de 1974, para F. A. Hayek foi um fator importante para uma maior divulgação do pensamento austríaco[106]. Todavia, um papel fundamental nesse processo foi desempenhado pela conferência de Escola Austríaca, organizada pelo Institute for Humane Studies (IHS) no vilarejo de South Royalton, em Vermont, entre 15 e 22 de junho de 1974, à qual se

---

[103] Em língua portuguesa, ver: ROTHBARD, Murray N. *Por Uma Nova Liberdade: O Manifesto Libertário*. Intro. Llewellyn H. Rockwell, Jr.; Trad. Rafael de Sales Azevedo. São Paulo: Instituto Ludwig von Mises Brasil, 2013. (N. E.)

[104] KIRZNER, Israel M. *Competição e Atividade Empresarial*. Trad. Ana Maria Sarda. São Paulo: Instituto Ludwig von Mises Brasil, 2ª Ed., 2012.

[105] KIRZNER, Israel M. *The Economic Point of View: An Essay in the History of Economic Thought*. Ed. e intr. Peter J. Boettke e Frédéric Sautet; intr. Laurence S. Moss; pref. Ludwig von Mises. Indianapolis: Liberty Fund, 2009.

[106] Por conta dos 40 anos desse acontecimento, os discursos de F. A. Hayek na ocasião da entrega do Prêmio Nobel de Economia, juntamente, com artigos de Murray N. Rothbard, Fabio Barbieri, Richard M. Ebeling, Joseph T. Salerno e Peter J. Boettke, foram reunidos em uma seção especial da respectiva edição do seguinte periódico: MISES: *Revista Interdisciplinar de Filosofia, Direito e Cultura*, Volume II, Número 2 (Edição 04, Julho-Dezembro de 2014): 593-696. Nesta mesma edição foi publicado o editorial "Pelos 40 anos do Nobel de Hayek – Economia e Civilização, Meios e Fins" de José Manuel Moreira.

seguiram mais duas organizadas na cidade de Hartford, em Connecticut, no mês de junho de 1975, e no Windsor Castle, no Reino Unido, em setembro de 1976[107].

Como relatado por Joseph T. Salerno, houve uma tentativa deliberada de subvalorizar a importância de Ludwig von Mises, no período entre 1977 e 1987, por parte de determinadas instituições norte-americanas promotoras do livre mercado, em especial o Cato Institute, devido às posições intransigentes do economista austríaco[108]. O retorno do prestígio do pensamento misesiano se deveu, em grande parte, à criação dos periódicos *The Jounal of Libertarian Studies*, *Review of Austrian Economics* e *Quarterly Journal of Austrian Economics*, bem como à fundação do Ludwig von Mises Institute, iniciativas nas quais Murray N. Rothbard esteve diretamente envolvido como figura proeminente[109].

Alguns economistas não associados diretamente à Escola Austríaca também foram influenciados pelo pensamento misesiano. Dentre os laureados com o prêmio Nobel de Economia que dialogaram explicitamente com as obras do economista austríaco destacamos os nomes de James M.

---

[107] Uma narrativa sobre as três conferências é objeto do seguinte ensaio: BLUNDELL, John. "IHS and the Rebirth of Austrian Economics: Some Reflections on 1974-1976". *Quarterly Journal of Austrian Economics*, Volume 17, Number 1 (Spring 2014): 92-107.

[108] SALERNO. "O Renascimento da Escola Austríaca – À Luz da Economia Austríaca". *Op. cit.*, p. 144-50.

[109] Idem. *Ibidem.*, p. 150-51.

Buchanan (1919-2013)[110] e de Vernon L. Smith[111]. *"Para os futuros historiadores do pensamento econômico no século XX"*, como notou Israel M. Kirzner, *"será inevitavelmente necessário reconhecer o impacto do mais notável economista austríaco do período, Ludwig von Mises"*[112].

3 - O Despertar da Liberdade

No contexto político e cultural posterior à Segunda Guerra Mundial, quando o livro *Ação Humana* foi lançado, diferentes iniciativas tornaram propícia a divulgação do pensamento misesiano para um público mais amplo. O trabalho contra o avanço do intervencionismo estatal e a defesa do livre mercado, que caracterizam a vertente libertária do movimento conservador norte-americano, recebeu um grande impulso com a criação, em 1946, da Foundation for Economic Education (FEE) por Leonard E. Read (1898-1983), com a organização, em 1947, da Mont Pelerin Society por F. A. Hayek, e com a fundação, em 1950, do periódico *The Freeman* por Henry Hazlitt.

---

[110] BUCHANAN, JR., James M. "Domínio da Economia Subjetiva: Entre a Ciência Preditiva e a Filosofia Moral". *MISES: Revista Interdisciplinar de Filosofia, Direito e Cultura*, Volume II, Número 1 (Edição 03, Janeiro-Junho de 2014): 69-79.

[111] SMITH, Vernon L. "Reflexões sobre o Ação Humana de Mises". *MISES: Revista Interdisciplinar de Filosofia, Direito e Economia*, Volume I, Número 2 (Julho-Dezembro 2013): 387-400.

[112] KIRZNER, Israel M. *Ludwig von Mises*. Wilmington: ISI Books, 2001. p. 196.

"*A principal função que a Foundation for Economic Education serviu em seus primeiros anos*", de acordo com o historiador George H. Nash, "*foi facilitar a redescoberta de uma tradição e a disseminação de ideias*"[113]. A tradição defendida pela instituição era a do liberalismo clássico, na mesma perspectiva do pensamento misesiano, que foi divulgada por intermédio de panfletos e conferências que atraíram a atenção de inúmeros estudantes. Nesta empreitada, Ludwig von Mises desempenhou um papel central, pois, como ressaltado por Jörg Guido Hülsmann, o pensador austríaco "*foi um dos primeiros economistas contratados para ministrar palestras e seminários sobre as premissas da FEE, e acabou se tornando eventualmente o centro intelectual da instituição por mais de duas décadas*"[114]. Nas conferências e cursos que ministrou na FEE, de modo mais efetivo que nas aulas na NYU, esteve "*em contato com um grupo selecionado de estudantes, que eram muito mais receptivos às implicações políticas de suas ideias*"[115]. As palestras do curso ministrado no verão de 1951 foram transcritas e editadas pelo professor Richard M. Ebeling, sendo publicadas, no ano de 2004, na forma do livro *The Free Market and Its Enemies*[116] [*O Livre Mercado e seus Inimigos*].

---

[113] NASH. *The Conservative Intellectual Movement in America*. Op. cit., p. 19.
[114] HÜLSMANN. *Mises: The Last Knight of Liberalism*. Op. cit., p. 851.
[115] Idem. *Ibidem*. p. 852.
[116] MISES, Ludwig von. *O Livre Mercado e seus Inimigos: Pseudociência, Socialismo e Inflação*. Ed. e intr. Richard M. Ebeling; apres. Henry Hazlitt; pref. Helio Beltrão; posf. Joseph T. Salerno; trad. Maria Alice Capocchi Ribeiro. São Paulo: LVM, 2017.

No livro *On Money and Inflation*[117] [*Sobre Moeda e Inflação*], organizado por Bettina Bien Greaves e lançado em 2010, são reunidas notas de algumas das conferências do autor sobre economia monetária. Merecem destaque, também, as nove palestras ministradas sob o patrocínio da revista *The Freeman* na biblioteca pública de São Francisco, na Califórnia, entre os dias 23 de junho e 3 de julho de 1952, cujas aulas foram transcritas por Bettina Bien Greaves, editadas por Richard M. Ebeling e lançadas pela FEE, em 2006, como o livro *Marxism Unmasked*[118] [*O Marxismo Desmascarado*].

Mesmo tendo sido um dos membros fundadores da Mont Pelerin Society, desde o princípio Ludwig von Mises foi um tanto cético em relação à efetividade da instituição na promoção da liberdade, por conta de o grupo ser extremamente heterogêneo, com alguns membros que não possuíam o radicalismo necessário para a defesa efetiva da liberdade por fazer concessões ao intervencionismo estatal[119]. No livro *The Great Persuation: Reinventing Free Markets since the Depression* [*A Grande Crença: Reinventando o Livre Mercado desde a Grande*

---

[117] MISES, Ludwig von. *Sobre Moeda e Inflação: Uma Síntese de Diversas Palestras.* Ed. e intr. Bettina Bien Greaves; apres. George Reisman; pref. Mariana Piaia Abreu; posf. Murray N. Rothbard; trad. Evandro Ferreira e Silva. São Paulo: LVM, 2017.

[118] MISES, Ludwig von. *O Marxismo Desmascarado: Da Desilusão à Destruição.* Ed. e intr. Richard M. Ebeling; apres. Erik von Kuehnelt-Leddihn; pref. Antonio Paim; posf. Murray N. Rothbard; trad. Maria Alice Capocchi Ribeiro. São Paulo: LVM, 2017.

[119] A visão crítica do economista austríaco em relação à instituição e algum de seus membros se manteve ao longo de toda a vida. Sobre a temática, ver: HÜLSMANN. *Mises: The Last Knight of Liberalism. Op. cit.*, p. 864-72, 874-81, 1003-11.

Depressão], Angus Burgin ressaltou a incompatibilidade de membros que desejavam a adoção de critérios menos rígidos para o ingresso na sociedade, tal como proposto, por exemplo, pelo filósofo Karl Popper (1902-1994), com a mais pura postura misesiana, que desejava um maior comprometimento com o entendimento segundo o qual a salvaguarda do livre mercado é condição necessária para a preservação da liberdade contra a ameaça totalitária[120]. Nas palavras de Margit von Mises (1890-1993), apesar de continuar a manter relações de amizade com os membros da instituição, o economista austríaco deixou de participar das reuniões, a partir de 1965, porque *"acreditava que a política para a admissão de novos membros não estava sendo consistente com a declaração de princípios"*[121].

O envolvimento do economista austríaco com o periódico *The Freeman*, bem como sua influência na publicação, foi mais efetivo do que o relacionamento com a Mont Pelerin Society. Como observou George H. Nash, *"é difícil transmitir a percepção da importância de* The Freeman *no auge de seu prestígio, entre 1950 e 1954"*[122]. O sucesso do livro *Ação Humana* foi um dos principais fatores que levou à criação desta revista de opinião em defesa do livre mercado, uma ideia que vinha sendo proposta há algum tempo por Ludwig von Mises. De

---

[120] BURGIN, Angus. *The Great Persuasion: Reinventing Free Markets Since the Depression*. Cambridge: Harvard University Press, 2012. p. 95-96. Acerca dos pontos de vista do economista austríaco sobre a sociedade, ver também: p. 106-07, 114-17.

[121] MISES, Margit von. *My Years with Ludwig von Mises*. Cedar Falls: Center for Futures Education, 2ª ed., 1984. p. 147.

[122] NASH. *The Conservative Intellectual Movement in America. Op. cit.*, p. 22.

acordo com Jörg Guido Hülsmann, em seus primeiros anos, a publicação esteve balizada no plano intelectual pelas ideias da Escola Austríaca e, independentemente da posterior mudança de orientação teórica, desempenhou *"um papel significante no renascimento do libertarianismo norte-americano sob os novos auspícios austríacos"*[123], o que reforçou a propagação do pensamento misesiano para um alcance maior que as aulas na NYU, os seminários na FEE e o trabalho da Mont Pelerin Society.

Por mais de três décadas o trabalho de Ludwig von Mises foi responsável pelo renascimento da Escola Austríaca de Economia, especialmente, por intermédio dos livros, das aulas na NYU e dos seminários na FEE, dentre inúmeras outras atividades. O legado misesiano, não apenas no plano acadêmico, foi além dos Estados Unidos, pois, como acentuou Murray N. Rothbard, *"através de seus discípulos e colegas"* influenciou muitas políticas econômicas liberalizantes na Europa ocidental, tendo desempenhado *"um papel de vanguarda no movimento de repúdio ao coletivismo e em direção a uma economia de mercado pelo menos parcialmente livre"*[124]. Algumas ideias do economista austríaco foram a base do plano para a reestruturação da Alemanha Ocidental de Wilhelm Röpke (1899-1966) e Alfred Müller-Armack (1901-1978), assessores do chanceler Ludwig Erhard (1897-1977), bem como da atuação do presidente italiano Luigi Einaudi (1874-1961) e do

---

[123] HÜLSMANN. *Mises: The Last Knight of Liberalism. Op. cit.*, p. 901.
[124] ROTHBARD, Murray N. *O Essencial von Mises*. Trad. Maria Luiza A. de X. Borges. São Paulo: Instituto Ludwig von Mises Brasil, 3ª ed., 2010. p. 45.

programa econômico de Jacques Rueff (1896-1978), responsável pela bem-sucedida política monetária francesa durante o governo de Charles de Gaulle (1890-1970). O famoso congressista norte-americano Ron Paul afirmou o seguinte:

> Creio que, quando a história definitiva do século XX for escrita, Mises será considerado um dos maiores economistas, senão o maior, do século. O reconhecimento não virá tão cedo porque os responsáveis pela catástrofe econômica estão em estado de total negação sobre a forma como eles, que agora tentam salvar o sistema, causaram todos os problemas que enfrentamos[125].

O papel fundamental do pensamento misesiano na luta em favor do livre mercado contra o avanço do intervencionismo estatal, não é uma característica exclusiva dos Estados Unidos e da Europa ocidental, pois, cada vez mais, as ideias de Ludwig von Mises são difundidas no Canadá, na América hispânica, na Europa oriental, na Ásia e, até mesmo, no Brasil. Um dos fatores principais nesse processo ao longo dos últimos anos tem sido a criação em diferentes países de instituições com o nome do economista austríaco, seguindo o exemplo do Ludwig von Mises Institute, em Auburn, no Alabama, fundado em 1982 por Llewellyn H. Rockwell, Jr., com o apoio de Margit von Mises, de Murray N. Rothbard, de Henry Hazlitt e de Ron Paul. Criado por Helio Beltrão no

---

[125] PAUL, Ron. *O Fim do FED: Por que acabar com o Banco Central*. Trad. Bruno Garschagen e Mônica Magalhães. São Paulo: É Realizações Editora, 2011. p. 68.

ano de 2007 e tendo iniciado suas atividades em 2008, seguindo um modelo semelhante ao da instituição norte-americana, o Instituto Ludwig von Mises Brasil (IMB) é o principal difusor em nosso país das ideias da Escola Austríaca, por intermédio da veiculação de artigos diários e de um *podcast* semanal em uma página na internet, do lançamento de livros, da publicação do periódico acadêmico *MISES: Revista Interdisciplinar de Filosofia, Direito e Economia*, da organização de conferências e da promoção de cursos, incluindo uma pós-graduação *lato sensu*.

Cabe ressaltar que a divulgação do pensamento misesiano para um público mais amplo no Brasil é devida ao trabalho pioneiro do Instituto Liberal (IL), fundado em 1983 por Donald Stewart Jr. (1931-1999), que traduziu o monumental tratado *Ação Humana*, lançado pela primeira vez em língua portuguesa no ano de 1990, e *Interventionism: An Economic Analysis*[126] [*Intervencionismo: Uma Análise Econômica*], publicado originalmente em português em 1998. Dentre os inúmeros livros publicados, incluindo as obras de diversos outros autores liberais, a instituição lançou, de Ludwig von Mises, além dessas duas traduções aqui aludidas, os já mencionados *Liberalismo*, *Crítica ao Intervencionismo* e *A Mentalidade Anticapitalista*, os três em 1987, e também *As Seis Lições*, no ano de 1989. Os cinco títulos impressos pelo IL foram

---

[126] MISES, Ludwig von. *Intervencionismo: Uma Análise Econômica*. Ed. e intr. Bettina Bien Greaves; apres. Murray N. Rothbard; pref. Alexandre Borges; posf. Fabio Barbieri; trad. Donald Stewart Jr. São Paulo: LVM, 3ª ed., 2017.

posteriormente republicados pelo IMB, que também lançou, em 2014, o já referido *Teoria e História*.

Antes da propagação de alguns livros do economista austríaco em português pelo IL e pelo IMB, entretanto, o pensamento misesiano era conhecido por eminentes intelectuais brasileiros. Faz-se necessária uma investigação mais profunda e sistemática acerca da difusão das ideias da Escola Austríaca de Economia no Brasil. Mesmo fundamentados em pesquisas esparsas, tentaremos explicitar a recepção dos escritos de Ludwig von Mises em nosso país entre o final da década de 1930 e o início da década de 1970.

O primeiro autor brasileiro a citar Ludwig von Mises provavelmente tenha sido o jurista, historiador e sociólogo fluminense Francisco José de Oliveira Vianna (1883-1951), em um artigo lançado em março de 1939[127]. Mesmo tendo reconhecido o *"espírito realista, objetivo, prático"* do economista austríaco e concordado com inúmeras críticas apresentadas ao socialismo marxista, às quais classificou como *"de incomparável lucidez, objetiva e cientificamente conduzida"*, argumentando que poucos autores teriam sido tão *"poderosos na argumentação, assim insinuantes e persuasivos na análise, assim conhecedores dos inúmeros pontos vulneráveis daquela ideologia"*[128], o pensador brasileiro

---

[127] Publicado originalmente na *Revista Forense*, o artigo cujo título é "O juiz Brandeis e o seu americanismo" foi incluído postumamente na seguinte coletânea de escritos do autor: VIANNA, Francisco José de Oliveira. *Problemas de Organização, Problemas de Direção*. Intr. Hermes Lima. Rio de Janeiro: Editora Record, 1974.

[128] VIANNA. *Problemas de Organização, Problemas de Direção*. p. 120.

discordou de alguns pontos específicos defendidos no livro *Die Gemeinwirtschaft* [*A Economia Coletiva*], de 1922, ao qual teve acesso na tradução francesa de 1938, lançada com o título *Le Socialisme: Étude économique et sociologique*[129] [*O Socialismo: Estudo Econômico e Sociológico*]. A rejeição a determinados pontos do pensamento misesiano se deu por conta de Oliveira Vianna ter compreendido o risco que a propagação de tais ideias representava para as próprias teorias defensoras do corporativismo, que foram um dos principais fundamentos das políticas do Estado Novo implantado por Getúlio Vargas (1882-1954)[130].

Sabemos por diferentes fontes que o pensamento misesiano foi uma importante influência nos trabalhos do engenheiro e economista carioca Eugênio Gudin (1886-1986)[131], que ocupou, entre 25 de agosto de 1954 e 12 de abril de 1955, o cargo de ministro da Fazenda no governo do presidente João Fernandes Café Filho (1889-1970). De acordo com o embaixador José Osvaldo de Meira Penna, o ex-ministro *"foi o primeiro membro brasileiro da Mont Pelerin e, nos anos*

---

[129] MISES, Ludwig von. *Le Socialisme: Étude économique et sociologique*. Pref. François Perroux; trad. Paul Bastier. Paris: Éditions M. Th. Génin / Librarie de Médicis, 1938.

[130] Para mais informações sobre o pensamento de Oliveira Vianna a leitura de Mises empreendida pelo autor, ver o seguinte estudo: LYNCH, Christian Edward Cyril. "Um Democrata Cristão contra o Neoliberalismo: A Crítica de Oliveira Viana a O Socialismo de Mises" *MISES: Revista Interdisciplinar de Filosofia, Direito e Economia*, Volume I, Número 2 (Julho-Dezembro 2013): 525-38.

[131] Uma visão geral da vida e da obra do economista brasileiro, com diversas referências à influência da Escola Austríaca, é apresentada em: BORGES, Maria Angélica. *Eugênio Gudin: Capitalismo e Neoliberalismo*. São Paulo: EDUC, 1996.

40, já começara a formar economistas liberais num meio tão salobro'"[132]. Os principais discípulos desse pioneiro dos estudos econômicos nos Brasil, sem dúvidas, foram Otávio Gouveia de Bulhões (1906-1990), ministro da Fazenda entre 4 de abril de 1964 e 16 de março de 1967, e, em menor grau, Roberto Campos (1917-2000), ministro do Planejamento e Coordenação Econômica entre 13 de abril de 1964 e 15 de março de 1967. No livro *Princípios de Economia Monetária*[133], lançado originalmente em 1943, uma das principais referências do autor nas críticas que desenvolve às teorias de John Maynard Keynes é Ludwig von Mises. O economista austríaco também é citado em outros trabalhos de Gudin.

Um marco fundamental no debate econômico brasileiro, que delineou toda a divergência posterior entre os liberais e os chamados desenvolvimentistas, foi o debate travado na década de 1940 entre Eugênio Gudin e o engenheiro e industrial Roberto Simonsen (1889-1948)[134]. Aparentemente, o último saiu vitorioso, por apresentar um argumento favorável ao intervencionismo estatal, justificando as práticas adotadas dos governos desde o período e sendo defendido, em grande parte, pelos economistas da Universidade Estadual de

---

[132] MEIRA PENNA, José Osvaldo de. *O Espírito das Revoluções: Da Revolução Gloriosa à Revolução Liberal*. Pref. Antônio Paim. Campinas: VIDE Editorial, 2ª ed., 2016. p. 474-75.

[133] GUDIN, Eugênio. *Princípios de Economia Monetária*. Rio de Janeiro: Agir, 2ª ed., 1947.

[134] SIMONSEN, Roberto & GUDIN, Eugênio. *A Controvérsia do Planejamento na Economia Brasileira*. Brasília: IPEA, 3ª ed., 2010.

Campinas (Unicamp)[135]. No entanto, do ponto de vista técnico, o economista liberal venceu o debate, tendo em grande parte delineado a posição econômica proposta pela Fundação Getúlio Vargas (FGV), além do fato de muitas de suas teses terem sido corroboradas pela desastrosa experiência de planejamento estatal dos sucessivos planos econômicos implementados por diferentes gestões federais nas últimas décadas.

A importância do economista liberal brasileiro foi ressaltada por Roberto Campos, em sua autobiografia, com as seguintes palavras:

> As ideias de liberalismo econômico, antiestatismo e economia de mercado refletiam a influência dos liberais austríacos, sobretudo Friedrich Hayek e Ludwig von Mises, cujas doutrinas me haviam sido pregadas pelo velho mestre Eugênio Gudin, anos atrás[136].

O já citado João Camilo de Oliveira Torres, provavelmente o mais importante intelectual conservador brasileiro do século XX, foi outro autor em nosso país influenciado por Ludwig von Mises[137]. Amparado no pensamento misesiano, em uma passagem do livro *Interpretação da Realidade Brasileira*, lançado

---

[135] Acerca das consequências deste debate pioneiro, ver: TEIXEIRA, Aloísio ; MARINGONI, Gilberto & GENTIL, Denise Lobato. *Desenvolvimento: O Debate pioneiro de 1944-1945*. Brasília: IPEA, 2010.

[136] CAMPOS, Roberto. *A Lanterna na Popa: Memórias*. Rio de Janeiro: Topbooks, 2ª ed. rev., 1994. 2v. Vol. II, p. 1054.

[137] Uma análise geral do pensamento de João Camilo de Oliveira Torres, ressaltando a influência do pensamento misesiano, é apresentada em: BOEIRA, Marcus. "O Liberalismo Constitucional e o Império Brasileiro: Uma Análise de Conjunto da Obra

pela primeira vez em 1969, criticou severamente o grave problema do intervencionismo estatal brasileiro, ao denunciar as práticas intervencionistas expressas na legislação trabalhista, na estrutura sindical e na dependência dos produtores agrícolas e dos empresários em relação ao protecionismo e aos programas governamentais, além de atestar que *"uma das consequências desta situação de reconhecimento expresso, por parte do povo, da legitimidade e da prioridade da ação oficial está na fé que o brasileiro médio deposita no 'governo'"*[138]. A percepção camiliana antecipa de modo parcial a tese central apresentada por Bruno Garschagen na recente obra *Pare de Acreditar no Governo: Por que os brasileiros não confiam nos políticos e amam o Estado*[139].

Nas palavras de Marcus Boeira, *"a leitura de Mises levou João Camilo, como ele mesmo reconhece, a constatar que um dirigente de empresa que recorresse ao governo estaria cometendo suicídio ideológico total"*[140]. Apesar de não coincidirem totalmente, tanto a visão camiliana apresentada no livro *A Libertação do Liberalismo*[141], publicado em 1949, quanto o pensamento misesiano *"fundam-se em uma estrutura comum: a de que a*

---

de João Camilo de Oliveira Torres". *MISES: Revista Interdisciplinar de Filosofia, Direito e Cultura*, Volume II, Número 1 (Edição 03, Janeiro-Junho de 2014): 183-96.

[138] TORRES, João Camilo de Oliveira. *Interpretação da Realidade Brasileira: Introdução à História das Ideias Políticas no Brasil*. Rio de Janeiro: José Olympio, 2ª ed., 1973. p. 26.

[139] GARSCHAGEN, Bruno. *Pare de Acreditar no Governo: Por que os brasileiros não confiam nos políticos e amam o Estado*. Pref. João Pereira Coutinho. Rio de Janeiro: Record, 2015.

[140] BOEIRA. "O Liberalismo Constitucional e o Império Brasileiro". *Op. cit.*, p. 190.

[141] TORRES, João Camilo de Oliveira. *A Libertação do Liberalismo*. Rio de Janeiro: Casa do Estudante, 1949.

ação humana baseia-se necessariamente na razão para produzir resultado", constatando que, mesmo partindo de bases teóricas distintas, no caso de um aristotélica e do outro kantiana, utilitarista e fenomenológica, ambos os autores comungam de uma visão praxiológica semelhante porque acreditam que *"a ação é o objeto próprio do florescimento social"*[142].

Encontramos a primeira análise sistemática elaborada por um autor brasileiro acerca de uma obra de Ludwig von Mises no livro *Introdução à Filosofia Liberal*, lançado em 1971 pelo filósofo e educador paulista Roque Spencer Maciel de Barros (1927-1999), no qual foi abordada, em uma longa seção de dezesseis páginas no quinto capítulo, a crítica misesiana ao socialismo[143], a partir da leitura acurada da edição francesa do livro *Die Gemeinwirtschaft* [*A Economia Coletiva*], que, como já ressaltamos aqui, fora discutido parcialmente por Oliveira Vianna no final da década de 1930.

"Numa época de completo fechamento político", durante o regime militar, esta obra de Roque Spencer desempenhou um papel fundamental *"no sentido de preservar a alternativa liberal, no horizonte de nossas possibilidades"*, visto que, como notou Antonio Paim, o filósofo paulista *"foi talvez o único que"*, em sua geração, *"nunca se deixou atrair por soluções autoritárias, mantendo-se fiel à opção liberal da juventude"*[144]. Ao abor-

---

[142] BOEIRA. "O Liberalismo Constitucional e o Império Brasileiro". *Op. cit.*, p. 195.

[143] BARROS, Roque Spencer Maciel de. *Introdução à Filosofia Liberal*. Pref. Ruy Mesquita. São Paulo: Editora da Universidade de São Paulo / Editorial Grijalbo, 1971. p. 261-76.

[144] PAIM, Antônio. *A Filosofia Brasileira Contemporânea – Estudos Complementares à História das Ideias Filosóficas no Brasil: Volume VII*. Londrina: CEFIL,

dar os principais temas do pensamento liberal, em suas diferentes vertentes clássica, romântica, cientificista e moderna, bem como ao discutir problemas fundamentais desta corrente, além de citar diversas vezes as contribuições de Ludwig von Mises e de F. A. Hayek, o livro *Introdução à Filosofia Liberal*, como notou José Osvaldo de Meira Penna, introduziu, de fato, *"a nova fase do liberalismo em nossa terra"*[145].

Tal como já afirmamos no presente ensaio, é necessário o desenvolvimento de uma pesquisa mais extensa sobre a difusão do pensamento da Escola Austríaca de Economia no Brasil, de modo geral, e, particularmente, das ideias misesianas em nosso país. O trabalho desenvolvido pelo IL e pelo IMB, nesse sentido, deveria ser visto como a parte contemporânea e mais efetiva de uma longa tradição econômica que remonta a quase um século, tendo sido iniciada por Eugênio Gudin quase à mesma época em que Leônidas de Rezende introduziu o marxismo na academia e que Roberto Simonsen começou a defender as políticas desenvolvimentistas keynesianas.

A primeira exposição sistemática da Escola Austríaca feita no Brasil foi apresentada pelo economista carioca Ubiratan Jorge Iorio no livro *Economia e Liberdade: A Escola Austríaca e a Economia Brasileira*[146], lançado em 1994. O mesmo autor também publicou o já citado *Ação, Tempo e Conhecimento:*

2000. p. 242.
[145] MEIRA PENNA. *O Espírito das Revoluções. Op. cit.*, p. 475.
[146] IORIO, Ubiratan Jorge. *Economia e Liberdade: A Escola Austríaca e a Realidade Brasileira*. Pref. Roberto Campos. Rio de Janeiro: Forense Universitária, 2ª ed., 1997.

A Escola Austríaca de Economia, além dos volumes *Dez Lições Fundamentais de Economia Austríaca*[147] e *Dos ProtoAustríacos a Menger: Uma breve história das origens da Escola Austríaca de Economia*[148]. Este pioneiro no estudo do pensamento econômico austríaco em nosso país foi continuado com as obras *Economia e Filosofia na Escola Austríaca: Menger, Mises, Hayek*[149] do economista paulista Ricardo Feijó; *Economia do Indivíduo: O Legado da Escola Austríaca*[150], do economista carioca Rodrigo Constantino; *História do Debate do Cálculo Econômico Socialista*[151], do economista paulista Fabio Barbieri; *Bitcoin: A Moeda na Era Digital*[152], do economista gaúcho Fernando Ulrich; e *A Desconsideração da Personalidade Jurídica na Justiça do Trabalho: Uma Nova Abordagem*[153], do jurista cearense Rodrigo Saraiva Marinho.

---

[147] IORIO, Ubiratan Jorge. *Dez Lições Fundamentais de Economia Austríaca*. São Paulo: Instituto Ludwig von Mises Brasil, 2013.

[148] IORIO, Ubiratan Jorge. *Dos ProtoAustríacos a Menger: Uma breve história das origens da Escola Austríaca de Economia*. Pref. Fabio Barbieri; posf. José Manuel Moreira. São Paulo: Instituto Ludwig von Mises Brasil, 2015.

[149] FEIJÓ, Ricardo. *Economia e Filosofia na Escola Austríaca: Menger, Mises, Hayek*. São Paulo Nobel, 2000.

[150] CONSTANTINO, Rodrigo. *Economia do Indivíduo: O Legado da Escola Austríaca*. Pref. Helio Beltrão. São Paulo: Instituto Ludwig von Mises Brasil, 2009.

[151] BARBIERI, Fabio. *História do Debate do Cálculo Econômico Socialista*. São Paulo: Instituto Ludwig von Mises Brasil, 2013.

[152] ULRICH, Fernando. *Bitcoin: A Moeda na Era Digital*. Pref. Jeffrey Tucker. São Paulo: Instituto Ludwig von Mises Brasil, 2014.

[153] MARINHO, Rodrigo Saraiva. *A Desconsideração da Personalidade Jurídica na Justiça do Trabalho: Uma Nova Abordagem*. Pref. Uinie Caminha. São Paulo / São Luís: Instituto Ludwig von Mises Brasil / Livraria Resistência Cultural Editora, 2014.

Um estudo sobre a propagação das teorias de Ludwig von Mises no Brasil deverá necessariamente conceder um lugar de destaque para as obras do diplomata e cientista político carioca José Osvaldo de Meira Penna, que desde *O Dinossauro: Uma Pesquisa sobre o Estado, o Patrimonialismo Selvagem e a Nova Classe de Intelectuais e Burocratas*[154], lançado em 1988, até *Polemos: Uma Análise Ética do Darwinismo*[155], de 2006, citou o economista austríaco em todos os seus oito livros de não ficção lançados no período. Nesta investigação, além dos autores já elencados, deverão ser lembrados os nomes de Alberto Oliva, de Antonio Paim, de José Guilherme Merquior, de Mário A. L. Guerreiro e de Roberto Campos, bem como de meus saudosos mentores Og Francisco Leme (1922-2004) e Ubiratan Borges de Macedo (1937-2007), que também abordaram o pensamento misesiano.

Diante desta listagem não exaustiva, abrangendo pensadores brasileiros de diferentes áreas, desde o final da década de 1930 até os nossos dias, fica evidente que a influência do economista austríaco não é um modismo intelectual passageiro, que pode ser resumido pelo contemporâneo jargão popular "Menos Marx, Mais Mises". Reconhecemos que os dois pensadores não fazem atualmente parte da chamada ortodoxia econômica, dominada pelos modelos neoclássicos. No entanto, acreditamos que a oposição entre ambos não deve ser

---

[154] MEIRA PENNA, José Osvaldo de. *O Dinossauro: Uma Pesquisa sobre o Estado, o Patrimonialismo Selvagem e a Nova Classe de Intelectuais e Burocratas*. São Paulo: T. A. Queiroz, 1988.

[155] MEIRA PENNA, José Osvaldo de. *Polemos: Uma Análise Ética do Darwinismo*. Brasília: Editora Universidade de Brasília, 2006.

reduzida meramente a uma disputa, oriunda da Guerra Fria, entre os sistemas comunista e capitalista, voltada exclusivamente para as questões econômicas.

Em tal perspectiva simplificadora exposta pelo bordão, Ludwig von Mises representa, por um lado, no plano prático a defesa da liberdade individual, da descentralização política e do liberalismo econômico, e na esfera teórica, uma reconciliação com a longeva tradição liberal, que em nosso país se manifestou desde o início do século XIX. Por outro lado, na visão reducionista expressa pelo bordão, Karl Marx se tornou a encarnação das diferentes formas de controle social, de intervencionismo político e de planejamento econômico, representando os diversos tipos de socialismo, e também o patrimonialismo que domina nossas instituições desde o período colonial, o elitismo tecnocrático dos positivistas, o corporativismo e o trabalhismo varguistas, e, finalmente, o desenvolvimentismo keynesiano do período democrático nas décadas de 1950 e 1960, bem como do regime militar e da chamada Nova República. Deste modo, "Menos Marx", também, significa "Menos Comte" e "Menos Keynes". Assim, poderíamos reescrever o lema como "Menos Intervencionismo, Mais Liberdade" ou "Menos Socialismo, Mais Liberalismo".

Como demonstraram Ubiratan Borges de Macedo, no capítulo "Liberalismo no Brasil" de *Liberalismo e Justiça Social*[156], João de Scantimburgo (1915-2013), em *História do Liberalismo no Brasil*[157], Antonio Paim, em *História do Liberalismo Brasilei-*

---

[156] MACEDO, Ubiratan Borges de. *Liberalismo e Justiça Social*. São Paulo: IBRASA, 1995. p. 117-28.
[157] SCATIMBURGO, João de. *História do Liberalismo no Brasil*. Pref. José Osvaldo de Meira Penna. São Paulo: LTr, 1996.

ro¹⁵⁸ e José Osvaldo de Meira Penna, no capítulo "O Liberalismo no Brasil e suas Três Vertentes: Do Império à Nova República" de *O Espírito das Revoluções: Da Revolução Gloriosa à Revolução Liberal*¹⁵⁹, existe uma longeva e sólida tradição liberal em nosso país. Desde os primórdios, no século XIX, "*os liberais brasileiros proclamam ser imprescindível bem conhecer a doutrina liberal elaborada no exterior, ao mesmo tempo em que reconhecem ser necessário aplicá-la criativamente às condições locais*"¹⁶⁰.

Os inúmeros brasileiros, sejam libertários ou conservadores, que, em nossos dias, buscam se orientar pelo liberalismo misesiano tanto nas análises teóricas dos problemas nacionais quanto na atuação política visando soluções concretas, estão mantendo uma disposição semelhante à de muitos eminentes liberais e conservadores de nossa história. Mais do que a defesa do bem-estar material propiciado pelo livre mercado, o que está em jogo na batalha contra o marxismo e outras formas de intervencionismo estatal é a própria sobrevivência de nossa civilização. Essa importante questão foi abordada pelo próprio Ludwig von Mises, que encerrou o tratado *Ação Humana* com as seguintes palavras:

> O conhecimento acumulado pela ciência econômica é um elemento essencial da civilização humana; é a base sobre a qual se assentam o industrialismo moderno, bem como todas as conquistas morais, intelectuais, tecnológicas e

---

[158] PAIM, Antônio. *História do Liberalismo Brasileiro*. São Paulo: Mandarim, 1998.
[159] MEIRA PENNA. *O Espírito das Revoluções. Op. cit.*, p. 441-96.
[160] PAIM. *História do Liberalismo Brasileiro. Op. cit.*, p. 245.

terapêuticas dos últimos séculos. Cabe aos homens decidirem se preferem usar adequadamente esse rico acervo de conhecimento que lhes foi legado ou se preferem deixá-lo de lado. Mas, se não conseguirem usá-lo da melhor maneira possível ou se menosprezarem os seus ensinamentos e as suas advertências, não estarão invalidando a ciência econômica; estarão aniquilando a sociedade e a raça humana[161].

Na desafiadora jornada em defesa da liberdade, um dos princípios fundamentais de nossa civilização, esta nova edição do breve livro *As Seis Lições: Reflexões sobre Política Econômica para Hoje e Amanhã* representa apenas o passo inicial nessa trilha. Convido o leitor a continuar a peregrinação, lendo os demais quatorze títulos desta coleção de obras do economista austríaco Ludwig von Mises, pois, tal como acentuado no início do presente ensaio, o autor defendeu de modo correto, na presente obra, que *"ideias, somente ideias, podem iluminar a escuridão"*[162].

The Russell Kirk Center for Cultural Renewal
Mecosta, Michigan, EUA
29 de setembro de 2016

---

[161] MISES. *Ação Humana*. *Op. cit.*, p. 999.
[162] Na presente edição, ver: "Política e Ideias". p. 213.

Índice Remissivo e Onomástico

A

Ação Humana ver *Human Action*
Ação, Tempo e Conhecimento: A Escola Austríaca de Economia, de Ubiratan Jorge Iorio, 32, 63, 250, 276
Achtzehnte Brumaire des Louis Bonaparte, Der [*18 Brumário de Luís Bonaparte, O*], de Karl Marx, 221
Acumulação, 86, 88, 183-87, 220, 254
Adams, John (1735-1826), 238
África, 90, 191, 207
Alabama, 29, 268
Alemanha, 49, 51, 53, 61-62, 83, 91, 101, 104, 111, 119, 134-37, 156, 158, 179, 192, 206, 240, 267
Alienação do Trabalho Objetivo, de José Arthur Giannotti, 225
Althusser, Louis (1918-1990), 224
América, 104, 146, 149, 196
América Latina, 64, 190-91, 268
American Conservatism: An Encyclopedia [*Conservadorismo Norte-Americano: Uma Enciclopédia*], de Bruce Frohnen, Jeremy Beer & Jeffrey O. Nelson, 10, 247
American Conservative Movement: The Philosophical Founders, The [*Movimento Conservador Norte-Americano: Os Fundadores Filosóficos, O*], de John P. East, 237
American Economic Association [Associação Econômica Norte-Americana], 143
America's Great Depression [*A Grande Depressão Americana*], de Murray N. Rothbard, 260
Anderson, Benjamin (1886-1949), 256
Anti-capitalist Mentality, The [*Mentalidade Anticapitalista, A*], de Ludwig von Mises, 56, 63, 248
Aramburu, Pedro Eugenio (1903-1970), 48
Argentina, 8, 48-49, 60, 62-63, 67, 94, 105-06, 144, 178, 182, 192
Aristocracia, 80, 82-83, 103, 148
Aristóteles (384-322 a.C.), 235
Aron, Raymond (1905-1983), 219
Armentano, Dominick T. (1940-), 28

Ásia, 185, 180, 191, 207, 268
Auburn, 29, 268
Auspitz, Rudolf (1837-1906), 255

B

Balmes, Jaime (1810-1848), 240
Banco Central, 156-7
Barbieri, Fabio (1970-), 22, 277
Barros, Roque Spencer Maciel de (1927-1999), 274
Bastiat, Frédéric (1801-1850), 30, 99, 213
Baudin, Louis (1887-1964), 94
Bauer, Otto (1881-1938), 255
Bayer, Hans (1903-1965), 255
Becker, Gary S. (1930-2004), 227
Bécu, Jeanne ver Du Barry, Madame, 157
Bélgica, 164
Beltrão, Helio (1967-), 9, 29, 268
Benegas Lynch, Alberto (1909-1999), 9, 60, 67, 94
Bentham, Jeremy (1748-1832), 225, 235
Berlim, 83, 179
Betriebsführer, 136-7
Bismarck, Otto von (1815-1898), 83
Bitcoin: A Moeda na Era Digital, de Fernando Ulrich, 277
Block, Maurice (1816-1901), 255
Block, Walter (1941-), 28
Blundell, John (1952-2014), 28
Boeira, Marcus (1979-), 274
Böhm-Bawerk, Eugen von (1851-1914), 16-17, 33, 251, 253, 255
Bolchevismo, 34
Bolívia, 190

Bonaparte, Napoleão ver Napoleão Bonaparte
Bourbon, 106
Braun, Martha Stephanie (1898-1990), 255
Brentano, Lujo (1844-1931), 253
Bright, John (1811-1889), 26
British Currency School [Escola Britânica da Moeda], 17
Brownson, Orestes (1803-1876), 238
Brüning, Heinrich (1885-1970), 135
Buchanan, James M. (1919-2013), 262
Bücher, Karl (1847-1930), 253
Buckley, Jr., William F. (1925-2008), 238
Buenos Aires, 8, 31, 47, 50, 67, 94, 106, 109, 113, 213
Bukharin, Nikolai (1888-1938), 109
Bulhões, Otávio Gouveia de (1906-1990), 271
Burgin, Angus, 265
Burguesia, 103-04, 241, 251
Bureaucracy [*Burocracia*], de Ludwig von Mises, 24, 56, 63, 248
Burke, Edmund (1729-1797), 129, 239, 241
Burocracia, 24, 135
Burocracia ver *Bureaucracy*

C

Cadillac, 84
Café Filho, João Fernandes (1889-1970), 271
Cálculo econômico, 22, 37, 39, 47, 114-16
Cálculo Econômico em uma Comunidade Socialista, O ver *Wirtschaftsrechnung im*

sozialistischen Gemeinwesen, Die, 20
Calhoun, John C. (1782-1850), 238
Califórnia, 264
Câmara dos Lordes, 108
Caminho da Servidão, O ver *Road to Serfdom, The*
Campos, Roberto (1917-2000), 271-72, 278
Canadá, 174-75, 189, 268
Canal da Mancha, 111
Canal de Suez, 180
Candido, Antonio (1918-), 223
Capeto, 106
Capital, 13, 18, 47, 49, 54, 60, 86-8, 91, 129, 133, 175-90
Capital, O ver *Kapital, Das*
Capital and its Structure [*O Capital e sua Estrutura*] de Ludwig M. Lachmann, 259
Capitalismo, 26, 48-50, 60-62, 68, 75-88, 90-91, 105, 114, 118, 141, 207, 213, 220, 249
Cardoso, Fernando Henrique (1931-), 223
Carone, Edgard (1923-2003), 222
Cartas acerca da Tolerância ver *Letters Concerning Toleration*
Castelo Branco, Camilo (1825-1890), 240
Cataláxia, 46
Cato Institute, 35, 262
Centro de Difusión de la Economía Libre, 9, 94
Centro de Estudios sobre la Libertad, 94
Chambers, Whittaker (1901-1961), 245

Chevrolet, 84
Churchill, Winston (1874-1965), 137-38
Cidadão, 57, 97-98, 101-05, 119, 125-26, 129, 144, 149-50, 155, 161, 187, 198, 200, 231
Civil Disobedience [A Desobediência Civil], de Henry David Thoreau, 122
Clark, John Bates (1847-1938), 256
Cleveland, Grover (1837-1908), 161
Cliente, 62, 74-75, 78-79, 99, 175
Cobden, Richard (1804-1865), 26
Competition and Entrepreneurship [*Competição e Atividade Empresarial*], de Israel M. Kirzner, 261
Comte, Auguste (1798-1857), 217, 224, 279
Comunismo, 20, 22, 68, 98, 108, 218-19, 239
Concorrência, 78-9, 192, 200
Connecticut, 28, 261
Conservador, 26, 89, 138, 229, 237-39, 242-43, 245-48, 263, 273, 279-80
Conservative Intellectual Movement in America: Since 1945, The [*O Movimento Intelectual Conservador nos Estados Unidos: Desde 1945, O*], de George H. Nash, 61, 67, 113, 122
Conservative Mind, The [*Mentalidade Conservadora, A*], de Russell Kirk, 241, 246-47
Constantino, Rodrigo (1976-), 277
Constitution of Liberty, The [*Fundamentos da Liberdade, Os*], de F. A. Hayek, 239

Construtores do Império, Os, de João
    Camilo de Oliveira Torres,
    242-43
Consumidor, 18, 49-52, 59, 64, 77-78,
    84, 98-100, 114, 118-19, 124,
    127, 131, 202-03
Contribuinte, 125, 149-50, 202
Controle de preços, 52, 55, 127-9, 133,
    135, 209, 212
Costa, João Cruz (1904-1978), 225
Córdoba, 109
Counter-Revolution of Science, The
    [*Contra-Revolução da Ciência,
    A*], de F. A. Hayek, 226
Crédito, 53, 156
Crédito bancário, 14, 18, 20
Crítica ao Intervencionismo ver *Kritik
    des Interventionismus*
Cuhel, Franz (1862-1914), 255

D

Davenport, Herbert J. (1861-1931),
    256
De Bonald, Louis (1754-1840), 240
Déficit, 125
De Maistre, Joseph (1753-1821), 240
Democracia, 46, 144, 203, 234
Démocratie en Amérique, De La
    [*Democracia na América, A*] de
    Alexis de Tocqueville, 236
Denationalisation of Money
    [*Desestatização do Dinheiro*], de
    F. A. Hayek, 258
Depressão de 1929, 14
*Desconsideração da Personalidade
    Jurídica na Justiça do Trabalho:
    Uma Nova Abordagem, A*, de
    Rodrigo Saraiva Marinho, 277

Desemprego, 20, 53-54, 164-66, 168-
    69, 188
Desobediência Civil, A ver *Civil
    Disobedience*
Dewey, John (1859-1952), 236
*Dez Lições Fundamentais de Economia
    Austríaca*, de Ubiratan Jorge
    Iorio, 32, 64, 276
*Dinossauro: Uma Pesquisa sobre o
    Estado, o Patrimonialismo
    Selvagem e a Nova Classe de
    Intelectuais e Burocratas, O*, de
    José Osvaldo de Meira Penna,
    277
Diocleciano (244-311), 128-30, 210
Ditador, 62, 110, 119, 144, 204, 230
Dois Tratados sobre o Governo Civil ver
    Two Treatises of Government
Dolan, Edwin G., 28
Donoso Cortés, Juan (1809-1853), 240
*Dos ProtoAustríacos a Menger: Uma
    breve história das origens da
    Escola Austríaca de Economia*, de
    Ubiratan Jorge Iorio, 33, 276
Doutrina Social da Igreja, 254
Dualismo metodológico, 39
Du Barry, Jeanne Bécu (1743-1793),
    Madame, 157

E

East, John P. (1931-1986), 237
Ebeling, Anna, 35
Ebeling, Richard M. (1950-), 28, 35,
    264-65
Economia, 12-16, 19, 23, 25, 28-29,
    30-32, 39-43, 46, 50-54, 61, 91,
    94-95, 97-99, 102, 114-15, 117,
    122-25, 127, 130, 136-38, 143,

ÍNDICE REMISSÍVO 287

178, 188, 213, 218, 225-27, 246, 248-53, 261-62, 264, 267-69, 273
Economia do Indivíduo: O Legado da Escola Austríaca, de Rodrigo Constantino, 276-77
Economia e Filosofia na Escola Austríaca: Menger, Mises, Hayek, de Ricardo Feijó, 34
Economia e Liberdade: A Escola Austríaca e a Economia Brasileira, de Ubiratan Jorge Iorio, 32-33
Economia livre, 94, 98, 213
Economia mista, 124-25
Economics in One Lesson [*Economia numa Única Lição*], de Henry Hazlitt, 248
Economic Point of View, The [*Ponto de Vista Econômico, O*], de Israel M. Kirzner, 261
Einaudi, Luigi (1874-1961), 27, 267
Élements d'Économie Politique Pure [*Elementos de Economia Política Pura*], de Léon Walras, 44, 249
Ellis, Howard S. (1892-1968), 27
Empregador, 83, 85, 165, 167-68, 176, 191
Empresário, 18, 48, 50, 74, 85, 87, 98, 107, 114, 130, 136, 175, 177, 183, 188, 273
Eneida, de Virgílio, 16
Engels, Friedrich (1820-1895), 212, 219
Englis, Karel (1880-1961), 255
Enquiry Concerning the Principles of Morals, An [*Investigação sobre os Princípios da Moral, Uma*], de David Hume, 250

Erhard, Ludwig (1897-1977), 267
Escassez, 82, 140-41, 176, 250-51
Escola Austríaca, 14-15, 28-34, 40-41, 43-47, 55-56, 63, 226-27, 229, 247-48, 252, 255-56, 258-62, 266-69, 275-76
Escola Clássica, 234
Escola de Chicago, 226, 259
Escola de Equilíbrio Geral, 45
Escola de Equilíbrio Parcial, 45
Escola Historicista Alemã, 252-54
Escolha, 39, 41, 45, 47, 107-08
Escravidão, 102, 104
Escuela Superior de Economía y Administración de Empresas (ESEADE), 94
Espírito das Revoluções: Da Revolução Gloriosa à Revolução Liberal, O, de José Osvaldo de Meira Penna, 271, 279
Esprit des lois, De l' [*Espírito das Leis, O*], de Montesquieu, 233
Estado, 38, 56, 99, 160, 199, 218
Estados Unidos, 14, 21-23, 25, 27-29, 35-36, 51, 78-79, 84, 90-91, 100, 105, 111, 117-19, 135, 140-41, 147, 153, 159-61, 167-69, 173-76, 178-79, 184, 186-89, 190-01, 200-03, 229-30, 234, 236-39, 241, 245-47, 255, 259, 267-68
Estatização, 125, 138
Estradas de ferro, 78-79, 124, 138, 178-80
Europa, 14, 20, 22, 50, 75-76, 80, 82-83, 90, 103-04, 106, 146, 169, 174-75, 178-80, 182, 189-90, 192, 196, 207, 229-30, 239, 243, 267-68

Evola, Julius (1898-1974), 240
Exportação, 82, 139
Expropriação, 180, 182-83

F

Fábricas, 77, 81-84, 88, 136, 153, 158, 175-76, 179-80, 185
Failure of the 'New Economics', The [*Fracasso da 'Nova Economia'*, *O*] de Henry Hazlitt, 260
Fair Deal, 241, 246
Falsificacionismo, 43
Fascismo, 24, 47, 68
Federalist Papers, The [Federalista, O], de Alexander Hamilton, James Madison e John Jay, 234
Feijó, Ricardo (1964-), 276
Fernandes, Florestan (1920-1995), 223
Fertig, Lawrence W. (1898-1986), 27
Fetter, Frank A. (1863-1949), 256
Feuerbach, Ludwig (1804-1872), 219
Foch, general Ferdinand (1851-1929), 111
For a New Liberty: The Libertarian Manifesto [*Por uma Nova Liberdade: O Manifesto Libertário*], de Murray N. Rothbard, 260
Ford, Henry (1863-1947), 88, 107
Formação do Capital e seu Desenvolvimento, A, de Leônidas de Rezende, 224
Foucault, Michel (1926-1984), 224
Foundation for Economic Education (FEE) [Fundação para a Educação Econômica], 9, 25, 94, 263
França, 27, 34, 103-04, 111, 148-49, 164, 201, 203, 232, 255
Franklin, Benjamin (1706-1790), 82
Francisco José I (1830-1916), imperador da Áustria, 15, 34
Freeman, The, Free Market and Its Enemies, The [*Livre Mercado e seus Inimigos, O*], de Ludwig von Mises, 264
Friedman, Milton (1912-2006), 30, 227
Frondizi, Arturo (1908-1995), 48
Führer, 101, 136-37, 143-44
Fundação Getúlio Vargas (FGV), 272
Fundamentos da Liberdade, Os ver *Constitution of Liberty, The*
Fundamentos Últimos da Ciência Econômica, Os ver *Ultimate Foundation of Economic Science, The*
Furtado, Celso (1920-2004), 223

G

Gaitskell, Hugh (1906-1963), 27
Galeano, Eduardo (1940-2015), 191
Galícia, 15, 34
García Márquez, Gabriel (1927-2014), 191
Garrison, Roger (1944-), 28
Garschagen, Bruno (1975-), 274
Gasto governamental, 20
Gauführer, 137
Gauleiter, 137
Gaulle, Charles de (1890-1970), 27, 267
Gemeinwirtschaft: Untersuchungen über den Sozialismus, Die [*A Economia Coletiva: Estudos sobre*

ÍNDICE REMISSIVO 289

o Socialismo], de Ludwig von
    Mises, 21, 38, 60, 252, 256
General Theory of Employment,
    Interest and Money, The [Teoria
    Geral do Emprego, do Juro e da
    Moeda, A], de John Maynard
    Keynes, 19, 165
Gefolgschaft, 136
Gellner, Ernest (1925-1995), 219
Generalstab, 111
Gestapo, 35
Giannotti (1930-), José Arthur, 221,
    225
Göring, Hermann (1893-1946), 136
Governo, 13-14, 20, 24, 38, 40, 48-49,
    51-52, 57-63, 69, 76, 83, 89,
    96-97, 100-02, 108, 112-13,
    122-28, 130-43, 146-52, 154-57,
    160-61, 163-65, 167-68, 170, 172,
    181-84, 186, 190, 196, 198-200,
    202-05, 211, 217, 230, 145-46,
    267, 271-74
Governo Onipotente ver Omnipotent
    Government
Grã-Bretanha, 88, 137-38, 162-65, 173,
    176-78, 189-90, 255
Gramsci, Antonio (1891-1937), 224
Grande Depressão de 1929 ver
    Depressão de 1929
Graziani, Augusto (1865-1944), 256
Great Persuation: Reinventing Free
    Marketing since the Great
    Depression, The [Grande
    Persuasão: Reinventando o
    Livre Mercado desde a Grande
    Depressão, A], de Angus Burgin,
    265

Greaves, Bettina Bien (1917-), 9-10,
    27, 36, 59
Greaves, Jr., Percy L. (1906-1984), 27
Green, Thomas Hill (1836-1882), 236
Grundprobleme der Nationalökonomie:
    Untersuchungen über Verfahren,
    Aufgaben und Inhalt der
    Wirtschafts und Gesellschaftslehre
    [Problemas Básicos da Economia:
    Estudos sobre Processos, Tarefas e
    Conteúdos da Teoria Econômica e
    Social], de Ludwig von Mises, 257
Grundsätze der Volkswirtschaftslehre
    [Princípios de Economia Política],
    de Carl Menger, 16, 44, 249
Guatemala, 191
Gudin, Eugênio (1886-1986), 271-73,
    276
Guénon, René (1886-1951), 240
Guerreiro, Mário A. L. (1944-), 278
Guillotin, Joseph-Ignace (1738-1814),
    129

H

Haberler, Gottfried von (1900-1995),
    26, 255
Habermas, Jürgen (1929-), 224
Hamilton, Alexander (1757-1804), 234
Hahn, L. Albert (1889-1968), 255
Hayek, F. A. [Friedrich August von]
    (1899-1992), 15, 19, 20-21, 26,
    28, 33, 35, 43, 94, 138, 226,
    238-40, 243-45, 248, 256, 258,
    261, 263, 273, 275-76
Hayekiano, 19, 39, 43, 239
Hazlitt, Henry (1894-1993), 21, 27,
    248, 260, 263, 268

Hegel, Georg Wilhelm Friedrich (1770-1831), 225
Heilbroner, Robert (1919-2005), 22
Hildebrand, Bruno (1812-1878), 253
Hindenburg, Paul von (1847-1934), 135
História das Ideias Filosóficas no Brasil, de Antonio Paim, 222-23, 225
História do Debate do Cálculo Econômico Socialista, de Fabio Barbieri, 277
História do Liberalismo Brasileiro, de Antonio Paim, 279
História do Liberalismo no Brasil, de João de Scantimburgo, 279
Historicismo, 23, 25
Hitler, Adolf (1889-1945), 49, 51, 62, 119, 135-37, 143-44
Hobbes, Thomas (1588-1679), 235
Hobhouse, Leonard T. (1864-1929), 236
Hobson, John (1858-1940), 236
Hoff, Trygue (1895-1982), 116
Holanda, Sérgio Buarque de (1902-1982), 223
Hollywood, 85
Homo aeconomicus, 47
Homo agens, 47
How Can Europe Survive [*Como a Europa Pode Sobreviver*] de Hans F. Sennholz, 260
Hülsmann, Jörg Guido (1966-), 229, 264, 266
Human Action: A Treatise on Economics [*Ação Humana: Um Tratado sobre Economia*], de Ludwig von Mises, 24, 38, 59, 116, 227

Humboldt, Wilhelm von (1767-1835), 235
Hume, David (1711-1776), 235, 250
Hungria, 82
Huntington, Samuel P. (1927-2008), 244
Hutt, William Harold (1899-1988), 28

I

Ianni, Octavio (1926-2004), 223
Idade Média, 103, 105, 136, 143
Ideias, 27, 33-34, 37, 51, 54-55, 57, 63, 67-68, 96, 101-02, 197-200, 211-14, 216-23, 229-30, 233-34, 237, 240, 244-45, 248, 263-64, 266-70, 273, 275, 281
Illy, Leo (1888-1952), 255
Individualismo metodológico, 45
Império Austro-Húngaro, 15, 34
Império Romano, 128, 207-08, 210-11
Importação, 82, 139, 179, 187
Impostos, 24, 125, 149-50, 155, 160, 166, 182, 184, 204
Índia, 76, 91, 103, 173, 176, 182-83, 189
Indivíduos, 35, 43, 45, 49, 51, 59-61, 85, 91, 94, 97, 102-03, 108, 110, 119, 125, 176, 199, 235-36
Indústria, 63, 74-77, 80-81, 83, 88, 98, 106, 109, 113-14, 138, 152, 163, 180, 210
Industrialização, 54, 168-69, 183, 185, 187-89, 192, 220
Inflação, 14, 18, 24, 47, 52-53, 55, 63, 86, 113, 125, 127-28, 134, 147, 150, 152-62, 166, 168-70, 172, 187, 205, 207-09, 212

Inglaterra, 14, 76, 79-83, 89, 104, 111,
  134-35, 138-39, 149, 162, 169,
  177, 180, 203, 230, 232
Interpretação da Realidade Brasileira,
  de João Camilo de Oliveira
  Torres, 273
Institute for Humane Studies (IHS),
  28, 261
Instituto Liberal (IL), 8, 269
Instituto Ludwig von Mises Brasil
  (IMB), 8, 29, 268
International Workingmen's
  Association (IWA)
  [Associação Internacional dos
  Trabalhadores], 89
Intervencionismo, 47, 52, 56, 63,
  68-69, 123, 125-27, 138, 141-42,
  200, 203-05, 207-09, 239, 259,
  263, 265, 268, 272-73, 278-80
Interventionism: An Economic Analysis
  [*Intervencionismo: Uma Análise
  Econômica*], de Ludwig von
  Mises, 269
Introdução à Filosofia Liberal, de
  Roque Spencer Maciel de
  Barros, 274-75
*Investigações sobre o Método das
  Ciências Sociais com Especial
  referência à Economia Política*
  ver *Untersuchungen
  über die Methode der
  Sozialwissenschaften und der
  politischen Ökonomie insbesondere*
Investimento, 13, 18, 47, 54, 149,
  177-8, 180, 183, 185, 187
Investimento externo, 53-54, 86, 173,
  177-78, 180-83, 185-86, 189-90

Iorio, Ubiratan Jorge (1946-), 10, 31,
  250, 276
Itália, 27, 104, 174, 255

J

Japão, 174
Jay, John (1745-1829), 234
Jefferson, Thomas (1743-1826), 122
Jevons, William Stanley (1835-1882),
  44-45, 249
Journal of Libertarian Studies, The,
  262

K

Kant, Immanuel (1724-1804), 42, 235
Kapital, Das [*Capital, O*], de Karl
  Marx, 221
Kapital und Kapitalzins [*Capital e
  Juros*], de Eugen von Böhm-
  Bawerk, 17, 251-52
Kelsen, Hans (1881-1973), 236
Kendall, Willmoore (1909-1967), 237
Keynes, John Maynard (1883-1946),
  19-20, 56, 157, 159, 165-66, 236,
  248
Kirk, Russell (1918-1994), 237, 241-
  42, 244, 246
Kirzner, Israel M. (1930-), 27-28, 258,
  260, 263
Knapp, Georg Friedrich (1842-1926),
  253
Knies, Karl (1821-1898), 253
Koether, George (1907-2006), 69
Komorzynski, Johann von (1843-
  1911), 255
Konder, Leandro (1936-2014), 222

Konservative Denken, Das [*Pensamento Conservador, O*], de Karl Mannheim, 240
Kritik des Interventionismus: Untersuchungen zur Wirtschaftspolitik und Wirtschaftsideologie der Gegenwart [*Crítica ao Intervencionismo: Estudo sobre a Política Econômica e a Ideologia Atuais*], de Ludwig von Mises, 22, 55, 256

L

Lachmann, Ludwig M. (1906-1990), 28, 259
Lamennais, Félicité de (1782-1854), 240
Landau, Joachim (1821-1878), 15
Landflucht, 83
Lange, Oskar (1904-1965), 22, 116
Laspeyres, Étienne (1834-1913), 253
Lavoie, Don (1951-2001), 28
Lei, 39, 42, 86, 89-90, 96, 100, 128-29, 200, 209-10, 235, 241, 252
Lemberg, 15, 34
Leme, Og Francisco (1922-2004), 278
Lenin, Vladimir (1870-1924), 108-09
Leroy-Beaulieu, Paul (1843-1916), 256
Letters Concerning Toleration [*Cartas acerca da Tolerância*], de John Locke, 232-33
Liberalismo, 23, 31, 34, 37, 230-34, 235, 237, 239, 241, 243, 253, 263, 273, 275, 278-79
Liberalismo ver *Liberalismus*

Liberalismo: Antigo e Moderno, O, de José Guilherme Merquior, 231-32
Liberalismo Clássico, 230, 233, 237, 239, 243, 263
Liberalismo Contemporâneo, O, de Antonio Paim, 227
Liberalismo e Justiça Social, de Ubiratan Borges de Macedo, 279
Liberalismus [*Liberalismo*], de Ludwig von Mises, 23, 55, 173, 230, 256, 269
Liberdade, 26, 30, 37-38, 47-49, 51, 56, 60-62, 68, 79, 94-98, 100-02, 107-09, 139, 142, 144, 172, 186, 190, 196, 198, 203-06, 214, 229, 235, 245-46, 263, 265, 278, 280
Liberdade econômica, 56, 94-96, 107, 139, 172, 196
Liberdade de imprensa, 51, 79, 96-97
Libertação do Liberalismo, A, de João Camilo de Oliveira Torres, 274
Liberty, On [*Sobre a Liberdade*] de John Stuart Mill, 236
Lieben, Richard (1842-1919), 255
List, Georg Friedrich (1789-1846), 252
Livre mercado, 13, 16, 25-26, 29, 56-57, 61, 63, 91, 138, 141, 234, 247, 259, 262-63, 265-66, 268, 280
Livre Mercado e seus Inimigos, O ver *Free Market and Its Enemies, The*
Livre noir du communisme, Le [*Livro Negro do Comunismo, O*], de Stéphane Courtois et al., 219
Locke, John (1632-1704), 232
Lonardi, Eduardo (1896-1956), 48, 67

Ludwig von Mises Institute, 11, 15, 28-9, 262, 268
Luís XV (1710-1774), 157
Luxemburgo, Rosa (1871-1919), 109
Lviv, 15, 34
Lynch, Alberto Benegas ver Benegas Lynch, Alberto

M

Macedo, Ubiratan Borges de (1937-2007), 278-79
Machlup, Fritz (1902-1983), 26, 66, 255
Macroeconomia, 17
Madison, James (1751-1836), 234
Mahr, Alexander (1896-1972), 255
Mandeville, Bernard (1670-1733), 235
Man, Economy and State [*Homem, Economia e Estado*], de Murray N. Rothbard, 260
Manifesto do Partido Comunista, de Karl Marx e Friedrich Engels, 103, 109, 218, 221, 251
Mannheim, Karl (1893-1947), 240, 244
Marcuse, Herbert (1898-1979), 224
Marinho, Rodrigo Saraiva (1980-), 277
Marx, Karl (1818-1883), 56, 86, 88-90, 103, 109, 115, 212, 216-21, 224-5, 228, 249-50, 278-79
Marxism Unmasked: From Delusion to Destruction [*Marxismo Desmascarado Da Desilusão à Destruição, O*], de Ludwig von Mises, 265
Marxismo, 25, 212, 219-26, 228-9, 241, 248-52, 254, 276, 280
Marxismo e Descendência, de Antonio Paim, 218
Marxismo Ocidental, O, de José Guilherme Merquior, 219-20
Marxista, 17, 24, 86, 89-90, 105, 109-10, 212, 218-26, 240, 249-52, 270
Massas, 77, 80, 89, 212, 236
Materialismo Dialético, 226
Matéria-prima, 82, 87
Matthews, J. B. [Joseph Brown] (1894-1966), 21
Maurras, Charles (1868-1952), 240
Mayer, Hans (1879-1955), 255
McKinley, William (1843-1901), 160
Meira Penna, José Osvaldo de (1917-), 271, 275, 277, 279
Mendes, Manuel Odorico (1799-1864), 16
Menger, Carl (1840-1921), 16, 33, 44, 249, 253, 255
Mentalidade Anticapitalista, A ver *The Anti-capitalist Mentality*
Mercado, 13, 18, 21, 27, 38-39, 41, 43, 45-48, 50-53, 68, 74, 87, 94-98, 102, 114-17, 122-24, 126-27, 130, 133-34, 138, 140-42, 146, 149-53, 162-69, 187-88, 199, 202, 208-10, 250, 267, 273
Merquior, José Guilherme (1941-1991), 219, 231, 278
Meus Anos com Ludwig von Mises ver *My Years with Ludwig von Mises*
México, 182
Meyer, Frank S. (1909-1972), 237
Meyer, Robert (1855-1914), 255
Microeconomia, 17
Mill, John Stuart (1806-1879), 236
Mises, Adele von (1858-1937), 15
Mises, Arthur von (1854-1903), 15
Mises, Efraim Fischel (†1842), 15

Mises, Ludwig von (1881-1973), 8, 10-17, 19, 21-27, 29-38, 40, 42, 47-49, 57, 59, 62-63, 68-69, 94, 113, 126, 138, 216, 226, 229, 237-41, 243-44, 247-48, 252-53, 255-59, 261-63, 265-70, 272-75, 277-78, 280-81
Mises, Margit von (1890-1993), 8, 32, 67, 265, 268
Mises, Mayer Rachmiel (1800-1891), 15
Mises Institute *ver* Ludwig von Mises Institute
Mises: The Last Knight of Liberalism [*Mises: O Último Cavaleiro do Liberalismo*], de Jörg Guido Hülsmann, 12, 34-35, 230, 238-39, 241, 258, 264-66
Misesiano, 12, 31, 33, 37, 40, 63, 153, 229-30, 248-49, 259, 262-63, 266-71, 273-74, 278-79
Mitchell, general Billy [William Lendrum] (1879-1936), 112
Moeda, 17-18, 39, 41, 47, 52-53, 127-29, 146-48, 156, 159, 164, 166, 209
Montesquieu, Charles-Louis de Secondat (1689-1755), Barão de La Brède e de, 233
Morgenstern, Oskar (1902-1977), 27, 255
Moscou, 35, 213
Möser, Justus (1720-1794), 240
Mont Pelerin Society, 238, 263, 265-67, 271
Müller, Adam (1779-1829), 240
Müller-Armack, Alfred (1901-1978), 267

My Years with Ludwig von Mises [*Meus Anos com Ludwig von Mises*], de Margit von Mises, 68, 266

N

Nação, 67, 104, 108, 144, 148, 160, 162, 178, 198, 200, 202-03, 205
Nash, George H. (1945-), 244, 247, 263, 266
Napoleão Bonaparte (1769-1821), 111
National Review, Nationale System der politischen Ökonomie, Das [*Sistema Nacional de Economia Política*], de Georg Friedrich List, 252
Nazismo, 24
Nehru, Jawaharlal (1889-1964), 183
New Deal, 237, 241, 246
New York Times, 21, 107
New York University (NYU), 25, 258
Nation, Staat, und Wirschaft [*Nação, Estado e Economia*], de Ludwig von Mises, 256
National Association of Manufacturers (NAM) [Associação Nacional de Industriais], *Nationalökonomie: Theorie des Handelns und Wirtschaftens* [*Economia: Teoria da Ação e da Atividade Econômica*], de Ludwig von Mises, 25-26
Necker, Anne-Louise Germaine *ver* Staël, Madame de
Necker, Jacques (1732-1804), 148
Neruda, Pablo (1904-1973), 190
Newton (1642-1727), Sir Isaac, 227
Nietzsche, Friedrich (1844-1900), 253
Nobreza, 34, 80, 82-83
North, Gary (1942-), 28

Noruega, 139
Nova York, 25, 27, 35, 37, 64, 70, 94, 106-07
Nunes, Carlos Alberto (1897-1990), 16

O

O'Driscoll, Jr.Gerald P. (1947-), 28
Oferta monetária, 18, 20
Oliva, Alberto (1950-), 278
Omnipotent Government [*Governo Onipotente*], de Ludwig von Mises, 24, 259
On Money and Inflation [*Sobre Moeda e Inflação*], de Ludwig von Mises, 264
Ordem espontânea, 46
Organização das Nações Unidas (ONU), 186
Ortega y Gasset, José (1883-1955), 46, 211
Oswalt, Henry (1849-1934), 255
Ouro, 146, 148, 162, 181

P

Pacífico, 181
Padrão-ouro, 14, 159-60
Paim (1927-), Antonio, 218, 222, 224, 227, 275, 278-79
Países Baixos, 76, 164
Papel-moeda, 146, 148, 160
Pare de Acreditar no Governo: Por que os brasileiros não confiam nos políticos e amam o Estado, de Bruno Garschagen, 274
Pareto, Vilfredo (1848-1923), 105
Partido Conservador, 138
Partido Democrata, 160, 201
Partido Republicano, 160, 201
Partido Trabalhista, 138
Passfield *ver* Webb
Paul (1935-), Ron, 267-68
Período de expansão [*boom period*], 20
Perón, Eva (1919-1952), 62
Perón, Isabelita [María Estela Martínez de] (1931-), 62
Perón, Juan Domingo (1895-1974), 48-49, 62, 67, 144
Peterson, William H. (1921-2012), 27, 258
Philippovich, Eugen von (1858-1917), 255
Phillips, C. A. [Chester Arthur] (1882-1976), 256
Plan or no Plan [*Plano ou Nenhum Plano*], de Barbara Wootton, 108
Planejamento central, 108-09
Pleno emprego, 53, 166-69
Poder,
Poisson, Jeanne-Antoinette *ver* Pompadour, Madame de
Polemos: Uma Análise Ética do Darwinismo, de José Osvaldo de Meira Penna, 277
Polilogismo, 23
Política, 13, 18, 20, 22-23, 26, 46-49, 53-54, 60-61, 68, 71, 80, 86, 89, 91, 96, 103, 140, 154, 156, 159, 163, 165, 169-70, 179, 181, 184-86, 188-89, 192-93, 196-98, 200, 202-04, 208, 210-11, 214, 216, 218-19, 221-23, 228-32, 236-38, 241, 245-46, 251, 254, 264, 266-67, 271, 276, 278, 280

Politics of Prudence, The [*Política da Prudência, A*], de Russell Kirk, 242
Polônia, 22, 82, 116
Pompadour, Jeanne-Antoinette Poisson (1721-1764), Madame de, 157
Popper, Karl (1902-1994), 43, 265
Popperiano, 43
Potter, Beatrice *ver* Webb, Beatrice
Positivismo, 23, 224, 226-67
Poupança, 18, 20, 47, 54, 87, 149, 184-87
Povo, 16, 51, 74-75, 80, 88-89, 99, 102, 108, 119, 129-30, 138, 144, 157-60, 164, 170, 173-74, 191-92, 198, 204, 212, 273
Powell, Jim (1944-), 35-36
Power and Market [*Governo e Mercado*], de Murray N. Rothbard, 260
Prado Júnior, Caio (1907-1990), 221
Praxiologia, 23, 39, 41-42, 46
Preço, 17, 20-21, 39, 47, 52-53, 55, 58, 87, 114-15, 117, 127-37, 139-41, 146-47, 149-54, 156-58, 163, 165, 167, 202-04, 208-09, 211-12
Primeira Guerra Mundial, 20, 24, 111-12, 134, 155, 162, 180-81, 255-56
Princípios de Economia Monetária, de Eugênio Gudin, 271
Princípios de Economia Política ver *Grundsätze der Volkswirtschaftslehre*
Privilégio, 54, 99, 103, 163, 169, 200-01, 203-04
Produção, 18, 21, 39, 50, 52, 58, 78, 83, 89, 107, 109, 114-15, 117-18, 129, 132-33, 155-56, 164, 174, 202, 251, 259
Produção em massa, 77
Propriedade, 13, 21, 38-41, 47, 49-50, 55, 58, 61, 63, 75, 89, 187, 212, 231, 247
Protecionismo, 54, 141, 187-88, 273
Proletários, 76, 212
Pure Theory of Capital, The [*Teoria Pura do Capital, A*], de F. A. Hayek, 258

Q

Quarterly Journal of Austrian Economics, 28, 136, 262

R

Raico, Ralph (1936-2016), 27, 258
Ramos, Alberto Guerreiro (1915-1982), 223
Randolph, John (1773-1833) de Roanoke, 238
Rawls, John (1921-2002), 237
Read, Leonard E. (1898-1983), 94, 263
Reflections on the French Revolution [*Reflexões sobre a Revolução em França*], de Edmund Burke, 241
Rei, 74, 76, 142-3, 148, 157
Reino Unido, 28, 232, 261
Reisch, Richard (1866-1938), 255
Reisman, George (1937-), 27, 258
Relativismo, 23
Review of Austrian Economics, 262
Revolução Bolchevique, 109
Revolução Francesa, 129-30, 148, 241
Revolução Gloriosa, 232
Revolução Industrial, 81
Revolução Keynesiana, 19

Revolução Norte-Americana, 103
Revolução Puritana, 232
Rezende, Leônidas de (1889-1950), 224, 276
Ricardo, David (1772-1823), 177, 213, 225
Riqueza, 41, 89, 105, 148, 177, 251
Riqueza das Nações, A ver *Wealth of Nations, The*
Rivera, Diego (1886-1957), 191
Rizzo, Mario J. (1948-), 28
Road to Serfdom, The [*Caminho da Servidão, O*], de F. A. Hayek, 245
Robbins, Lionel (1898-1984), 19, 21, 26, 249, 255
Robespierre, Maximilien de (1758-1794), 129
Rockwell, Jr., Llewellyn (1944-), 11, 29, 268
Roosevelt, Franklin Delano (1882-1945), 236
Röpke, Wilhelm (1899-1966), 21, 267
Rorty, Richard (1931-2007), 237
Roscher, Wilhelm (1817-1894), 253
Rosenstein-Rodan, Paul Narcyz (1902-1985), 255
Rostovtzeff, Mikhail (1870-1952), 210
Rousseau, Jean-Jacques (1712-1778), 97, 225
Rothbard, Murray N. (1926-1995), 10, 13, 28, 33, 36, 126, 247, 258, 260-61
Rueff, Jacques (1896-1978), 27, 267
Russell Kirk: O Peregrino na Terra Desolada, de Alex Catharino, 242
Rússia, 20, 82, 117-9, 139

S

Salário, 20, 25, 35, 54, 58, 80, 83-85, 87-90, 114, 135-37, 150, 152, 154, 162-69, 174-76, 185, 188-91
Salário agrícola, 83
Salário mínimo, 83, 163
Salerno, Joseph T. (1950-), 28, 256, 261-62
Santa Helena, 111
São Francisco, 264
Sardá y Salvany, Félix (1844-1916), 240
Sardinha, António (1887-1925), 240
Sartre, Jean-Paul (1905-1980), 224
Sax, Emil (1845-1927), 255
Say, Jean-Baptiste (1767-1832), 129, 234
Scantimburgo, João de (1915-2013), 157
Schams, Edwald (1889-1949), 255
Schiff, Eric (1901-1992), 255
Schlesinger Jr., Arthur M. (1917-2007), 236
Schlesinger, Karl (1889-1939), 255
Schmitt, Carl (1888-1985), 240
Schmoller, Gustav von (1838-1917), 253
Schüller, Richard von (1870-1972), 255
Schumpeter, Joseph (1883-1950), 255
Schuon, Frithjof (1907-1998), 240
Schütz, Alfred (1899-1969), 27
Seed and land, NÃO CITADO
Segunda Guerra Mundial, 22, 27, 35, 49, 61, 91, 111-12, 134-7, 140, 153, 160, 180, 189, 237, 247, 256, 263

Sennholz, Hans F. (1922-2007), 27, 30, 258, 260
Servidão, 103, 135, 138, 144
Shaftesbury, Anthony Ashley-Cooper (1671-1713), o 3º Conde de, 235
Shenoy, Sudha (1943-2008), 28
Sibéria, 181
Sicília, 174-5
Sickle, John V. Van (1892-1975), 27
Simonsen, Roberto (1889-1948), 272, 276
Sindicatos, 54, 89, 162-68, 188, 192, 202
Singer (1932-), Paul, 222
Smith, Adam (1723-1790), 213, 234-35
Smith, Vernon L. (1927-), 262
Sobre Moeda e Inflação ver *On Money and Inflation*
Socialism: An Economic and Sociological Analysis ver *Gemeinwirtschaft: Untersuchungen über den Sozialismus, Die*
Socialismo, 13-14, 20-22, 26-27, 29, 35, 39, 47-48, 50-51, 60, 68, 89, 95, 100, 108, 113-18, 123-24, 134-38, 140-42, 172, 192, 212, 230, 241, 249, 252, 254, 275, 278-79
Socialismo: Uma Análise Econômica e Sociológica ver *Gemeinwirtschaft: Untersuchungen über den Sozialismus, Die*
Socialismo de mercado, 22
Sodré, Nelson Werneck (1911-1999), 222
Sombart, Werner (1863-1941), 143-44, 253

Southern Economic Association [Associação Econômica do Sul], 22
Spencer, Herbert (1820-1903), 26, 178-79
Spengler, Oswald (1880-1936), 206-07, 213
Staël, Anne-Louise Germaine Necker (1766-1817), Madame de, 148
Stalin, Josef (1878-1953), 49, 62, 108
Stahl, Friedrich Julius (1802-1861), 240
Status, 75, 102-07, 165
Stigler, George (1911-1991), 227
Strauss, Leo (1899-1973), 237
Strigl, Richard von (1891-1942), 255
Suábia, 192
Subjetivismo, 45
Suécia, 139, 255
Suíça, 34, 36, 192, 238

T

Taxas, 127, 134, 168
Tchecoslováquia, 164
Tempo real, 42-43
Teorema da Regressão, 39
Teoria dos Ciclos Econômicos, 14-15, 18, 47
Teoria Geral do Emprego, do Juro e da Moeda, A ver *General Theory of Employment, Interest and Money, The*
Teoria e História ver *Theory and History* Theorie des Geldes und der Umlaufsmittel [*A Teoria da Moeda e dos Meios Fiduciários*], de Ludwig von Mises, 25, 38-39, 56, 60, 259, 269

Theory and History [*Teoria e História*], de Ludwig von Mises, 25, 38, 60, 259
Theory of Political Economy, The [*Teoria da Economia Política, A*], de William Stanley Jevons, 44, 249
Thoreau, Henry David (1817-1862), 122
Tocqueville, Alexis de (1805-1859), 236
Tomás de Aquino, Santo (1225-1274), 44
Torres, João Camilo de Oliveira (1916-1973), 242, 273-74
Toynbee, Arnold J. (1889-1975), 206-07, 213
Trabalhadores, 49-50, 54, 59-60, 80-3, 87-90, 136, 152-53, 158, 162-64, 166-68, 174, 187-88
Traité d'économie politique [*Tratado de Economia Política*], de Jean-Baptiste Say, 234
Tributos, 125, 149, 184
Trilling, Lionel (1905-1975), 236
Two Treatises of Government [*Dois Tratados sobre o Governo Civil*], de John Locke, 232

U

Ucrânia, 15, 34
Ulrich, Fernando, 277
Ultimate Foundation of Economic Science, The [*Fundamentos Últimos da Ciência Econômica, Os*], de Ludwig von Mises, 226
Untersuchungen über die Methode der Sozialwissenschaften und der politischen Ökonomie insbesondere [*Investigações sobre o Método das Ciências Sociais com Especial referência à Economia Política*], de Carl Menger, 253
União Soviética, 35, 51, 62, 222
Unidade monetária, 52, 146-7, 157, 161-2, 187
United Fruit Company (UFCO), 190
Universidade de Buenos Aires, 31, 47, 67
Universidade de São Paulo, 225
Universidade de Viena, 16, 35
Universidade Estadual de Campinas (Unicamp), 272
Universidade do Brasil (UB), 225
Universidade Federal do Rio de Janeiro (UFRJ), 225
Ural, 181
Utilidade Marginal, 17, 39, 44

V

Van Gogh, Vincent (1853-1890), 113
Vargas, Getúlio (1882-1954), 271
Vázquez de Mella, Juan (1861-1928), 240
Ventura di Raulica, Gioacchino (1792-1861), 240
Vermont, 28, 261
Veuillot, Louis (1813-1883), 240
Vianna, Francisco José de Oliveira (1883-1951), 270-71, 275
Viena, 34-35, 101, 140
Virgílio (70-19 a.C.), 16
Voegelin, Eric (1901-1985), 27, 237
Vogelsang, Karl von (1816-1890), 240
Von Mises *ver* Mises

W

Wagner, Adolph (1835-1917), 253
Walras, Léon (1834-1910), 44-45, 249
Webb, Beatrice (1858-1943), Baronesa Passfield, 98
Webb, Sidney (1859-1947), 1º Barão Passfield, 98
Wealth of Nations, The [*Riqueza das Nações, A*], de Adam Smith, 234
Weaver, Richard M. (1910-1963), 237
Weber, Max (1864-1920), 254
Webster, Daniel (1782-1852), 238
Weiss, Franz Xaver (1885-1956), 255
What Has Government Done to Our Money? [*O que o Governo fez ao nosso Dinheiro?*], de Murray N. Rothbard, 260
Wicksteed, Philip (1844-1927), 255
Wicksell, Knut (1851-1926), 256
Wieser, Friedrich von (1851-1926), 33, 255

William Volker Fund, 25
Wilson, Woodrow (1856-1924), 236
Wirtschaftsrechnung im sozialistischen Gemeinwesen, Die [*Cálculo Econômico em uma Comunidade Socialista, O*], de Ludwig von Mises, 20
Witness [*Testemunha*], de Whittaker Chambers, 245
Wootton, Barbara (1897-1988), baronesa Wootton de Abinger, 108
Württemberg, 192

X

Xaver Weiss, Franz *ver* Weiss, Franz Xaver

Z

Zuckerkandl, Robert (1856-1926), 255

O Contexto Histórico da Escola Austríaca de Economia foi último livro publicado por Ludwig von Mises. A obra apresenta de modo didático a importância de Carl Menger, de Eugen von Böhm-Bawerk e de Friedrich von Wieser na formação da Escola Austríaca de Economia, o conflito desta com a Escola Historicista Alemã e o papel dos economistas austríacos no desenvolvimento da Ciência Econômica.

O Conflito de Interesses e Outros Ensaios é uma coletânea de quatro textos acadêmicos de Ludwig von Mises, publicados entre os anos de 1929 e 1945, mas ainda muito atuais. No primeiro ensaio é abordada a questão do conflito de interesses entre diferentes grupos sociais. O mito do fracasso do capitalismo é o tema do segundo. O terceiro discute o problema internacional do direito de imigração. No quarto e último trabalho é analisada a importância de Carl Menger e da Escola Austríaca de Economia.

Lucros e Perdas é conferência ministrada em 1951 por Ludwig von Mises, no encontro da Mont Pelerin Society, realizado na França. Dentre os temas abordados estão a natureza econômica dos lucros e das perdas, a condenação dos lucros com a proposta de abolição dos mesmos, e a alternativa oferecida pelo livre mercado. O livro reúne também um ensaio do autor sobre a questão da igualdade e da desigualdade.

Esta obra foi composta pela Spress em
Fournier (texto) e Caviar Dreams (título)
e impressa pela Gráfica Rettec para a LVM em abril de 2024